大乘佛學的發展與圓滿

——牟宗三先生對佛家思想的詮釋

李慶餘著

臺灣 學生書局 印行

自 序

近年來，牟宗三先生的思想已成爲了研究新儒家哲學的熱門題目，但研究範圍一直集中牟先生對儒學的詮釋、對康德哲學的理解與再造、圓善問題與中國哲學的關係，甚或中國傳統哲學如何開出科學與民主等課題上，相對而言，牟先生如何詮釋佛家義理這課題，卻較少地受到注意。可是，牟先生用以建構他哲學系統的概念中，有不少都與佛教有關，甚至是從佛教思想中借來的，如：圓教（可保證德福一致的圓滿教學形態）、留惑潤生（自我坎陷）、不相應行法（康德所説的感性形式，如時間、空間等）、於俗諦（科學知識）、執和無執的存有論中的「執」和「無執」等，便都是明顯的例子。因此，討論牟先生對佛家義理之詮釋，乃是理解牟先生哲學必要踏出的一步。當然，另一個原因，就是牟先生在討論佛家內部義理時，也有不少獨到的見解，是值得我們整理和疏通的。

基於上述原因，以及種種機緣，本人於九六年時，以「牟宗三先生對佛家思想的詮釋」爲題，開始了碩士論文的寫作，而論文的最後定稿，便正是本書的藍本所在。在本書出版前，本人對論文內容略加潤飾，並把題目改爲《大乘佛學的發展與圓滿》。新的題目不單涵蓋了牟先生討論佛家義理時之脈絡，也點出了全書的旨趣所在：首先，牟先生以大乘佛學爲主要之討論對象，對小乘佛教則絕

少提及。其次，牟先生以能否說明一切法之根源為教乘是否圓滿之關鍵，對佛教各教學系統作出科判。本書根據牟先生之看法，先由對一切法無根源說明的空宗說起，然後再層層深入，直至對一切法有最圓滿說明的天台宗為止。換言之，全書以佛教教學形態之發展為脈絡，逐步由佛教內部最基要的教學系統，一直討論至最圓滿的教學系統為止。第三，牟先生的著作等身，要從云云著述中找出他對佛教思想之論述，必然需要一番功夫。雖然牟先生有《佛性與般若》兩大冊，但此二書對佛教的討論既廣（討論範圍涉及大乘佛教各系統）且深（對佛教義理有深入而精微的討論），往往令人望而生畏，因此，本書乃以佛教各系統之關係和特色為線索，提要鉤玄地把牟先生對它們的理解疏理出來，以展示牟先生對佛家義理的詮釋。最後，本書題目也擷示了牟先生討論佛家思想時的一個前設：以佛教本身之義理為討論之重心。換言之，牟先生並不以編寫一按歷史發展的佛教史為己任，而是要透過剖析佛教各教學系統之義理，從而指出它們之間的傳承關係，撰寫一部可「縱貫橫講」的佛學思想專論。

　　本人論文之所以能夠完成、出版，廖明活教授在過去四年多的悉心指導，可謂居功至偉。雖然本人以兼讀的形式來從事研究，但廖教授卻差不多每星期都會抽空見我一次。現在回想，他那時必定付出了無比的忍耐。事實上，若不是他的再三叮囑，這論文恐怕不會有完成的一天。我也要多謝黎活仁博士和陳萬誠博士給我的鼓勵和支持。四年來，每當我在冷清的晚上或星期天走進冷清的圖書館時，都會看到他們兩位埋頭苦幹，而兩位老師也從不會介意在百忙中給我問候和勉勵。當然，兩位老師對研究的正面態度，也是我發奮向上的原因。我更要多謝教我認識牟宗三先生哲學與慧命的方穎

嫻老師，若不是她的栽培與啓發，我想我也不對新儒家的哲學產生
興趣。我也要多謝尤惠貞教授從台灣寄給我她最新發表的論文，讓
我在寫作和整理資料時，更有方向感。而本論文之所以能夠順利通
過評審，全都是因孫昌武教授和馮錦榮先生對本人論文的舉薦和肯
定，而他倆對本人論文的指正，也令本人獲益良多。

　　我也得多謝張健新學兄、陳維健先生、張雲瑩小姐、盧維基醫
生，他們不單給我無限的支持，也從來沒有拒絕聆聽我的故事。像
我這樣一個對人世間的冷暖特別敏感的人，若沒有他們的諒解和安
慰，恐怕眞的會受不了這些年間的急風暴雨。在此又要特別多謝丘
鳳儀小姐對我的忍耐和幫助，這幾年來，她的照料與同行，正是我
完成一份又一份的工作，並走過一個又一個人生關口的原因。

　　在工作與研究間，四年半的時光倥傯地便過去了，但內心所經
歷的，卻是蹉跎而悠長的躑躅。誠然，生、老、病、死乃是人間的
宿命，但在一切的劫難中，自當有解脫之道。而眾生或輪迴，或超
升，其關鍵只在一念之迷悟。縱然上蒼的愚弄、命運的冷嘲、人生
的無常，都並非偶然，但若能轉迷成悟，人生便能豁然開朗，於煩
惱中證得菩提，於生死間體現涅槃。

大乘佛學的發展與圓滿──

牟宗三先生對佛家思想的詮釋

目　錄

導 論

　　牟宗三先生（1909—1995）為當代新儒家的泰斗。❶所謂「當代新儒家」，乃是指繼先秦及宋明兩期儒學的「第三期儒學」，❷其主要工作為通過對儒家、道家和佛家義理的闡釋，重新建構中國傳

---

❶　「當代新儒家」這概念首先由賀麟在 1941 年提出，泛指熊十力（1883—1968）、馬一浮（1883—1967）、馮友蘭（1895—1990）、牟宗三、唐君毅（1909—1978）等人對宋、明儒思想的繼承與發展。近年港、台的學者則多以「當代新儒家」一詞專指熊十力及其弟子牟宗三、唐君毅等人所創立的哲學流派。

❷　就當代新儒家與第三期儒學之關係，李瑞全有如下說明：「第三期儒學乃相對先秦及宋明儒學而言，代表學者主要是熊十力先生及其嫡傳的唐、徐、牟三位先生。大陸上以『現代儒學』一名泛指熊先生及其弟子和梁漱溟、馬一浮、馮友蘭以致賀麟、方東美等，既無簡別，亦且暗含貶意，即以儒學為已屬過去時代之產物，並非當前尚在生長發展或在當代社會仍具有真實意義與影響力的學術流派，其所意謂當代的學術思想只有馬列主義。『當代新儒學』一名乃針對此意而立，以表明第三期儒學並非已過去了的思想，而是在當前仍在生長發展和在海外具有重要影響力的思潮，也是中國當代最有活力的一個思潮。此名也同時為判別旅居港台的唐徐牟三位先生及其後繼者不同於一般研究中國哲學以致儒學，而缺乏真正『新』的學術意義的儒家或儒學研究者。」（〈總導言：當代新儒學的危機與開展〉，見蔡仁厚等著，江日新主編：《牟宗三哲學與唐君毅哲學論》〔台北：文津出版社，1997 年〕，頁 2—3。）

統的心性之學，以吸收、消融西方的思想和學術，並進而爲東西文化之會通提示進路。新儒家學者往往稱這工作爲從內聖開新外王：內聖是指傳統儒家的心性之學，新外王是指西方的科學知識和民主政體。近二十年來，當代新儒家的研究在兩岸三地都備受重視，自八十年代中葉開始，更出現對當代新儒家個別代表人物專門討論的情況，其中以對牟先生哲學的論議尤爲熱烈，❸以致近年甚至有成立「牟宗三哲學」的建議。❹

　　不少論者在討論牟先生的思想時，都會嘗試把牟先生的思想分爲不同階段，如蔡仁厚教授便在《牟宗三先生學思年譜》中，把牟先生之學思歷程分爲六個階段，分別爲：一、直覺的解悟（代表作品有《從周易方面研究中國之玄學與道德哲學》）。二、架構的思辨（代表作品有《邏輯典範》、《理則學》、《認識心之批判》）。三、客觀的悲情與具體的解悟（代表作品有《道德的理想主義》、《歷史哲學》、《政道與

---

❸　正如顏炳罡所說：「一九八二年，夏威夷國際朱子會議曾一度集中討論牟宗三的思想，一九八三年，加拿大多倫多國際中國哲學會議也將其思想作爲大會的主要議題之一。九十年代以前，研究牟先生的論文並不多見，然而，一九九一年在台北舉辦的國際當代新儒家學術研討會上，有關牟先生思想的研究論文竟占去了全部論文的大半。一九九二年十月，山東大學主辦了國內外第一次『牟宗三與當代新儒家學術研討會』，竟收到了數十篇研究文章，引起海峽兩岸輿論的強烈反響！」（《整合與重鑄》〔台北：學生書局，1995 年〕，頁 1。）

❹　江日新在《第三屆當代新儒學國際學術會議論文集之二》的導言中說：「至於有關這本論文集的編輯策略以及書名的擬訂，我們則懷有一個更深遠的想法和期待。這亦即是說，我們希望能藉由本論文集的出版，正式宣告『唐君毅哲學』和『牟宗三哲學』的成立。」（《牟宗三哲學與唐君毅哲學論》，頁 7。）

治道》）。四、舊學商量加邃密（代表作品有《才性與玄理》、《心體與
性體》等）。五、新知培養轉深沉（代表作品有《佛性與般若》、《智的
直覺與中國哲學》、《現象與物自身》）。六、學思的圓成（代表作品有
《圓善論》等）。❺此外，鄭家棟博士在《牟宗三》一書中，亦透過
檢視牟先生的一生，把他的思想分爲五個階段：一、大學時期（代
表作品有《從周易方面研究中國之玄學與道德哲學》）。二、自大學畢業
到離開中國前（代表作品有《邏輯典範》、《認識心之批判》、《理則學》）。
三、五十年代（代表作品有《歷史哲學》、《政道與治道》、《道德的理想
主義》）。四、六十年代，牟先生此時之注意力乃在疏理中國傳統的
學術思想（代表作品有《心體與性體》、《才性與玄理》、《佛性與般若》
等）。五、七十年代以後，牟先生此時的努力方向爲消化康德、會
通中西、以及建構自己的哲學體系（代表作品有《智的直覺與中國哲學》、
《現象與物自身》、《圓善論》等）。

　　只是牟先生對佛家義理之看法，並不像他的整體思想般，經歷
了幾個不同的階段，相反，他對佛家義理的看法，多年來都沒有太
大的改變，因此，在討論牟先生如何詮釋佛家義理時，並沒有必要
把牟先生的思想分爲不同的時期或不同的發展階段。

　　此外，又因本書的注意力並不在牟先生整體思想之發展，而
是在牟先生對佛家義理的闡析，所以，本導論便以牟先生的作品

---

❺　蔡仁厚教授對牟先生學思歷程之分期，大抵是參照牟先生在《五十自述》
　　中的分期而來。在《五十自述》中，牟先生把自己的學術生命分爲「直覺
　　的解悟」、「架構的思辨」和「客觀的悲情」三個階段。但這三個階段只
　　能指出牟先生自己五十歲以前的思想特點，所以後人往往要在此三個階段
　　的基礎上，作出增潤，才能總括牟先生一生之思想。

爲線索，點出牟先生在不同著作中，對佛家義理的詮釋。而在牟
先生云云作品中，本導論又以《佛性與般若》爲中心，因此書乃
是牟先生晚年唯一有系統地討論佛教義理之著作，也是他長期鑽
研佛家哲理的結果❻。牟先生於 1969 年開始撰寫該書，1975 年完
稿，1977 年出版，前後歷時共八年，是研究牟先生對佛家義理看
法之必讀，也是公認的當代中國佛學鉅著。

　　然而，在《佛性與般若》出版之前，牟先生已在他的著作中，
對佛教義理作出論述。這些論述雖欠缺嚴謹的架構，但基本上都能
反映牟先生對佛教義理的整體看法。在這些早期作品中，牟先生往
往把佛家義理與儒、道二家義理相比較，以突出三者在教學進路上
之異同，其中不乏精彩的洞見。❼

---

❻　牟先生講及他撰寫《佛性與般若》之緣起時說：「我之熏習佛教由來已久，
　　然初只是道聽塗說，並未著力。初講中國哲學史，對於佛教一階段，亦只
　　是甚淺、甚簡、甚枝末的一般知識。……近二十年來，漸漸著力，然亦未
　　能專注，只是隨時留意，隨時熏習，慢慢蘊蓄。……最後始正式寫此《佛
　　性與般若》。」（《佛性與般若》〔上冊〕〔台北：學生書局，1993 年〕，
　　序，頁6。）

❼　牟先生總結他早期寫書的原因時，都不外是要把中國本土的文化生命表現
　　出來，他說：「中華民族文化原初那個模型一條根發展到東漢末年停下來
　　了，至魏晉時代是峰迴路轉，所謂『柳暗花明又一村』，就是道家復興。
　　道家是中國原有的，道家在先秦戰國時代已經出來了，但沒有起作用，道
　　家眞正在時代中發光是在魏晉時代。所以，我寫《才性與玄理》，展現魏
　　晉玄學系統。通過道家的復興，接受佛教，下一個階段是南北朝、隋唐，
　　到南北朝、隋唐的時候，中國文化生命斷絕了，那是一個大彎曲，繞個大
　　彎曲子，繞出去了。那個時候是佛教的天下……我寫了《佛性與般若》，
　　徹底了解佛教。佛教以後，下面就是宋明理學。我寫了《心體與性體》疏
　　導宋明理學。通過長時期的工作，寫出這幾部書，契入中華民族文化生命

　　譬如在《才性與玄理》（1963 年出版）中，牟先生便以佛、道二家的教學俱屬太陰教形態，把它們與屬太陽教形態的儒家教學相比較。正因佛、道二家俱屬太陰教，故道家可契接佛家之東來，而佛家則進一步把太陰教之精神深刻化，並將其義蘊表露無遺。❸此外，牟先生又認爲太陰教有順適調暢太陽教之作用，能把太陽教剛烈精神所產生的界限和爭執，予以沖淡和消化。❾由是儒、釋、道三家互相關連，構成中國文化生命的全體。牟先生以「太陰教」與「太陽教」來概括儒、釋、道三家之特色及其相互之關係，正是他過人識見的表現。

　　又如在《中國哲學的特質》（1963 年出版）一書中，牟先生把竺道生（355—434）之主張一切眾生皆有佛性和惠能（638—713）之主張頓悟本心，來類比孟子（約西元前 385—304）之主張人人皆有良知良能、皆可成聖成賢，襃揚兩者之教學爲孟子靈魂在中國歷史上的重

命脈的內部，然後把這個生命表現出來。」（牟宗三：〈中國文化發展中的大綜和與中西傳統的融會〉，見楊祖漢主編，牟宗三等著：《儒學與當今世界》〔台北：文津出版社，1994 年〕，頁 8。）

❸　牟先生解釋佛家對太陰教之繼承與發展，並有進於道家的原因時說：「道家原是對於任何存在取『不著』之態度，所以它無任何分解。但是佛教一方對於『生命』有一『經驗之分解』（取廣義），此即是『無明』之系統，一方對於陰教之『自由主體』……復有一『超越之分解』，此即是佛性之系統，或如來藏自性清淨心之系統。有此兩步分解，遂得使清涼沖淡之趣味更形深刻化，將使屬於太陰教之自由系統之全幅義蘊全部表露無遺。」（《才性與玄理》〔台北：學生書局，1993 年〕，頁 377。）

❾　牟先生如此說：「但天地之明不能只有太陽而無月亮，所以太陰教之自由亦有其輔助消導沖淡之作用。它可以將太陽教之自由中所產生出的界限、分際、剛烈、爭執、予以清涼沖淡之消化」（同上註，頁 376。）

現。這論點可說是牟先生以儒家立場來詮釋佛家義理的典型例子。

　　而在《心體與性體》（第三冊）（1969 年出版）中，牟先生分別從剛骨基體、義理形態和功夫形態三方面，比較佛家和儒家思想取向的異同，其分析深刻而具體，是研究牟先生如何定位佛家的重要材料。至於《心體與性體》（第一冊）（1968 年出版）所收入的〈佛家體用義之衡定〉一文，❿檢討佛家各思想系統是否具有體、用義，亦甚具參考價值。

　　此外，《生命的學問》（1970 年出版）、《中國文化的省察》（1984 年出版）和《時代與感受》（1984 年出版）為牟先生早期雜文和講稿的結集，其所收文章如〈人民主義與宗教〉（原刊於 1955 年 4 月的《人生雜誌》）、〈中國文化大動脈中的終極關心問題〉（原刊於 1983 年 9 月 28 日到 10 月 5 日的《聯合報副刊》）、〈從儒家的當前使命說中國文化的現代意義〉（為 1979 年於東海大學之演講）等，都有論及佛教的地位、思想、教學形態等問題，是研究牟先生對佛教整體看法的重要資料。

　　以上提及的各種作品，都是在《佛性與般若》一書出版前發表的，這些著作雖有論及佛教之義理，卻欠系統性的分析，及至《佛性與般若》一書面世，牟先生對佛教各宗派系統性的詮釋才可得見。

---

❿　林鎮國對此文有如下的按語：「牟宗三全面而系統地詮釋佛學的代表作是《佛性與般若》……不過，更早之前作為《心體與性體》第一冊附錄的〈佛家體用義之衡定〉（大約寫於一九六六年到一九六八年間）長文，則可以說是牟氏首度判定佛家各系統之性格的綜論。其後來的觀點大抵不出該文所論。學者讀《佛性與般若》，常苦於其文獻徵引繁複，份量太重，不知從何入手，卻往往不知〈佛家體用義之衡定〉是最佳的導論。」（《空性與現代性》〔台北：立緒文化，1999 年〕，頁 99—100。）

於該書中，牟先生以「佛性」和「般若」兩個主要佛教觀念爲骨幹，從義理角度審視佛教不同思想系統的形成背景和主要特點。該書的討論範圍包括印度的空宗（般若教學和中觀教學）、有宗（瑜伽行教學、如來藏教學），以及中國本土的華嚴宗、天台宗和禪宗，爲現今可見探討佛教教義的內容和發展最全面又最深入的中文論著之一，也是本書的主要參考對象。

　　在《佛性與般若》出版之後，牟先生陸續發表了一些論述佛教的專文，如〈佛家的存有論〉（1975 年 12 月發表）、〈天台宗在中國佛教中的地位〉（1978 年 8 月發表）、〈講南北朝隋唐佛學之緣起〉（1977 年 10 月發表）、〈依通、別、圓三教看佛家的「中道」義〉（1988 年 10 月發表）等。這些論文不論是表達對佛教義理整體之見解，或是檢視佛教教學之發展，或是釐清佛教不同思想系統之特色，皆不出《佛性與般若》之觀點，而且都是以天台宗的立場爲依歸，充份反映出牟先生對天台宗教學的推崇。

　　除論文以外，牟先生晚年不少的演講都被輯錄成書，其中較多論及佛家義理者，要爲《中國哲學十九講》（1983 年出版）及《四因說演講錄》（1997 年出版）。前者爲牟先生對中國各階段哲學之綜述，❶而佛教作爲南北朝隋唐時代之顯學，自然受到不少注意。

---

❶　蔡仁厚回顧該書的寫作緣起時如此說：「先生以數十年之精誠，疏導中國哲學之思想脈絡，表述儒釋道三教之義理價值，先後完成《才性與玄理》、《佛性與般若》、《心體與性體》、《從陸象山到劉蕺山》等四部專著；又復注其心力，疏通中國文化生命之癥結，承晚明諸儒之餶醒外王大義而推進一步，以解答中國文化中政道、事功、科學之問題，而寫成《道德的理想主義》、《歷史哲學》、《政道與治道》三書；此外，關涉於中西文化思想之會通問題，亦先後有《認識心之批判》、《智的直覺與中國哲學》、

後者旨在通過對亞里士多德所說的「形式」、「質料」、「動力」和「目的」四種原因的解說，對顯儒、釋、道三家立場之殊義。此書在論述佛家立場時，廣泛地援引了佛教各系思想以爲說明，並對之作出深入剖析，爲探討牟先生對佛教各思想系統的看法的重要材料。

　　此外，牟先生晚年出版的專書，亦有不少談及佛教義理的地方。譬如在撰寫《佛性與般若》期間出版的《智的直覺與中國哲學》（1971 年出版）和《現象與物自身》（1975 年出版）二書，都旨在探討中西哲學會通的問題，內中有不少章節談及中國儒、釋、道三家之哲學。⓬在《智的直覺與中國哲學》中，牟先生對康德「智

　　《現象與物自身》等三書之撰著，然上述各著，卷帙浩繁，讀之非易，而如何對中國各階段之哲學思想及其所涵蘊之問題，作一簡要之綜述，俾學者易於順之而悟入，仍屬極爲重要而不可忽視之事。而此十九講，即先生所作之綜述也。」（《牟宗三先生學思年譜》〔台北：學生書局，1996年〕，頁 184。）

⓬ 牟先生以《智的直覺與中國哲學》及《現象與物自身》二書之主旨爲說明中國儒、釋、道三家皆肯定人可有智的直覺，他說：「依康德智的直覺只屬於上帝，吾人不能有之。我以爲這影響太大。我反觀中國的哲學，若以康德哲學的詞語衡之，我乃見出無論儒釋或道，似乎都已肯定了吾人可有智的直覺，否則成聖成佛，乃至成眞人，俱不可能。因此，智的直覺不能單劃給上帝；人雖有限而可無限。有限是有限，無限是無限，這是西方人的傳統。在此傳統下，人不可能有智的直覺。但中國的傳統不如此。因此，我寫成《智的直覺與中國哲學》一書。在此書中，我重述康德，引出康德書中所說的智的直覺之意義與作用，並述儒釋道三家，以明其義理非通過智的直覺之肯定不能說明。⋯⋯吾人必須依中國的傳統肯定『人雖有限而可無限』以及『人可有智的直覺』這兩義。我們由中國哲學傳統與康德哲學之相會合激出一個浪花來，見到中國哲學傳統之意義價值以及其時代之

的直覺」只屬於上帝這說法表示不同意，從而指出中國儒、釋、道三家的教學都肯認人有「智的直覺」。就佛家而言，牟先生認為《般若經》講般若智之圓照作用，天台宗講「從無住本立一切法」，華嚴宗講「法界緣起」，都具備某一意義的「智的直覺」，並用了不少篇幅作出解釋。至於《現象與物自身》一書，乃為對康德所提出的「智的直覺」和「物自身」觀念之意義和關係的進一步剖析。牟先生於書中提到「執」和「無執」兩層存有論的觀念。他以西方哲學所講的存有論為「執的存有論」，以中國儒、釋、道三家所講的存有論為「無執的存有論」，並表示儒、釋、道三家可通過「自我坎陷」而開出「執的存有論」。⓭此書在申釋

使命與新生，並見到康德哲學之不足。系統而完整通透的陳述就是在這部書：《現象與物之在其自己》。至於《智的直覺與中國哲學》一書則是它的前奏。」（牟宗三：《現象與物自身》〔台北：學生書局，1996 年〕，序，頁 3—4。）而所謂智的直覺，在儒家為性智，在道家為玄智，在佛家為空智。此三種智皆可認識物自身。牟先生說：「道家以玄理玄智為主。儒家講心體，性體，道體，吾人可方便轉名，說其以性理性智為主。佛家以空理空智為主。……玄智就是有無玄同之道心之明照。在此明照中，物是自在物也。……空智是實相般若。無論套於何系統皆然。在實相般若之朗照中，法之實相顯。實相一相，所謂無相，即是如相。此即是無自性的法之在其自己。……而性理不離道德的本心，乃即於道德的本心而見。此本心之自由自律，自定方向，自立法則，就是理，亦可以說就是性之所以為性，性理之所以為理。此本心，依陽明，即曰『知體明覺』。知體明覺知是知非（自定方向自立法則）即是『性智』，性體所之智也。……在此性智面前，物，無論行為物（事），或存在物，皆是在其自己之物」（同上註，序，頁 14—15。）

⓭　牟先生認為「自我坎陷」是一種辯證的開顯，而通過這種辯證的開顯，中國哲學也可以成就科學知識。他說：「此步開顯是辯證的……(1)外部地說：

中國哲學如何可以開出「執的存有論」時，廣引佛家各宗義理以爲說明，其中不乏值得參考的地方。

在會通中西哲學的課題上，學界一致公認牟先生最成熟的作品爲《圓善論》（1985 年出版）。**⓮**該書旨在探討康德所提出的「最高

『人既是人而聖，聖而人(人而佛，佛而人，亦然)，則科學知識原則上是必要的，而且亦是可能的，否則人義有缺。(2)內部地說，要成就那外部地說的必然，知體明覺不能永停在明覺之感應中，它必須自覺地自我否定(亦曰自我坎陷)，轉而爲『知性』；此知性與物爲對，始能使物成爲『對象』……知體明覺之自覺地自我坎陷即是其自覺地從無執轉爲執。自我坎陷就是執。……它自覺地要坎陷其自己即是自覺地要這一執。』（同上註，頁122—123。）「自我坎陷」說是牟先生的重要理論之一，因它是新儒家一直重視，從內聖開新外王的理論中的一個突破性進路。

⓮ 譬如高柏園便指出，圓善的問題不單是康德哲學中的重要課題，也是中國哲學之歸宿，故牟先生的哲學理論發展至最後時也必然要面對這問題：「早在《中國哲學十九講》，牟先生就已經孕釀有關《圓善論》一書之寫作，而這種發展也有其理論上之必然。蓋就哲學問題而言，圓善問題無疑是眞正的哲學問題，同時也是最合哲學古義的問題。尤有進者，圓善問題不僅是康德哲學中的重要關懷，其實更是中國哲學的最後歸宿所在。易言之，圓教乃是中國哲學的歸宿，而圓善也正是在圓教的證實中被肯定。然而，牟先生如此可觀的貢獻卻也來得艱辛，牟先生自謂：『凡此皆經由長途跋涉，斬荊截棘，而必然地達到者。中經才性與玄理，佛性與般若，心體與性體，從陸象山到劉蕺山等書之寫作，以及與康德之對比，始達到此必然的消融。』由此可知，牟先生對圓教與圓善問題之討論，乃是有其理論發展之必然，而非一時之興會之所至。同時，牟先生固然受康德的影響，但是其中之差異，則在牟先生能更進一步地爲康德所不及者加以充分之釐清與疏通。此舉不但爲康德哲學建立一可能之出路，也爲中國哲學之傳統智慧，做了極佳的詮釋與發揮。」（〈牟宗三先生論儒家的圓教與圓善〉，見周群振等著：《當代新儒學論文集（內聖篇）》〔台北：文津出版社，1991 年〕，頁 56。）

善」的理想。所謂「最高善」，是指德與福的統一，牟先生取其圓滿之意，稱之爲「圓善」。**⑮**於是書中，牟先生指出依康德之哲學，「圓善」須要有「上帝存在」、「靈魂不滅」之假設才可成立，但依中國儒、釋、道三家之哲學，則無須這些假設，也能保證圓善之可能。在佛教方面，牟先生以天台宗所代表的圓教，爲最能體現「圓善」之理想，**⑯**其解說有不少發人深省的地方。

　　以上所舉出牟先生的各種論著，皆爲本書的主要參考資料，其中又以《佛性與般若》爲最重要。本書的第一章旨在宏觀地申示牟先生如何看佛教思想在中國思想中的位置，並說明牟先生論述佛教

---

⑮ 牟先生如此解釋他之所以把「最高善」譯成「圓善」：「德雖爲本，然有德者不必即有福；反過來，有福者當然更不表示其即有德。此兩者並不是分析此一個之概念便可得到另一個。然此兩者既皆必須被肯定，則雖一時有此不必有彼，然吾人總希望『兩者皆有』方是最好。兩者皆有而被綜和起來，康德名之曰『最高善』。『最高』有兩義，一是究極，一是圓滿。在此取圓滿義。因此，康德道德哲學中之『最高善』最好譯爲『圓善』，意即整全而圓滿的善。」（《圓善論》〔台北：學生書局，1985 年〕，頁172。）

⑯ 牟先生認爲德與福皆爲人的事，上帝是管不著的，而佛教中的圓教正好顯示出德與福皆爲人所負責，毋須靠上帝來保證的特點：「我們所說的德福的『福』，是我們現實人生自然界的事，我們所說的現實人生，自然界等都是些現象。……『福』既是寄托於自然界，因此，『福』是現象，上帝是管不著的。『德』是我們的事，上帝當然更管不著。……故依我說，康德以上帝把德、福成配稱關係是不十分可理解的。佛教的智慧在這方面可有極大的貢獻，我們可說，佛教圓教的觀念保障德∴福一致。不但人人都負責自己的德，且也要負責其現實人生的存在，福所寄托的存在。」（牟宗三主講，譚寶珍紀錄：〈《圓善論》指引〉，見《鵝湖》第 22 卷第 1期〔1996 年 7 月〕，頁 4。）

之立足點，以顯示其詮釋佛教之基本取向。之後，本書將微觀地分述牟先生對佛教內部各主要思想系統的詮釋。由於牟先生以「佛性」和「般若」爲佛教思想的兩大骨幹，故本書在進入探討牟先生如何理解個別佛教思想系統前，首先在第二章闡述他對這兩個觀念的分析。從上文介紹牟先生如何在不同論著中論及佛教，可見牟先生對佛教整體義理的探討，是配合中國思想和文化的反思而作出的，不過由於他認爲中國佛教跟印度大乘佛教爲一脈相承，中國佛教「其實是一個佛教之繼續發展」，❶故此他在《佛性與般若》，以致其他著作中，都用了不少篇幅來討論印度的大乘佛教。在論述印度大乘佛教時，牟先生對中觀、瑜伽行和如來藏這三個主要的印度大乘教學系統，作出了詳盡的分析。本書的第二、三、四章便分別論述牟先生對這三系教學的詮釋。而佛教在傳入中國後，發展出許多宗派，牟先生從思想角度出發，認爲最有創意者要爲華嚴宗和天台宗，由是他對中國佛教的探討，便集中在這兩宗上。本書的第五章和第六章便分別討論牟先生對華嚴宗和天台宗思想的看法。又在眾多中國本土的佛教學派中，禪宗一向被視爲最具中國特色，本書第七章便爲牟先生對禪宗教學判釋的評述。

　　最後要一提的是，本書的主旨要在審視牟先生對佛教內部各個系統的理解，至於牟先生如何援用佛家觀念來詮釋「智的直覺」、「物自身」、「圓善」等一類西方哲學觀念，並以之來會通中西哲學，如何借助佛教觀念去申釋自己思想、如何說明佛教與科學知識的關係等課題，因不是本書的旨趣所在，故不會作出詳細的討論。

---

❶　《佛性與般若》（上冊），序，頁4。

第一章　牟先生詮釋佛教之前設

一、牟先生對佛家思想的整體看法與定位

牟先生作為當代新儒家的代表，其思想自然以儒家為本位。那麼，佛家思想在牟先生心目中，佔一個怎樣的位置，乃是饒有趣味的問題。若牟先生站在儒家優位立場，對佛家義理只作泛泛之論，甚或視之為一文不值，則探究牟先生對佛教思想之詮釋便無價值。又若牟先生與其他學者一樣，以考據、訓詁為其論說之前設，又或只以撰寫佛教史為己任，則其對佛教之討論便欠特色，研究他對佛教思想之詮釋亦無甚意義。由是在進入討論牟先生對佛教內部各個別系統之看法前，有必要先宏觀地審示他對佛教思想的整體看法與定位，並進而找出他論述佛教時的立足點，以一窺其論說有別於其他人的原因。以下先分佛教的教學形態和佛教在中國文化中的位置兩方面，來說明牟先生對佛教思想的整體看法與定位。

(1) 佛教的教學形態

牟先生論佛教教學形態較有代表性的文字，見於《才性與玄理》、〈人民主義與宗教〉及《現象與物自身》。在《才性與玄理》

中，牟先生以佛家之教學爲屬「境界形態」。他說：

> 中國學術大體分爲三個階段：一、晚周諸子；二、魏晉南北
> 朝，下賅隋唐；三、宋明理學。
> 這第二個階段，以玄學與佛學爲主。❶

> 至乎魏晉玄理，以老莊爲矩矱，而又盛發之。適同時佛教亦
> 在滋長中，順魏晉南北朝之玄談清言，而亦有其至鳩摩羅什
> 來華爲止之初期發展。在此兩流順應發展中，一呼一應，推
> 波逐瀾，於空、有，有、無，寂、照，動、靜等聖證之圓境，
> 尤其闡發無餘蘊。此即所謂「境界形態」而至乎其極也。境
> 界形態之義蘊，確爲佛道兩家所喜闡發而盛言之。❷

　　牟先生以爲中國學術的發展可分三個階段，第一爲晚周諸子時
期，第二爲魏晉至隋唐時期，第三爲宋明理學時期。他又以玄學和
佛學爲第二時期的代表思想，指出這種思想能把空、有一如，寂、
照一如，動、靜一如的圓證境界發揚至極，故俱爲「境界形態」。
　　此外，牟先生於該書中又表示佛家和道家俱屬太陰教，而儒家
則屬太陽教。對於太陰教，牟先生說：

> 而（按：西周）國民（所謂君子）之服膺禮法，表現道德，亦
> 確有一種諧和。但個人自由意志之服從禮文是自然地不反省地

---

❶　《才性與玄理》，頁 43。
❷　同上註，頁 275—276。

服從，亦確是事實。因此，這道德性亦不是眞正的道德性，尚
沒有通過主觀自由底奮鬥而重生地建立起的道德性。這其中自
含有一種矛盾。這矛盾，到春秋戰國時期，立爲道家所表現。
周文立見爲外在的空殼，所謂虛文，而同時復成爲自由、自在、
自適其性的要求者之障礙，所謂桎梏。道家表現了這矛盾，但
它沒有正視這矛盾如何克服。……率眞適性之自由不是感性
的，而是精神的，但卻是偏面的，月亮之光之陰涼闇淡的精神，
這是「非道德而超道德的自由」，這是太陰教的自由，不是太
陽教的自由。佛老俱是太陰教的自由。❸

　　牟先生指出，在西周時，國民對禮法之服從，是未經反省的，
故並不是眞正的道德表現，由是禮法與個體之自由意志之間便存
在著矛盾。道家察覺到這矛盾，但卻沒有克服這矛盾，而只視周
文爲外在的空殼，爲自由的障礙，進而片面地追求率眞適性。牟
先生稱道家教學的這種表現爲「月亮之光之陰涼闇淡的精神」。
牟先生又認爲，佛家的思想進路與道家的相同，故其精神亦爲「太
陰教的自由」。而儒家則朝克服這矛盾的方向走，故其精神爲太
陽教之自由。❹

---

❸　同上註，頁 374—375。
❹　牟先生認爲儒家通過主觀自由之奮鬥，建立起眞正自由之主體性，進而把
　　外在的禮法轉化，使之成爲內在道德性客觀化之表現，由是克服了自由與
　　禮法之間的矛盾，他說：「儒家在發見那矛盾後，正是向克服此矛盾之路
　　走，正是要通過主觀自由之奮鬥，在重生中，建立眞正的自由主體性，而
　　獲得那眞正的道德性，以重新達到自由意志與禮法之統一。孔子講仁，就
　　是要指點一個眞實的道德生命。至孟子講性善，這內在道德性，眞正的自

牟先生又繼續說：

> 而太陰教的自由則既不想克服此矛盾……而是永遠停在偏面
> 的主觀之用中。它只能凝斂退處而起清涼沖淡之作用。如果
> 它如其自性而凝斂退處，不氾濫而爲文人生命之感性主體，
> 它亦可不覺與任何存在有矛盾，道德禮法自然亦可無礙。它
> 只如其自性而起清涼沖淡之作用，如是它亦可以輔助消導太
> 陽教之自由系統而順適調暢之。……道家以及後來之佛教，
> 在中國歷史中，說毛病流弊，儘可說出很多，但如其自性，
> 亦儘有許多好處。它們皆曾盡了其好處的作用。❺

太陰教注重凝斂退守，這精神要是不氾濫而淪爲沉溺感性，亦
可與道德禮法無礙，甚至對道德禮法起「清涼沖淡」的作用，成爲
太陽教精神的一種調適。就太陰教有順適調暢太陽教的作用，牟先
生認爲它有許多好處。總言之：

> 儒家是太陽教的自由，道家是太陰教的自由。這是中國文化
> 生命中所固有的兩輪。❻

由主體性，完全在主觀自由底奮鬥中挺立起。此就是道德性之重生。在此，
外在的禮法不只是無根的外在，而是內在化於吾人之『自由的主體性』中
而有其根，而成爲內在道德性之客觀化。如是，吾人服從客觀化之禮法不
只是外在地習慣地服從，而是自由主體性呈現後之內在地必然地（理想地）
服從。……儒家是太陽教之自由」（同上註，頁 376。）
❺　同上註，頁 377。
❻　同上註，頁 376。

從牟先生視太陰教和太陽教爲中國文化生命中固有的兩輪，可推知牟先生肯認佛家在中國文化生命中佔一席位。

在〈人文主義與宗教〉一文中，牟先生形容佛家的教學爲「離教」：

> 凡道德宗教足以爲一民族立國之本，必有其兩面：一，足以爲日常生活軌道，（所謂道揆法守）。二，足以提撕精神，啓發靈感，此即足以爲創造文化之文化生命。……儒家教義即依據此兩面之圓滿諧和形態而得成爲人文教。凡不具備此圓滿諧和形態者，吾皆認之爲離教：或耶或佛。❼

牟先生認爲一個道德宗教要成爲民族立國之本，必須具備兩種條件，第一：足以作爲人民日常生活軌道，第二：足以提撕人民精神和啓發靈感。在儒家教學裏，這兩種條件得到圓滿的諧和，故儒家足以成爲人文教。而佛家則不能調和此兩方面，故牟先生稱之爲「離教」。

當牟先生把佛家跟儒家對比時，稱佛家爲「離教」，可是，當牟先生合觀儒、釋、道三家，把它們跟作爲西方宗教代表的基督教對比時，則統稱三家爲「盈教」，而稱基督教爲「離教」。牟先生在《現象與物自身》中說：

> 耶穌之道成肉身，視作上帝底事，只是「彰顯道」這彰顯歷

---

❼　牟宗三：〈人文主義與宗教〉，見氏著：《生命的學問》（台北：三民書局，1994 年），頁 75—76。

> 程中之一機相（一形態）。……這一機相當然有其價值，可
> 使吾人知道客觀地有一無限體，以爲眾生之所仰望。但光只
> 是仰望，並無濟於事；無限體只是客觀地存在，亦無用。這
> 個即是吾所說的離教，不是圓盈之教……因爲它開不出「慎
> 獨」這一樞紐。因此，眾生無可以通過自己的實踐，以與於
> 上達天德之份，此即隔絕了眾生底生命之無限性；而上帝只
> 成了一客觀的存在❽

據牟先生，基督教所講那道成肉身的耶穌，無非是作爲無限體
的上帝在自我彰顯的歷程中的一種機相，這機相無疑有它的價值，
人可以通過它來認識無限體，但它卻不能叫人在自己生命中體現這
無限體，換言之，基督教並沒有爲眾生開出通過自我實踐而上達天
德之路。就此，牟先生批評基督教隔絕了眾生生命之無限性，爲「離
教」。牟先生繼而說：

> 只有在「慎獨」底樞紐上，眾生皆有份，始可達到圓盈之教。
> 中國的儒釋道三教皆握住了這一樞紐，故皆能即有限而成爲
> 無限。慎獨是儒家的說法，佛家則說修止觀，道家則說致虛
> 守靜。當然各家亦皆有其他說法，有種種名，今只略舉其一。
> 然無論如何，這一切說法皆表示通過自己的實踐可以朗現無
> 限心，故皆是圓盈教也。❾

---

❽　《現象與物自身》，頁453。
❾　同上註，頁454。

儒家講愼獨，道家講致虛守靜，佛家講止觀雙修，它們所標舉
的修行方法容有不同，但都肯認眾生可以通過修行，體現自身本有
的無限心體，從而上達天德，故對比基督教之爲「離」，儒、釋、
道三家皆爲「盈」。❿在「盈教」中，牟先生又分別出正盈與偏盈
兩種形態：

> 盈中有正盈與偏盈：儒是正盈，佛老是偏盈。正盈者能獨顯
> 道德意識以成己成物也。偏盈者只遮顯空無以求滅度或求自
> 得也。……故偏盈者未能至乎極圓也。⓫

牟先生以儒家爲正盈，因它能獨顯道德意識以成己成物；而以
佛、道二家爲偏盈，因佛家只求滅度，道家只求自得，都未能彰顯
道德意識。由是觀之，牟先生以儒家的教學層次比佛家爲高，其所
追求的境界亦要比佛家圓滿。

總括以上牟先生的意見，佛教雖在肯認人的無限性方面，比西

---

❿ 牟先生不只一次稱基督教爲「離教」，以突顯儒家之爲「盈教」，如他在
《道德的理想主義》中，便說：「耶穌的實踐是離的，他的教訓是離教，
而孔子的實踐則是盈的，他的教訓是盈教。因爲是離教，所以俗世與天國
是對立的，而不是圓融的綜和的。」（〔台中：私立東海大學，1970 年〕，
頁 40）他又在《歷史哲學》中說：「是以中國文化生命，無論從禮樂一面
或心性一面，其所表現的『綜和的盡理之精神』所成之文化系統實是一充
實飽滿之形態。我亦曾名之曰『圓盈的形態』，名儒教爲『盈教』，以與
西方的『隔離的形態』，名耶教爲『離教』，相區別。」（〔台北：學生
書局，1988 年〕，頁 168。）

⓫ 《現象與物自身》，頁 455。

方的基督教爲優勝，但佛教爲太陰教、離教，屬境界形態，不足以
爲國家民族立本，也未能顯示道德意識以成己成物，若與儒家比起
來，仍有所不足，故不是最圓滿的教學。

(2) 佛教在中國文化中的位置

　　牟先生講佛教在中國文化中位置較有代表性的文字，散見於《中
國哲學的特質》、〈講南北朝隋唐佛學之緣起〉、〈中國文化大動
脈中的終極關心問題〉、〈中國文化發展中的大綜和與中西傳統的
融會〉、〈略論道統、學統、政統〉、《心體與性體》、〈從儒家
的當前使命說中國文化的現代意義〉諸著述中。從上節的討論可見，
牟先生以佛教爲南北朝隋唐期間的代表思想，爲中國文化之一環。
這點《中國哲學的特質》一書亦有說及：

> 中國人先秦始創了儒、道兩家的心性之學。兩漢之後，心性
> 之學發展得精采層出。不但先後在魏晉和宋明兩時代分別地
> 把先秦的道家和儒家大大地發展推進，而且在魏晉與宋明之
> 間的南北朝隋唐時代復攝受並且發展了從印度傳入的佛教。
> 三教一直在此起彼伏的狀態中，或在沉靜玄默的醞釀著，或
> 在有聲有色的顯揚著。整個來說，是毫無間斷的。**⑫**

　　始創於先秦的儒、道兩家的心性之學，在中國一直有精采的發
展，在魏晉南北朝期間更把印度的佛教攝受過來，使之成爲當時的

---

⑫　牟宗三：《中國哲學的特質》（台北：學生書局，1984 年），頁89。

顯學。在中國文化歷史中，儒、釋、道三家一直在此起彼伏。由此可知，牟先生以佛家爲中國文化生命中不可或缺的一環。只是牟先生認爲中國傳統的心性之學可攝受外來之佛學，可知他有以印度佛學爲本土文化附庸之心態。

　　雖然佛教思想爲中國文化中的一環，但它卻與中國本土固有文化的傳承無關，牟先生在〈講南北朝隋唐佛學之緣起〉一文中，便把佛教之東來，說爲是中國文化之「大開」，力言佛教教學違離了中國固有之文化。他說：

　　　　中國歷史文化的發展乃是大開大合的發展。爲什麼說「大開」呢？此乃由於「開」的時間有時非常長，當然僅是時間長尚不足以稱爲「大」，此外還要能夠「歧出」、「轉大彎」（轉得很遠）始可謂之爲「大開」。……由初步的「開」，根據中國本有的道家往外轉，這一轉就遠了；初步的「開」轉得還不算遠，因爲道家是中國本有的，直到轉出去吸收佛教──接受來自印度的一個大教，這就轉遠了。所以這一階段所謂的「大開」就是指佛教而言，也就是說中國要長期地吸收、消化佛教。❸

　　所謂「大開」，乃是指文化生命長時間的歧出、轉彎。牟先生以魏晉的清談和玄學，爲中國文化生命初步的「開」，不過因爲清

---

❸　牟宗三：〈講南北朝隋唐佛學之緣起〉，見《哲學與文化》第 4 卷第 10 期（1977 年 10 月），頁 21─22。

談和玄學乃由中國本土所固有的道家思想發展而來,所以這個「開」還不算是「大開」。而由南北朝開始,中國文化生命長期所吸收、所消化的,爲從印度外來的佛教,故爲「大開」。

除了「大開」以外,牟先生還以「繞出去」、「岔到一邊」這類言詞來形容中國文化對佛教之吸收與消化。在〈中國文化大動脈中的終極關心問題〉一文中,牟先生談到人類「終極關心」的問題時,說:

> 佛教認爲人生來便具有一種無明煩惱與生老病死之苦;所處世界,又是一個無邊苦海。所以,人必須要出離世間,由解脫以成佛,證成不生不滅佛果,達到「常樂我淨」的涅槃境界而得完美。❶❹

牟先生稱有普遍性和恆久性的問題,爲「終極關心」之問題,亦即是宗教的問題。❶❺佛教對此問題的回應爲以人生爲一苦海,教人必

---

❶❹ 牟宗三:〈中國文化大動脈中的終極關心問題〉,見氏著:《中國文化的省察》(台北:聯合報叢書,1984 年),頁 103。

❶❺ 牟先生如此解釋「終極關心」的問題:「說到『關心』,我們馬上就可以想到平常爲我們所關心的問題實在也太多了。但這些爲我們所關心的問題有一共同的特性,就是你關心,我不一定關心;我今天關心,我明天不一定關心;現在的人關心,過去的人不一定關心,未來的人也不一定關心;東方人關心,西方人不一定關心;南方人關心,北方人不一定關心。這就是說,這些爲我們所關心的問題都沒有一個普遍性(universality)與恆久性(eternity);也就是說都沒有一個終極性(ultimacy),所以都不算是『終極關心』的問題。

須出離，直至證得涅槃爲止。牟先生認爲這取向是「岔到一邊」：

> 這些（按：道家和佛家的思想），在以唐、虞、三代一脈相傳
> 下來的正宗中國思想的標準來看，雖不能說全屬非是，但都
> 是繞了出去，岔到一邊了，因其皆未能把握到人之所以爲人
> 的普遍道德理性，並據之以肯定人之所以爲人的個體與集體
> 生活。……中國文化中的終極關心問題，是如何成德，如何
> 成就人品的問題。無論貧富貴賤都是如此。所以這是一個具
> 有普遍性的問題。這個成德的根據，也就是中國文化之動原，
> 即是宋明理學家所謂堯、舜、禹、湯、文、武、周公、孔子
> 聖聖相傳的「心法」。❻

　　牟先生以爲中國文化的終極關心問題爲如何成德，如何成就人
品。因佛家未能把握人之普遍道德理性，並據之肯定人的個體和集
體的道德生活，故若衡之以中國文化，其說法爲「岔到一邊」。而
依牟先生，眞正能夠正確回應這終極關心問題者就只有儒家。牟先
生的儒家優位思想於此表露無遺。

　　此外，在〈中國文化發展中的大綜和與中西傳統的融會〉一文

　　終極關心的問題，就是不管你在社會上做什麼事情，是什麼地位，都
必關心的問題。依西方文化來說，就是宗教的問題。……在東方，則是印
度教和佛教。中國以前雖然沒有產生像這樣類型的宗教，唯道家、儒家的
學問，並也都有宗教的作用，故也可以稱爲一種宗教。因爲，他們所要解
決的都是屬於宗教性的終極關心問題。」（同上註，頁102—103。）
❻　同上註，頁104。

中，牟先生以佛教無助於治國平天下爲理由，**⑰**表示在南北朝隋唐年間盛行的佛教思想爲中國文化之大彎曲，他說：

> 到南北朝、隋唐的時候，中國文化生命斷絕了，那是一個大彎曲，繞個大彎曲子，繞出去了。那個時候是佛教的天下，但是佛教究竟不能治國平天下，雖然到隋唐佛教都吸收進來了。**⑱**

在〈略論道統、學統、政統〉一文中，牟先生更明確表示佛教之傳入中國，爲「民族生命與文化生命之不合一」，他說：

> 中國文化不但有其學術與政治，而且是一最有最初性與根源性的文化，而且其根最純而無異質之駁雜，自堯舜三代直至秦漢，實爲一根之發展，而且爲一「構造的綜合」之發展。

---

⑰ 牟先生除了指出佛教無助於治國平天下外，亦曾表示佛教之用心不在於國家之治亂。他說：「佛教對於時化之污隆並無因果關係，這就是說不相干。唐末五代之墮落衰敗並不因佛教而墮落衰敗，大唐盛世也不因佛教而爲盛世。我並沒有把唐末五代之墮落歸咎於佛教，即沒有表示有這種因果關係。我只說佛教不能救治這墮落。其所以不能救治，不是因爲念佛的人沒有能力，乃是因爲他的心思方向不在此，因爲佛教的本質與這方面不相干，即它（及他）是不負國家政治治平或衰亂之責的。它所以不負此責是因爲它的本質不關涉政治，不過問政治。……亂固不能歸咎於它，治亦不能歸譽於它。此即所謂不相干。」（牟宗三：〈關於宗教的態度與立場：酬答澹思先生〉，見氏著，《生命的學問》，頁89。）

⑱ 牟宗三講，盧雪崑整理：〈中國文化發展中的大綜和與中西傳統的融會〉，見《儒家與當今世界》，頁8。

由其最根源的心靈表現之方向（由此認取文化生命），在現
實歷史趨勢中，衍生學術，構造政治，實爲諧和統一之一套，
在「構造的綜合」中而爲一體。周公制禮實是一大創造（此
所謂構造的綜合），亦是一大關鍵。漢帝國之建立，雖由秦
之一曲而來，亦表示一構造的綜合。唯自東漢崩解以後，佛
教輸入，以致隋唐五代，遂有異質之滲入。然佛教並無助於
建國創制，是以佛教之輸入，徒表示民族生命與文化生命之
不合一，乃一長期之破裂與曲折。⓴

　　牟先生認爲中國文化爲一最有根源性的文化，其特點爲「構造
的綜合」，這特點的表現爲政治、學術與文化生命的諧和與統一。
自堯舜三代起直至秦漢，這「構造的綜合」一脈相承，沒有駁雜。
而在南北朝至隋唐期間，佛教之來華乃是異質文化之滲入，它爲中
國文化帶來了破裂與曲折，使中國文化生命與民族生命無法達至諧
和與合一。

　　綜合以上的論述，可見牟先生之所以以佛教的流行爲中國文化
之歧出，很大程度上是因佛教思想與作爲中國文化主流的儒家思想
有所不同。在《心體與性體》（第三冊）中，牟先生更以禪宗爲例，
說明佛家與作爲中國文化主流的儒家在根本的剛骨基體上爲相異，
而二者若有相同處，亦只不過是在表面的義理形態和功夫形態上而
已。牟先生的論說可表列如下：

⓴　牟宗三：〈略論道統、學統、政統〉，見氏著，《生命的學問》，頁64─65。

根本上的剛骨基體（相異處）：

	佛家（禪宗）	儒家
心	如來藏自性清淨心。	仁義內在之道德心。
性	以「諸行無常，諸法無我」之空性爲性。	以道德性爲性。
本質	以「當下即是」的圓頓教爲本質。	以生發道德創造的即存有即活動的天道實體爲本質。

表面上的義理形態（相同處）：

佛　家	儒　家
通過「流轉還滅」以成佛，成佛靠自力、自修、自證。	通過道德實踐以成聖，成聖憑自力、自修、自證。

表面上的功夫形態（相同處）：

佛　家	儒　家
眞常心系統（華嚴宗及禪宗）肯定一眞心爲流轉還滅之根據，成佛即是體現眞心。	依靠本心性體之呈露而使德行可以自發、自律、自主。
成佛即體現眞心，是故心、佛與眾生爲三無差別，即心是佛。	重逆覺之功夫，力求回復本心。

牟先生又補充說：

> 『相似』（按：佛家與儒家之相似處）乃是義理形態之相似，成
> 佛成聖工夫形態之相似，工夫進程上境界形態之相似，而剛
> 骨基體則根本不同也。❷

由是可知，牟先生之所以以佛家爲中國文化之歧出，乃因它與作爲
中國文化主流之儒家，在根本出發點上有相當的差異故。

　　以下牟先生在〈從儒家的當前使命說中國文化的現代意義〉中
的一段話，正好作爲他對佛教整體看法之綜括：

> 中國文化以儒家作主，這個文化生命主要的動向、形態是由
> 儒家決定的，在以往幾千年中，道家並不能負這個責任，從
> 印度傳來的佛教亦不能負這個責任。雖說中國人吸收了佛
> 教、消化了佛教，佛教亦對中國文化有所影響，然而它卻始
> 終不能居於主流的地位。❸

又說：

> 我不像宋儒那樣闢佛，我雖也辨儒佛同異，但並不反對佛教

---

❷ 牟宗三：《心體與性體》（第三冊）（台北：正中書局，1991 年），頁
107—108。

❸ 牟宗三：〈從儒家的當前使命說中國文化的現代意義〉，見氏著：《時代
與感受》（台北：鵝湖出版社，1995 年），頁 328。

本身的價值，可是我反對以佛教來貶視儒家。㉒

正如牟先生所說，他不關佛，不否定佛教的價值，也承認佛教對中國文化的影響，不過，他認爲佛教以人生爲苦海，教人出離世間，不注重個人與社會道德的建立，跟中國的文化生命與民族生命有所違離的特點，都使它在本質上跟儒家思想相異，也因此，牟先生堅決反對以佛教來代替儒家作爲中國文化的主流，更反對以佛教來貶視儒家。

從以上的討論可見，牟先生儒家本位的思想並沒有令他忽略佛家的價值。雖然他否認佛教爲中國文化的主流，但卻承認佛家思想爲中國文化發展中之一環，雖然它不能成中國文化之主流，但卻對中國文化有深遠的影響。由是討論牟先生對佛教思想的詮釋，便有一定的意義與價值。

二、牟先生講論佛教之立足點

牟先生既然承認佛教爲中國文化發展中之一環，則佛教思想在他心目中自然有它的意義與價值。而牟先生如何詮釋佛教內部各個系統以突顯其意義與價值，很大程度上是由他討論佛教時的立足點所決定的。縱觀牟先生之著作，可見他討論佛教時有以下的立足點：

第一：牟先生是站在中華民族生命的大動脈上來講佛教的，他說：

㉒　同上註，頁 329。

站在中華民族這一個大生命的動脈上來看，我乃是「存在」
地講；南北朝吸收佛教乃是以中華民族的人來吸收，中華民
族的人在彼時亦是以其生命來吸收。而今我是站在這中華民
族生命的大動脈上，這個大動脈就和我的生命相通，我自己
的生命就能和這大動脈相呼應，這種呼應就是「存在的呼
應」。……我雖非專家亦非佛弟子，然而我猶可站在中國哲
學史的立場上與民族生命的大動脈相呼應。因而有存在的感
受，並在這個感受中即具有存在之真實性。我有了這種真實
性便能仍然不必做佛弟子，並不是說只有佛弟子才能真正地
瞭解佛教，並不是這樣的。❷❸

　　所謂中華民族生命的大動脈，乃是指整個的中國文化，而中國
文化是活生生的，它可吸收外來的文化與思想。在南北朝時，中國
文化的生命就吸收了從印度來的佛教，而牟先生的生命又跟這大動
脈相呼應，所以牟先生講佛教時，有一種存在的感受，而這種感受
正是他對佛教有真切了解的原因之一。

　　牟先生既以存在的感受為講論佛教的前題，則他不會像日本的
佛學專家般，以考據、訓詁和語文研究為出發點：

　　　　所以我現在講南北朝隋唐這一階段不是以佛學專家的立場來
　　　　講。什麼叫佛學專家呢？譬如說像日本研究佛學的方式便是
　　　　佛學專家的研究方式，他們研究佛教重視版本，重視歷史性

的考據、文獻，講印度的原始佛教、部派佛教。既然是歷史文獻性的、版本性的研究，便須懂文字，懂得好多文字；首先必須懂梵文，還要懂巴利文、藏文，中國文字當然也要懂。……文字多懂些固然好，但也不是像日本人的辦法。等到你把文字都懂好了，你快要死了。……就算讓你們去日本讀幾年梵文，你們便能超過玄奘嗎？玄奘在印度十七年，那種梵文程度讓你去日本讀兩、三年便能抵得過他？抵得過鳩摩羅什？恐怕不大容易吧！再看一點，我也不是以佛弟子、出家人的立場來講佛教。所以我說我是站在中國哲學史的立場來瞭解這個階段，我們有責任、有義務來通過這一段，並做一交待。❷❹

　　牟先生不以純學術，亦不以出家人的立場來講佛教，他是站在中國哲學史的角度來瞭解佛教的。換言之，牟先生以佛教為中國哲學史的一環，這是他談論佛教時一直都沒有偏離的方向。

　　第二：如上所述，牟先生並不以佛教為中國哲學的主流：

儒家是主流，一因它是一個土生的骨幹，即從民族底本根而生的智慧方向，二因它自道德意識入，獨為正大故；道家是由這本根的骨幹而引發出的旁枝；佛家是來自印度。❷❺

---

❷❹　同上註，頁 25—26。

❷❺　《現象與物自身》，序，頁 9。

　　牟先生以中國哲學的主流爲儒家，其中的一個原因乃因它是中國本土所產生的智慧，而佛教則來自印度。雖然佛教後來被中國文化所消化，甚至產生了具有中國本土特色的宗派，但它始終是外來的，故始終「不能取得中國文化的正統主流地位」。牟先生說：

> 經過魏、晉、南北朝的長期醞釀，到了隋、唐，佛教可說完全被中國文化所「消化」，幾乎成了中國文化固有的了。上至於天台、華嚴、禪宗這些大宗派的成立，下至於一般老百姓一些平常生活方式的佛教化，在在都明這一事實。可是，就這樣它也不能取得中國文化的正統主流地位，它只能是一個旁支。這也是一個事實，是一個連佛教人士都不能不承認的事實。㉖

第三：牟先生往往以天台宗的角度來審視其他佛教傳統：

> 然當我著力浸潤時，我即覺天台不錯，遂漸漸特別欣賞天台宗。……吾人以爲若不通過天台之判教，我們很難把握中國吸收佛教之發展中各種義理系統（所謂教相）之差異而又相關聯之關節。㉗

> 吾人藉著天台的判教，再回來看看那些有關的經論（按：指佛教其他系統所宗的經論），確乎見出其中實有不同的分際與

㉖　〈中國文化大動脈的終極關心問題〉，頁 119。
㉗　《佛性與般若》（上冊），序，頁 7。

關節。㉘

　　牟先生不諱言自己特別欣賞天台宗，並認為不通過天台之判教，便很難把握佛教義理系統的分殊和關係。

　　為什麼牟先生會認為天台宗的判教學說如此重要呢？這是因為它能「消化」佛教內部各個不同的系統，把它們安置在適當的位置，這種「消化」便是「判教」。㉙依天台宗的判教，佛教各個不同系統可按內容分為四種教法，即藏教、通教、別教和圓教。藏教指三藏教，亦即小乘的教學；通教指發揚般若精神的中觀教學，別教指瑜伽行和如來藏的教學，而牟先生以華嚴宗為別教的代表；圓教指發揚《法華經》義理的天台宗教學，以其能闡發圓融無礙的大乘究極義理故。就判教這課題，牟先生特別指出，雖然華嚴宗比天台宗後出，但卻不及天台宗高明。他說：

　　　　第一個作綜和的消化者便是天台智者大師。後來的消化如華

───────────────

㉘　同上註，序，頁2。

㉙　牟先生如此解釋判教：「有這許多系統──大乘、小乘、大乘之中又有各系統，然而大乘、小乘都是佛所說法，佛說法何以有時為大？有時又為小？表面上看來似有衝突，但這都是佛所說的。佛所說的怎麼能錯呢？佛說的必有根據，不可能有錯。中國吸收佛教，不僅止於吸收空、有二宗，而是做全面的吸收，吸收進來之後便當有一個安排，把各種系統做一安排，這就是『判教』。『判教』是一門大學問，若不能完整把握住各系統之性格（各系統之 essence）便不能談『判教』。『判教』必須要把各個系統做一通盤性的瞭解才能夠分判這個經何以和那個經不同？這個系統何以和那個系統不同？所以『判教』乃是消化層上的學問。」（〈講南北朝隋唐佛學之緣起〉，頁28。）

嚴宗的消化以及所謂「教外別傳」的禪宗的消化皆不能超出
其範圍。諦觀《天台四教儀》開頭即云：「天台智者大師以
五時八教判釋東流一代聖教，罄無不盡。」這種判教即是吾
所謂綜和的消化。這種判教，態度很客觀，對於大小乘經論
皆予以承認，予以客觀而公平的安排與判別。❸

　　牟先生認為天台宗的判教最為客觀，比後來的華嚴宗及禪宗更
詳盡，所以他不以後出的華嚴宗說法為判教的標準，而以天台宗的
判教為基礎，再據自己的理解，對佛教各個不同系統作出科判。

　　第四：牟先生不認為中國佛教與印度佛教是兩個不同的系統，
他說：

> 近人常說中國佛教如何如何，印度佛教如何如何，好像有兩
> 個佛教似的。其實只是一個佛教之繼續發展。……佛教並未
> 因中國化而變質，只是中國人講純粹的佛教，直稱經論義理
> 而發展，發展至圓滿之境界。若謂有不同於印度原有者，那
> 是因為印度原有者如空有兩宗並不是佛教經論義理之最後階
> 段。這不同是繼續發展的不同，不是對立的不同；而且雖有
> 發展，亦不背於印度原有者之本質；而且其發展皆有經論作
> 根據，並非憑空杜撰。如是，焉有所謂中國化？❸

　　佛教只有一個，所謂在中國的發展，都是佛經中所原涵有的

---

❸　《佛性與般若》（上冊），序，頁2。
❸　同上註，序，頁4—5。

義理進一步發揮，並沒有變質而成為不同於印度的「中國」
佛教。㉜

　　牟先生強調印度佛教和中國佛教是同一個佛教，中國佛教乃印
度佛教的繼續發展。這是因為印度佛教未能把已有之經論的義理推
展至極，而中國佛教則能把印度佛教經論所蘊涵的義理發展至圓滿
的境界，所以佛教並未因中國化而變質。牟先生又說：

> 中國佛教當然和印度佛教有所不同，但那不同不是並列的兩
> 相對立的不同，而是同一個佛教的前後發展的不同，在印度
> 只有空、有兩宗，並沒有天台、華嚴的判教。禪宗尤高致，
> 只有靠中國人的智慧才能開發出來。但是禪宗雖聲稱為「教
> 外別傳」，究其實，也是「教內的教外別傳」，其基本理路，
> 仍緊守佛之教理而無失。㉝

　　中國佛教與印度佛教基本上是同一個佛教，兩者之不同只是成
熟程度上的不同，在印度只有空、有二宗，而在中國則發展出了天
台、華嚴和禪宗。此外，禪宗雖稱自己為「教外別傳」，但牟先生
認為它是「教內的教外別傳」，以其不離佛教內部義理系統的規範

㉜　牟宗三：《中國哲學十九講》（台北：學生書局，1995 年），頁 253。

㉝　牟宗三講、王財貴整理：〈客觀的了解與中國文化的再造──「當代新儒
　　學國際研討會」主題講演〉，見《鵝湖》第 16 卷第 11 期（1991 年 5 月），
　　頁 7。

故。㉞

第五：牟先生討論中國佛教時是有選擇性的，他在《佛性與般若》中說：

> 本書（按：《佛性與般若》）重在集中論點，詳明各系統差異之關節，不重在細大不捐，漫盡一切騈枝。是故三論宗，成實宗，甚至僧肇，皆不曾述及。僧肇是鳩摩羅什門下解空第一，然亦只是般若學，屬空宗，故不專述。……三論宗既宗龍樹三論（《中論》、《百論》、《十二門論》），則亦空宗而已矣。……南北朝時，有一個時期，《成實論》流行。此亦只是有過渡的歷史價值，無所取詳焉。累積太多，須簡化也。㉟

牟先生討論佛教的目的，乃在擷示佛教在中國發展之重要關節，而不在窮盡一切枝節。例如僧肇雖然在東晉名重一時，但因他講的只是般若學，故牟先生認為只討論般若學便可。又三論宗雖然是人所共知的中國佛教宗派，但由於它發揮的只是龍樹三論（即《中論》，《百論》和《十二門論》）的義理，故牟先生表示討論龍樹之教學已經足夠。至於《成實論》，它雖在南北朝時代十分流行，但卻未有產生過深遠的影響，故亦毋需討論。牟先生要做的工作是簡化，並通過簡化以突顯佛教思想的基本階段和綱領。

㉞ 有關牟先生以禪宗之「教外別傳」為「教內的教外別傳」的論說，可參本書第七章第一節。

㉟ 《佛性與般若》（上冊），序，頁3—4。

第六：牟先生認為佛教內部的各個系統，都可用佛性與般若兩個概念來綜括。牟先生認為般若乃一共法，是大、小乘都不能違背的原則；而佛性則是關於成佛之所以可能的根據問題。至於佛教各宗的分別，主要都是因它們對佛性了解的不同而形成的。牟先生說：

> 本書（按：《佛性與般若》）以般若與佛性兩個觀念為綱領。
> 後來各種義理系統發展皆從此綱領出。吾人通過此綱領說明
> 大小乘各系統之性格——既不同而又互相關聯之關節。般若
> 是共法；系統之不同關鍵只在佛性一問題。❸⑥

牟先生以佛性與般若兩大觀念為整個佛教思想系統的綱領，只有對這兩大觀念有所了解，才可明白佛教各個系統之分殊而又彼此關聯的地方。

第七：牟先生是新儒家的代表人物，講的是中國文化與思想，而他之所以講佛教哲學，乃因佛教哲學自印度傳入後，在魏晉時便開始迅速發展，後來更成為魏晉至隋唐年間的顯學。因此，佛學乃是中國文化、思想不可或缺的一環，要對整個中國文化生命有所理解，便不可不談佛學，而在魏晉至隋唐年間，於中國具有影響力的佛教教學系統皆為大乘，所以牟先生在講論佛教時，其焦點便集中在當時大放異彩的大乘佛學上。至於原始佛教和小乘佛教，則絕少論及，❸⑦以其未能對中國文化與思想的發展構成重大影響，也未嘗

---

❸⑥　同上註，序，頁3。

❸⑦　牟先生在討論天台宗的判教系統時，曾提及藏教，而他也在《五十自述》
　　一書中，透過《長阿含經》所記，佛陀悟道出家的故事，指出釋迦未能正

流行故。㊳

　　以上七點乃是牟先生講佛學的前設，也是牟先生討論佛教時，與其他學者有所不同的原因，要為牟先生講論佛教之特色之關鍵。

視個體性的原因。他說：「(釋迦)在靜默思維老、病、死、苦以前，其現實生活本只是物質聲色之充盈，其為一人的存在亦本只是一泛稱客化的泛人。在現實生活中，其『真實的個體性』並無緣以呈現，亦並無緣使之正視此個體性之意義與價值，其尊嚴與擔負。因之，他亦無緣認識成就此真實個體性之普遍性與特殊性之意義、作用以及價值。因此，他的現實人生，除『物質的聲色』與『泛化的生命』外，無任何意義。(按：依牟先生，釋迦身為太子，百福齊備，故終日只在「物質的聲色」中過活。此外，他身邊的人，無論是父母兄弟，或是臣下侍從，皆為政治化的、隔離的小集團，故人倫之特性不彰，而釋迦也因此有一「泛化的生命」。)是以當他接觸老病死苦而呈現其獨自的心靈時，其獨自的心靈覺悟只成得一過渡，由泛化的無意義一轉而為空的普遍性，由無意義的『泛化之有』轉而為無意義的『普遍之空』。因此其個體性遂成虛脫，轉而為個體性之否定。」(〔台北：鵝湖出版社，1993 年〕，頁 180—181。)但牟先生指出釋迦未能正視個體性，並非要對原始佛教的義理作出討論，而是要指出儒家能正視個體之生命，其學說要比佛家為圓熟和積極：「釋迦說法不能正視個體生命，拉長為十二緣而滅生，是其不諦。王龍溪說『佛氏從父母未生前著眼，儒者從赤子著眼』。赤子是一個體，是一人。而羅近溪指點良知亦重視赤子落地之啞啼一聲。此是個體形成之時，同時即是『心覺實有』呈現之時，……正視個體生命從心上作工夫，同時即肯定了個體生命。個體生命可轉可潤，而不可滅。」(同上註，頁 180。)就十二因緣而言，要滅「老死」就必先要滅「痴」(無明)，而滅「痴」即要滅個體之生命。但儒家卻不從十二因緣處著眼，而是從心體處著眼，故能肯定個體之生命。

㊳　俱舍和成實兩個小乘學派雖曾在中國出現過，但迅即衰微，且學者也習慣將之歸併入大乘學派內。

第二章　佛教教學的兩大綱領
──般若與佛性

一、佛教教學綱領之一：般若

⑴《般若經》的源起

车先生認為佛教各義理系統皆由般若與佛性兩大觀念開出，更以般若為大、小乘佛教都不可違背的原則。「般若」是菩薩修行六度中最後的一道，❶特別指一種觀萬法為空的智慧，而《般若經》便是弘揚般若精神的經典，為早期大乘經的代表之一。❷

《般若經》全名《般若波羅蜜多經》，「般若波羅蜜多」的意思為「智度」（prajñā-pāramitā）──以智慧渡至彼岸。般若學在東漢時傳入中國，為中國吸收佛教的開始。但這時中國人還沒有弄清

---

❶　六度是指大乘菩薩修習的六個德目，分別為布施、持戒、忍辱、精進、禪定、智慧。

❷　早期大乘經是指公元前一世紀至公元後三世紀出現的佛經，除《般若經》外，較著名的還有《維摩經》、《法華經》、《十地經》等。

楚《般若經》的要旨，故有格義比附之情況出現。❸直至後秦時鳩摩羅什（約 344—413）較全面地譯介了《小品般若經》和《大品般若經》，般若學才得以爲中國人所明白。

　　《般若經》是以般若爲名的不同經卷的合稱，其中較重要的有《般若波羅蜜多心經》（簡稱《心經》）、《金剛般若波羅蜜經》（簡稱《金剛經》）、《小品般若經》和《大品般若經》等。在《般若經》出現了一段時間後，在南印度出現了一位很傑出的論師龍樹（約 150—250），他大大發揚了《般若經》的精神，並且創立了中觀學派。而他所寫的《大智度論》便是《大品般若經》的釋論。

　　《般若經》代表著早期大乘佛教的思想，大乘原意爲大的車乘，這是相對小乘而言的。小乘的理想人格阿羅漢只求自渡，其悲願有所不足，所以被稱爲「小」。而大乘的理想人格菩薩則以拯救眾生爲目的，所以不入涅槃而留在世間，以幫助眾生得渡，這便是大乘佛教所說的「留惑潤生」。由於大乘菩薩以眾生得渡爲目的，其悲願自然比小乘宏大，所以被稱爲「大」。

　　小乘佛教之所以發展至大乘，乃因佛陀入滅後，其弟子對其言教有不同的理解，因而互相辯論，甚至把問題推入牛角尖，形成繁瑣的小乘佛教系統，偏離了佛陀說教是叫人去執的原意。於是，不少佛教中人便感到有需要由小乘的系統回歸至佛陀說教的原意，大乘佛教便因此而生。可以說，由小乘到大乘是一個不得不然的趨勢。作爲早期大乘經代表的《般若經》，亦因此大力主張去執，並以之爲其中心教義。

---

❸　格義乃是指以《般若經》思想來比附老莊哲學。

(2)「蕩相遣執」與「融通淘汰」

《般若經》既然是對小乘佛教繁瑣哲學系統的反動，又以回歸佛陀說教的本懷爲旨趣，故其中心精神爲去執。牟先生在討論《般若經》時，常以「蕩相遣執」一詞來表示《般若經》所說的去執精神，他說：

> 般若智之妙用即是蕩相遣執。「一切法皆不合不散，無色無
> 形，無對一相，所謂無相。」經只就諸法表示此意。它並無
> 所建立，它亦未分解地說明任何法相。❹

般若智的特性既是「蕩相遣執」，則它沒有任何系統相，亦不分解地說明任何法。雖然《般若經》提到不少法數，如善法，不善法；記法，無記法；世間法，出世間法等，但都沒有對它們作出分解的說明。反之，《般若經》認爲這些法都不是客觀存在的實法，因此無有客觀存在的相狀可言。

般若智這種「蕩相遣執」的精神，乃是佛陀教法的基礎，是任何佛教宗派都不能違背的，所以牟先生稱之爲「共法」。牟先生如此描述共法的性質：

> 此見《般若經》之獨特性格。此一性格即是不分解地說法立
> 教義，但只就所已有之法而蕩相遣執，皆歸實相。實相一相，

---

❹　《佛性與般若》（上冊），頁 3。

> 所謂無相，即是如相。……此即示《般若》部無有任何系統，
> 無有任何教相。它不負系統教相之責任，它只負蕩相遣執之
> 責任。它可提到系統教相，即其所就之法以明實相者。但其
> 本身不是系統教相，亦不足以決定某某是何系統，是何教相。
> 因此，它是共法。❺

《般若經》並不分解地建立任何教義，亦無有任何系統和教相。
它只是就已有之法而蕩遣，令大小乘系統內的一切法皆歸於實相，
此其所以為「共法」。

牟先生認為般若作為共法是大乘和小乘都不可違背的。據此，
他乃進一步指出天台宗把般若分為「共般若」與「不共般若」是不
適當的。據天台宗，「共般若」是指與小乘共通的般若，而「不共
般若」則是指只與大乘共，而不與小乘共的般若。但牟先生認為般
若是共法，它既可表現於小乘處，亦可表現於大乘處，因此根本就
不應有「共般若」或「不共般若」的區分。

> 實則般若只是共法。共般若只它在小乘中表現……不共般若
> 只是它在別教與圓教中表現。它本身既非小乘，亦非各種之
> 大乘。它只是隨諸大小乘之教法而蕩相遣執。……因此，它
> 是共法，亦是無諍法。天台宗把這共法義轉而為共般若（通
> 教當身）與不共般若（通別圓三教），此不甚妥貼。❻

---

❺　同上註，頁 11。
❻　同上註，頁 115。

天台宗把佛陀說法的內容分爲四種不同的教，即藏、通、別、圓四教，並稱之爲「化法四教」。❼在解釋「化法四教」時，天台宗以「共般若」屬通教，「不共般若」屬通、別、圓三教，牟先生並不贊成這樣的區分，他解釋說：

> 其實，般若皆是共，共小乘是共，共大乘亦是共。共小乘是其在小乘法中表現，而其本身非小乘，亦不足以決定小乘之所以爲小乘，亦不足以決定通教之所以爲通教。因此，說共般若是通教，乃未審之辭也。共大乘是其在大乘中表現，而其本身非大乘，亦不足以決定大乘之所以爲大，尤其不足以決定大乘中之別教之所以爲別，圓教之所以爲圓。因此，說不共般若中有通別圓三教，亦是未審之辭。……共小乘，共大乘，皆是共。❽

般若只是共法，並不能決定大乘之所以爲大乘，尤其不能決定通教之所以爲通教，別教之所以爲別教和圓教之所以爲圓教，所以說共般若是通教，不共般若中有通、別、圓三教是不恰當的。
既然般若精神是所有教乘所共通，所以它亦是一「無諍法」。牟先生如此說：

---

❼ 據天台宗，藏教指的是三藏教，亦即小乘的教學；通教是指與聲聞、緣覺、菩薩三乘共通的教學；別教是指只對利根菩薩宣說的教學；圓教是指發揚《法華經》義理的天台宗的教學。
❽ 《佛性與般性》（上冊），頁 11。

> 吾人可如此說:凡依分解的方式而有所建立者,皆是「諍處」,
> 因而皆是可諍法。今《般若經》無所建立,它不依分解的方
> 式建立諸法。它亦提到許多法數,但只是就之而明實相無相,
> 常寂滅相,不可說相,無所得相。……因此,《般若經》之
> 融通淘汰,蕩相遣執,是無諍處;其依此蕩相遣執而示顯的
> 諸法實相,畢竟空,亦是無諍法。因爲它根本無所說故。諸
> 法實相是依般若蕩相遣執而示顯(遮顯),不是依分解方式
> 而建立,且實相甚至根本亦不是一個法。❾

　　凡是依分解的方式建立的教相皆有限制,而有限制即有可諍論
處,今《般若經》既不依分解方式建立任何教法,故其說法是「無」
可「諍」辯的。牟先生更進一步稱般若這種無諍爲「觀法上之無諍」。
他說:

> 《般若經》不是分解的方式,無所建立,因而亦非一系統。
> 它根本無系統相,因此,它是無諍法。此種無諍法,吾將名
> 之曰觀法上的無諍。即是實相般若之無諍,亦即是般若之作
> 用的圓實,圓實故無諍。此是《般若經》之獨特性格。❿

　　說般若是觀法上的無諍,乃是就諸法實相說的。由於在般若智
的觀照下,諸法之實相爲空,這個事實是無可諍辯的,所以說般若

---

❾　同上註,頁 13—14。
❿　同上註,頁 16。

智是觀法上之無諍。但亦由於般若是觀法上之無諍，所以它不能決定教乘之大、小。根據牟先生，決定教乘之大、小者在於「如來藏恆法佛法佛性」的觀念。

　　牟先生在說明《般若經》之所以是「無諍法」時，指出它是以「異法門」建立的「非分別說」。「異法門」是說《般若經》不像其他的經論般以分解的方式說明諸法門。蓋一般的經卷會以三、四、五、六等法門說法。譬如以三法門說法，便是分別地說善法、不善法、無記法，並分別說明甚麼是善法，甚麼是不善法，甚麼是無記法。然而，《般若經》並沒有走這樣子的分解之路，因為《般若經》旨在說明諸法之實相，而實相即是無相。所以它不會說甚麼是善，甚麼是不善，甚麼是無記，它只會說「非善門非不善門非無記門」。「非善門」即是無善門可得，「非不善門」即無不善門可得，「非無記門」即無無記門可得，既無一法門可得，即是無所有，畢竟空，亦即是無一相可得，無相可得便是諸法之實相，這種的表達方式便是牟先生所說的「異法門」，以其異於一般的說法故。牟先生在《中國哲學十九講》中如此說明異法門：

　　　　佛教般若經是以異法門說，此異有特異，殊異之意。此即表
　　　　示佛說般若經的方法，不同於說其他大小乘經典者，而且不
　　　　只不同，還有其特殊之處。佛說其他大小乘諸經典可以用一
　　　　法門、二法門、三法門，乃至無量法門說；譬如說四諦即用
　　　　四法門說，而說五蘊、六波羅密、八正道以及十二因緣等，
　　　　皆用同數之法門說，這些均是分別說。照龍樹菩薩大智度論
　　　　所說，這些分別說的法，都是可諍法。……至於般若經，則

是無所說，一法不立，其目的只是令以前所說之方便法，皆歸於實相；而實相一相，所謂無相，即是如相。如此所說之法即是不諍法，是無可諍辯的……因此它就不是權說的方便法。而所謂異法門，實即是非分別說的法門。⓫

一般的佛教經卷都是以不同之數字來說不同的法，如四諦、五蘊等，這些皆是分別說，亦即是可諍法。佛以分別說說法，目的是引渡眾生，令得涅槃。所以，分別說其實乃是方便之權說。而《般若經》採取的是非分別說，其目的在於令一切法皆歸於實相，這種非分別說是無可諍辯的，所以稱之為「無諍法」。非分別說乃是對分別說的超離，是佛在用分別說說法後，欲叫人捨離分別說而說的。牟先生說：

以是之故，佛分別說已，必須有「異法門」以通化此分別說中之滯礙，令知雖分別權說，而一是皆寂滅無相，不可起執起礙，有所取捨。此「異法門」即般若無諍法門也。凡分別說者皆是可諍法。抑又不只隨執心而起諍也，即此分別說者之本身即是可諍，並無必然。⓬

分別說既然是方便之權說，則它本身便是一種執著，一種滯礙。而非分別說的提出，便是要把這種執著、滯礙化除，令有情知道一

⓫　《中國哲學十九講》，頁355—356。
⓬　牟宗三：《佛性與般若》（下冊）（台北：學生書局，1993年），頁1205。

切法的本相爲空，不可執之爲實有。可以說，異法門的建立，正是般若「蕩相遣執」精神的表現，而就「異法門」有化除一切執著與封限的特性，牟先生嘗以「般若作用的圓」來稱呼之。**⓭**

　　般若這種「蕩相遣執」的精神表現在實際的生活行事時，便是一種無所取捨的態度。這是因爲一切取捨皆因計執而有，既然般若以不執爲旨，也必然地不容許任何的取捨。而般若這種特性牟先生稱之爲「融通淘汰」：

> 　　般若的性格是「融通淘汰」，是將以前分別說的法，加以消
> 化。……融通不是代表統一，而是要化除執著、封限。因爲，
> 凡是分別說所建立的概念，都有所限（limitation），一有所限，
> 人就順此限制而有所執著，此即是封限……所以融通淘汰即
> 是化除封限，去掉執著。而去掉執著，即是去掉眾生之病。
> 所以融通淘汰的目的，是要歸於諸法實相。**⓮**

　　凡是依分解說所建立的概念都是有封限的，有封限則容易有所執，爲了去除封限，便有倡說「融通淘汰」的需要，因「融通淘汰」乃是指消化一切封限，令諸法歸於實相的功用。牟先生又說：

⓭　牟先生在判別天台宗教學爲圓教時，特別指出天台宗教學具有「般若作用的圓與一念三千之存有論之圓合而爲一」的特性。所謂「般若作用的圓」，無非是指般若以非分別說來說法，從而化除一切執著與封限的作用，而這作用在天台教學裏則表現爲生死即涅槃、煩惱即菩提的詭譎說法。

⓮　《中國哲學十九講》，頁 354─355。

> 般若經本身一法不立，不正面說任何法，它的作用在消化，
> 把一切法統統給你消化，用般若的精神來消化它……消化表
> 示什麼意義呢？佛教用什麼名詞表示這個消化？就是「融通
> 淘汰，令歸實相」八個字。……消化就是把分別建立的那些
> 法加以融通，彼此融洽貫通，不要有衝突，而且淘汰，淘汰
> 就是淘汰那些分別、執著，這就叫做「融通淘汰」。融通淘
> 汰最後是令歸實相，這是般若經的本質的作用。**⓯**

消化一切法之封限，令一切法不再有衝突，這便是般若的「融
通淘汰」作用，亦是《般若經》的要旨。

般若的「融通淘汰」精神旨在把一切法的分別、封限化除，由
是它對任何法都沒有排拒，因此可說般若「具足一切法」。牟先生
說：

> 般若具足一切法，般若遍滿一切，一切盡攝於般若中。以何
> 方式具足，遍滿，統攝一切法？曰：以不離不捨不壞亦不受
> 不著不可得一切法而具足一切法。**⓰**

般若是以不離不捨、不壞亦不受不著、不可得一切法的方式具
足一切法的。就此，牟先生解釋說：

⓯ 牟宗三：《四因說演講錄》（台北：鵝湖出版社，1997年），頁176。
⓰ 《佛性與般若》（上冊），頁71。

此不過是在般若活智之作用中具足而成就一切法，此是水平的具足，而不是豎生的具足。……一切法是本來現成的，不過以實相般若穿透之，因此而說具足而成就一切法，成就其空如之實相而不必破壞之。《般若經》只是憑藉已有之法，而說般若之妙用，未曾予一切法一根源的說明。**⑰**

般若具足一切法是就本來現成的諸法，見其實相爲空，不必破壞，而加以包容。這種具足牟先生稱之爲「水平的具足」，這種具足並沒有對一切法之所以生起作系統性的論述，亦即沒有予一切法一根源的說明。

除了用具足一切法來形容般若「融通淘汰」的妙用外，《般若經》亦用「一切法趣某，是趣不過」來形容此妙用。牟先生解釋說：

> 趣者趣赴義，是動詞。「是趣不過」意即：是種趣空之趣當體即是終極的，無有超過或超出此趣者。**⑱**

> 這「是趣不過」的意思就是最後的（FINAL）、終極的（ULTIMATE），是指趣空的趣，當體就是終極的，再沒有能超過或超出這個趣的。你可以說「一切法趣空」，亦可以說一切法假、趣中、趣色、聲、香、味、觸……等，同樣地，所有的趣都是「是趣不過」，這表示一切法無論趣什麼，當

---

⑰　同上註，頁 78。

⑱　同上註，頁 77。

體即是終極（ULTIMATE），當體即可指歸爲無一可得的空如實相。⑲

「趣」者趣赴義，「不過」者終極義。「一切法趣某，是趣不過」的意思是說一切法無論趨向那一法，不論是色、聲或空，一切法當體都是終極的，再沒有其他法可以超越它。故「一切法趣某，是趣不過」的意思乃是說，每一法當體便是空如實相，故說至最後，當無一法可得。

由於一切法當體便是終極的，所以可說一切法趣般若，而在般若中其實並無所謂趣與非趣，般若當體便是實相，便是寂滅。牟先生說：

> 般若如成其爲般若，只有在不捨不著之方式下具足一切法，方成其爲實相般若。而在此方式下具足一切法，則一切法亦可說是趣般若。趣般若即是趣不捨不著之實相般若，而一切法既在實相中，則亦無所謂趣與不趣，趣與非趣俱不可得，則即趣而無趣，當體即是實相，即是終極。……是則一如平鋪，是眞實相，是眞寂滅，是眞般若。⑳

說一切法趣般若亦即是說一切法趣不捨不著的實相般若。由於一切法皆在實相般若中，所以並無所謂趣與非趣，趣與非趣俱不可

---

⑲　牟宗三主講，賴光朋記錄：〈依通、別、圓三教看佛家的「中道」義〉，見《鵝湖》第 14 卷第 4 期（1988 年 10 月），頁 11。

⑳　《佛性與般若》（上冊），頁 77─78。

得，一切法當體便是實相，便是終極，亦因此一切法當體皆如，一如平鋪，般若便是在這種方式下具足一切法。牟先生又稱此種般若之具足為「作用的具足」，他說：

> 然則不捨不著，具足一切，一切來趣，此種來趣而具足是何意義之具足？由具足亦可說般若成就一切法，不捨不著，不壞假名而說諸法實相，此即是成就一切法。此種成就是何意義？曰：此不過是在般若活智之作用中具足而成就一切法……《般若經》只是憑藉已有之法，而說般若之妙用，未曾予一切法一根源的說明。㉑
>
> 吾人可說：一般所謂「空宗」實並非一系統，亦非一門戶（一個宗派）。說明一切法之來源，這是另一問題。空宗無此問題。如有願作此工作者，不管如何說法，《般若經》及所謂空宗皆可以般若之不捨不著而具足成就之。依此而言，《般若經》及空宗之所說可以說是共法，大小乘乃至佛乘之共法，此是普遍而無色者，故非一系統，亦不可說是一宗派。如是，凡想對於一切法底存有之來源以及其存在之必然性予以「存有論的說明」者皆是一系統。㉒

般若成就一切法是指般若智能不捨不著地具足一切法，這種具

㉑　同上註，頁 78。
㉒　《現象與物自身》，頁 404－405。

足乃是般若的作用，所以說是作用地具足一切法。但《般若經》只限於演說這種作用的具足，而未有對一切法作一根源的、存有論的說明。由於牟先生認為對一切法有根源的說明才是一系統、一門戶，所以般若教學並不是一系統、一門戶，而只是一種大小乘都不能違背的共法而已。

(3) 般若的空觀

般若的精神乃是對佛陀說教原意的回歸，而因佛陀以去執為其說法的中心要旨，故《般若經》亦以破執為要旨，並因此而主張一切法的本性為「空」。《般若經》說空的特點是它把空與因緣的觀念結合，以一切法皆依因待緣而生，故都是無自體，無自性的。

據《般若經》〈初品〉，「空」可分為十八種，即是所謂的「十八空」。但《般若經》只標出十八空之名目，未有對之作出解釋，直至後來龍樹才在他的《大智度論》中，為十八空作出了解釋。十八空的意義如下：

(一)內　空：謂眼、耳、鼻、舌、身、意之內法皆空，即是說認識器官空無自性。

(二)外　空：謂色、聲、香、味、觸、法之外法皆空，即是說認識對象空無自性。

(三)內外空：謂內法與外法皆空無自性。

(四)空　空：謂空這一概念亦應空掉。

(五)大　空：謂空間這一微細法亦是空。

(六)第一義空：謂諸法實相，甚至涅槃皆是空。

(七)有為空：一切有為法皆是因緣和合而有，其本性實為虛妄，所

以亦應空掉。

(八)無爲空：有爲法與無爲法其實是一事之兩面，有爲法的實相便
　　　　　是無爲法。空卻有爲法，則無有無爲法，故無爲法亦
　　　　　應空掉。

(九)畢竟空：謂一切法畢竟皆是空，甚至畢竟空亦空。

(十)無始空：謂世間的一切眾生及一切法都是沒有開始的。始雖不
　　　　　可得，卻不應執著於無始，以爲實有一個無始在，故
　　　　　名無始空。

(士)散　　空：謂一切法皆由因緣和合而成，若因緣散去，則無所有。

(圭)性　　空：謂一切法之本性爲空。

(圭)自相空：一切法可有二種相，即是總相和別相，而此二相都是
　　　　　空的，所以便稱之爲自相空。

(齒)一切法空：謂一切法如五蘊、十二入、十八界等皆以空爲性。

(圭)不可得空：謂一切法及因緣其實都是不可得的，故說不可得空。

(共)無法空：謂一切法最終都會滅絕而歸於空。

(七)有法空：謂一切法由因緣和合而生，故名之爲有。但這有法亦
　　　　　當會滅絕而歸於無，故有法亦是空。

(六)無法有法空：謂無法有法俱不可得，二者最後亦當歸於空，故
　　　　　　名無法有法空。

以上乃龍樹對十八空之解釋，牟先生據之把十八空分爲四類：

(一)內空、外空、內外空、有爲空、散空、性空、自相空、一切法
空、不可得空、無法空、有法空、無法有法空爲一類，因它們
皆是就緣起性空而說，是在第一序上說的空。

㈡第一義空和無爲空這二者可歸爲一類，因爲第一義空是指諸法
實相爲空，而無爲法又即是有爲法的實相，所以二者其實是相
同的。牟先生把它們判爲第二序的空。所謂第二序的空，乃是
對第一序的空的反省，亦即是說，由於恐怕有情會執著空，故
有倡說第二序空的需要，旨在告訴有情眾生「空」亦不可執著。

㈢大空、無始空爲一類。大空要空的是空間，無始空要空的是時
間，而空間、時間二者都不能與心建立起或同或異的關係，佛
教以之爲「不相應行法」，㉓亦即是形式的有。形式的有並不
是緣起法，若果說緣起法屬於實層，則形式的有當屬於虛層，
說形式的有是空便即是說虛層的法是空。

㈣空空、畢竟空爲一類。空空是說前三類法的空亦應當空之，因
空只是一抒義字，不可執之爲實有，以爲眞有一法曰空。而畢
竟空與空空的意義相同，故判之爲一類。

　　《般若經》只隨意地把空分爲十八種，當中有不少重覆，而龍
樹對十八空的解說乃是平列的，沒有分別它們層次的高低，所以牟
先生更對十八空作出判別，並把它們分成四類，第一類是第一序的
空，第二類是第二序的空，第三類是有別於前二者的形式的空，第
四類則是把前三類空都空掉的空，可算是最高層次的空了。

　　般若的特點在於它無所建立，亦正因它無所建立，所以它才能

㉓　牟先生界定「不相應行法」時說：「不相應就是從思、從想像發出的法跟
　　心建立不起同或異的關係。時間、空間、十二範疇這些形式性的法則性的
　　概念從思發出，發出來以後它不能跟心建立或同或異的關係，既不能說
　　同，也不能說異，就是不相干。」（《四因說演講錄》，頁208。）

具足一切法。牟先生用「蕩相遣執」和「融通淘汰」這兩個觀念來詮釋般若的特點，務求清楚地顯示它的意義。此外，由於般若精神是對佛陀說教本懷的回歸，而佛陀說教又是一切佛教系統的根據，故牟先生稱般若精神爲共法、無諍法。佛陀說教時特別重視去執的工夫，故《般若經》以空的觀念來勸有情不要執著於無自性的事物，只是《般若經》沒有具體地說明空這觀念，所以牟先生據龍樹的《大智度論》來說明十八空，並進一步把十八空分爲四類，從而羅列不同形式的空，並標舉出最高層次的空。

二、中觀教學的特色

(1)「緣起性空」的思想

如前所述，《般若經》所闡析的「空」的精神爲中觀教學所大大發揮，亦因此故，中觀教學一直被視爲是般若教學的延伸。又因二者皆以發揮空的精神爲己任，故常被合稱爲「空宗」。中觀教學的始創人爲龍樹，他的《中論》、《十二門論》皆爲中觀教學的奠基作品。中觀教學與般若教學雖同爲「空宗」，但它們論述「空」的方式卻有所不同，般若教學是依理直陳，對空的觀念並沒有提供邏輯分析，而中觀教學則每每借助邏輯論證來說明空的意義，因此中觀教學便較般若教學富哲理意味。

雖然般若教學與中觀教學都旨在發揚空的精神，但前者側重在通過「蕩相遣執」和「融通淘汰」的精神來顯示一切法空，而後者則著重以「緣起性空」的義理來表明一切法空。依牟先生，《般若經》的說明是主觀方面的說明，而《中論》的說明則是客觀方面的

說明。所謂「緣起性空」，是說一切法都是依因待緣而生，都是無自性，都是空的。牟先生更指出，「緣起性空」這觀念不單可見於中觀教學，亦可見於其他不同的佛教教學系統，他說：

> 照佛教看，現實上每一個法統統是依因待緣而生，沒有一個法是自足無待的（self sufficient）。這個可以作為普遍的真理，所以「緣起性空」是一個分析命題，到處應用。一切法如幻如化，無自性，所以講空。❷❹

> 首先要瞭解的是「緣起性空」的觀念，這是佛教大小乘各宗所共同承認的基本觀念。佛教最初講「十二緣生」……「緣起性空」的觀念就是釋迦牟尼佛說十二緣生、說諸行無常、諸法無我等義的普遍化，而成為一個普遍的原則（general principle, universal principle）。這是大小乘的共法，若不瞭解「緣起性空」就不能談佛教。❷❺

　　一切法都是依因待緣而生，如幻如化，這其實是佛陀設教時已經確立的概念，所以牟先生一方面以「緣起性空」為中觀教學的特色，另一方面又表示「緣起性空」為佛教教學中的共法，是大小乘各宗都得承認的觀念和原則，只是其他佛教學派沒有特別標舉出來罷了。

---

❷❹　同上註，頁 126。
❷❺　《中國哲學十九講》，頁 254。

(2)「體法空」與「析法空」

　　由於般若教學與中觀教學都旨在發揚空的義理，所以天台宗便以「體法空」來概括二者的特性。「體法空」是指若能了悟一切法皆是依因待緣而生，便能當下體認諸法當體即空的觀法；而與「體法空」相對的便是「析法空」，它是指透過不斷分拆因緣和合的法而證取的空。這種證取空的方法是不徹底的，爲小乘人所有。❷❻牟先生如此說明「體法空」和「析法空」的關係：

　　　「緣起性空」是遮詮，即遮撥自性也。若問：既無自性（性空），則當以何爲性？即答曰：以空爲性。因此而曰空性或空理，此是表詮也。此正表之空性或空理（亦曰如性或眞如）是抒義字，即抒緣生法之義，非實體字。若以此空爲本體或實體，則誤。是故《觀行品》第十三云：
　　　　大聖說空法，爲離諸見故。若復見有空，諸佛所不化。
　　　「若復見有空」，即是把那個抒義的「空」字執實化，即執實爲實有一物曰空。而空實非物也。以執實有一物曰空，更進而將此空物執實爲一本體或實體，則更是大顚倒。是故十八空中必有「空空」也。……
　　　此種徹底的普遍的「緣起性空」根本就是「體法空」……析法空是小乘之見。到大乘，統是體法空。然析法空亦只是一時不徹底的方便說。若眞遵守緣生一原則，則必亦自能進至

───────────────

❷❻　有關「析法空」和「體法空」的討論，可參本書第六章第三節。

體法空。是故體法空是通一切大小乘之共法。❷

依「緣起性空」的說法，不但不可執有實物，就是「空」這觀念也不可執實，因空只是一抒義字，並不表示真有一物曰「空」。這種徹底無執的空便是「體法空」。牟先生認為小乘的「析法空」若能遵守緣生這原則，並將之推展至極，則「析法空」亦能進至「體法空」，所以牟先生認為「體法空」也是一種「共法」，以「體法空」與般若融通淘汰的精神一樣，可在一切大、小乘的教法中表現故。

此外，牟先生又說：

> 《中論》從頭至尾，觀這觀那，共二十七品，只是表示「體法空」之觀法（中觀法），……小乘固是「析法空」，然只是析法空與體法空觀法之差異尚不足以決定大小乘之差別。析法空既是一時邏輯地不徹底的權說，則熟能生巧自可捨其析法空之「拙度」而進至於體法空之「巧度」。即使進至巧度，亦不必即能是大乘。小乘之所以為小乘是在其悲願之不足，捨眾生而自了。體法空固是大乘之觀法，然只這體法空亦不足以決定其是大乘，尤不足以決定其大至何種程度，是何形態的大乘。大之所以為大是在悲願大，不捨眾生。體法空觀法只是巧，而悲願大則是廣。廣大悲願所成之大乘教法，因有不同之說法，遂有各種不同形態不同程度的大乘。若《中

---

❷ 《佛性與般若》（上冊），頁93。

論》之教法，藉以表示其體法空者，只限於界內，而所依之
心識，只限於六識，實際上它亦實未進至或未說至第七與第
八，則雖不捨眾生而為大乘，然亦是有限定的大乘。此種有
限定的大乘，天台宗名之曰通教。**❷❽**

　　牟先生於此以《中論》為中觀教學的代表，而《中論》的主旨
乃在表明「體法空」的觀法，「體法空」雖是大乘的觀法，但並不
表示小乘人不可達至。反之，牟先生認為小乘人可由「析法空」的
「拙度」，進至「體法空」的「巧度」。此外，他亦指出「體法空」
與「析法空」並不能決定教乘之或大或小。教乘之大小應當由悲願
的大小來決定，而不是從觀法的巧、拙來決定。又由於廣大悲願的
外延有各種不同，所以便有大乘佛教的各種不同系統。而《中論》
悲願之外延只限於三界（欲界、色界、無色界）之內，而三界內只有
六識（眼、耳、鼻、舌、身、意），此即是說，《中論》之悲願未能進
至界外的第七及第八識**❷❾**，故《中論》的悲願仍不夠廣大，所以牟
先生便依天台宗的判教系統，以中觀教學為大乘初門的「通教」。

(3)「有限定意義的通教」和「無限定意義的通教」

　　依天台宗的判教說法，中觀學派之教法乃是通教。牟先生如此
說明通教：

---

❷❽　同上註，頁 113。

❷❾　八識系統為瑜伽行教學的基本理論，瑜伽行教學認為除了六識外，還有第
　　　七末那識和第八阿賴耶識，阿賴耶識是前七識的基礎，它能攝持種子，亦
　　　是一切生死流轉法之因。而第七識又稱為我執識，是自我意識的基礎。

> 通教的「通」，乃是前通小乘，後通大乘的意思。在前通小
> 乘這方面，是通教的積極義；在後通大乘這方面，則是通教
> 的消極義。因爲前通小乘，即表示這個教可以把小乘接引到
> 大乘來，所以說它有積極義；但在後通大乘這方面，因其在
> 解脫上只能除見思二惑，以及界內塵沙惑，未能斷除界外塵
> 沙惑及根本惑，故此其解脫只能限於三界以內，未能進於三
> 界以外，故說它只有消極義。其實，通教之所以爲通教，以
> 前通小乘這方面爲其當教義，當教即當身，即通教自身的意
> 思，表示通教自身有其特殊的教義，特定的內容，和小乘是
> 共通的。**❸**

　　牟先生認爲通教之所以爲「通」，乃是因爲它可前通小乘，後
通大乘。牟先生就此分別出通教的兩種意義，即積極的意義和消極
的意義。積極義的通教是指能前通小乘，並引小乘進至大乘的通教；
消極義的通教是指後通大乘，但未能進至三界以外，仍有限制，其
解脫觀亦只能斷及較粗淺的見惑、思惑和界內塵沙惑，而未能斷及
較深細的界外根本惑的教法，**❸**故消極義的通教是不徹底，仍需再
有所進的教法。在這兩種通教中，牟先生又以積極義的通教爲通教
的當身義。

　　牟先生認爲天台宗之判中觀教學爲通教，並未能窮盡中觀教學
的意義，於是再把通教分爲「有限定意義的通教」和「無限定意義

---

❸　〈依通、別、圓三教看佛家的「中道」義〉，頁6。
❸　有關通教解脫觀的討論，可參本書第六章第三節。

的通教」，並加以說明。牟先生如此解釋「有限定意義的通教」：

> 此有限定的通教大乘不在其體法空觀法之不足，而在其限於
> 界內，未能窮一切法之源，即未能窮至界外，未能達至無量
> 之境（恆沙佛法佛性即達至無量之境）。❷

> 而龍樹學可不只是一共法。若就其體法空之中道觀而言，它
> 是共法，但在其表現此體法空之中道觀中，它似亦顯出一特
> 殊之教相，即，它只限於界內分段身，未能進至第七第八識；
> 它對一切法無根源之說明，未能進至如來藏恆沙佛法佛
> 性……凡此教相俱顯一限定的意義，因此，成爲一有限定的
> 特殊教相。吾人可即依此而說龍樹學是一種有限定意義的通
> 教，不是共法。❸

　　中觀教學所證得的「體法空」雖是共法，但在表達「體法空」
的精神時，卻顯出了一種「特殊之教相」，這教相對存在的理解只
限於界內，未能達至界外無量之境，即未能進至第七第八識，亦未
能證得「如來藏恆沙佛法佛性」。牟先生以此「特殊之教相」爲「有
限定意義的通教」。至於「無限定意義的通教」，牟先生則如此界
定：

> 體法空是共法……如果以此共通小乘，它亦可在小乘中表現。

---

❷　《佛性與般若》（上冊），頁113。
❸　《佛性與般若》（下冊），頁634。

如果進至恆沙佛法佛性，它亦可在此無量四諦中表現。❸如果對此無量四諦尚有不同的說法，如阿賴耶系統的說法，如來藏真心系統的說法，以及天台圓教的說法，則此共法即在此不同的教法中表現。

如果就此共法而言通教，則是無限定的通教。自此而言，則《中論》與《般若經》亦可以是究竟的。但此不是天台宗所說的通教，天台宗說通教是指有限定的通教而言。❸

「無限定意義的通教」乃是指在佛教各個不同系統中所表現的「體法空」的共法，而就《中論》與《般若經》同樣發揚了「體法空」的教理而言，它們也可以是「無限定意義的通教」。要注意的是，這「無限定意義的通教」是牟先生所提出，而不是天台宗判教系統中所有。依牟先生，天台宗所說的通教應是「有限定意義的通教」。

總言之，牟先生以天台宗所判別的通教爲「有限定意義的通教」，並在此通教外另立一「無限定意義的通教」，以突出般若教學和中觀教學所發揚的「體法空」精神，以這精神可普遍地體現於佛教各個不同系統中。

---

❸　四諦分爲苦、集、滅、道，天台宗分別出「生滅」、「無生」、「無量」、「無作」四種四諦，並把它們依次判屬於藏、通、別、圓四教。其中「無量四諦」對苦、集、滅、道的認識都有進至界外的無比深廣度。

❸　《佛性與般若》（上冊），頁115。

(4)「三是偈」的兩種解釋

　　牟先生在申述中觀教學的「體法空」精神時，引用了《中論》〈觀四諦品〉中有名的「三是偈」（又稱「三諦偈」），並作出解說。「三是偈」即是：

　　　　眾因緣生法，我說即是空，亦為是假名，亦是中道義。❸❻

　　此偈歷來有兩種解釋，依第一種解釋可有二諦，依第二種解釋則有三諦，而牟先生認為此兩種解釋並無衝突。牟先生如此分析第一種解釋：

　　　　此四句當有兩主語。前兩句以「因緣生法」為主語，後兩句以「空」為主語。前兩句就是「緣起性空」義。後兩句接著就說此性空之空不可執實，亦因為它亦是假名故，所以它就是「中道義」的空。❸❼

　　此解釋乃由龍樹的弟子青目（約四世紀）首先提出，他以前兩句的主語為「因緣生法」，目的在說明一切緣生法的本性是空；以後兩句的主語為「空」，目的在說明空即是假名，不可執實，而這個假名的空亦即是中道義的空。

---

❸❻　轉引自同上註，頁 94。依《大正藏》原文，該句亦可作「眾因緣生法，我說即是『無』」（《大正藏》卷 30，頁 33 中。）

❸❼　《佛性與般若》（上冊），頁 94。

牟先生又進一步指出中道義的空乃是離有無二邊說的，他說：

> 而中道之所以爲中道復以離有無二邊說，而離有無二邊是就
> 「空亦復空」，「空亦是假名」而說……空是抒義字，不是
> 實體字，故不可執有實有空。若執實，則成定有。今空亦復
> 空，則空非有。但「爲引導眾生，以假名說空」，則空亦不
> 無。不有不無，便是「離有無二邊」，名爲中道空。❸

> 中道是就此空「離有無二邊」說。離有邊，是說此空是抒義
> 字，非實體字。若執爲實體字，則是有見，常見，增益見。
> 離無邊，是說此空是就緣生無性說的，不是一聞說空，便認
> 爲什麼都沒有。若認爲什麼都沒有，便成無見，斷見，減損
> 見。此兩邊皆是大邪見，亦可說皆是「惡取空」。離此兩邊，
> 故是中道空。❸

一方面，「空」是一抒義字，不可執之爲實有，故不是「有」。
另一方面，「空」又是菩薩爲引導眾生而假名設立的觀念，故又不
是「無」。非有非無，便是離有無二邊的意思。空離有邊，所以不
可執空爲實有，若執之爲實有，則成有見，常見，增益見；空離無
邊，所以不可執空爲無有，若執之爲無有，則成無見，斷見，減損
見。所以，離開有無二邊，才是「中道空」。

據青目之解釋，「中道空」便是眞諦，而無性的緣起幻有（假

---

❸　《現象與物自身》，頁372。
❸　《佛性與般若》（上冊），頁94。

名有）便是俗諦。雖然偈中有空、假、中三字，但因「中」只是用來形容假名說的「空」，所以「三是偈」其實就只有眞、俗二諦。牟先生又進一步指出，依青目這解釋，眞諦和俗諦可以說是沒有分別的，亦即是他所說的「眞俗不二」。

> 茲仍就《中論》之二諦來說。中道空固是第一義諦，是實相，即假名幻有（緣起幻有）之俗諦亦是實相，兩者是一義也，故最易於說眞俗不二。如幻有之爲幻有而不增不減，即是實相，亦是眞如。……就幻有之爲幻有說俗諦，俗而不執，俗才是諦。俗而執便非諦。是則俗諦即眞諦也。故眞俗不二。❹

《中論》所說的俗諦，是指緣起幻有，而知其爲幻有而不執，便即是實相，而實相便是眞諦，由此乃可說眞俗不二。

第二種解釋是天台宗所提出的，此解釋把四句一氣讀，以「眾因緣生法」爲全偈的主語，牟先生說：

> 另一解是四句一氣讀，連三即。眾因緣生法，我說它們就是空，同時它們亦就是假名有，同時這亦就是中道義。這大體是天台宗的講法。❹

眾因緣所生的一切法，我說它們就是空，同時亦就是假名，

---

❹　同上註，頁 97—98。
❹　同上註，頁 96。

　　　　因而這亦就是中道義。同一「緣生法」主語，就其義而言，
　　　說空，就其爲事而言，說假名（說有）。空有不離，同在一
　　　緣起法上呈現，名爲中道。❷

　　據此種解釋，眾因緣生法是空的同時，它們亦是假名，亦是中
道。而依這讀法，此偈可有三諦：「眾因緣生法，我說即是空」是
說因緣生法是無自性的，所以是空，而以一切法空無自性便是眞諦。
因緣生法既是空，所以亦是假名法，而假名法乃是俗諦。眞俗二諦
合起來，兩面相即，便是中道圓實諦。牟先生如此解釋中道圓實諦：

　　　　空即於緣起無性而爲空，非永遠停在分解說的空義一面而不
　　　融於緣起；緣起即於空無自性而爲緣起，非永遠停在分解說
　　　的幻有一面而不融於空。這樣的相融即，便是中道圓實諦，
　　　亦名一實諦。三諦是分解地說，最後歸於一實諦，是圓融地
　　　說。即三而一，即一而三。分解說的前二諦是方便，歸於一
　　　實諦即第三中道諦是圓實。❸

　　空即於緣起而爲空，緣起即於空而爲緣起，空與緣起的相融即
便是中道圓實諦。就天台宗的解釋，「三是偈」可分開地說三諦，
但這只是方便說；若圓融地說，則只有一圓實諦。❹

---

❷　《現象與物自身》，頁371。

❸　《佛性與般若》（上冊），頁96。

❹　一般論者都只著重眞諦，或中道圓實諦的價值，而少有述及俗諦的價值。
　　但牟先生卻認爲俗諦是有特別意義的，因它可成就科學知識：「科學知識

牟先生又認為天台宗的解釋與青目的解釋並不相違，他說：

> 而且（按：三諦說）與《中論》的二諦說亦不相衝突。這不過
> 是把《中論》的中道空移為中諦而已。《中論》是就空一頭
> 說中，因此成為中道空。而中道空就是空融即於緣起約有也。
> 三諦說是就分解說的空有兩面相融即而說中，故中成為圓實
> 諦，即第三諦。此兩說豈不相涵乎？中圓實諦即是中道實相，
> 而中道實相豈非即中道空乎？㊺

　　天台宗的解釋與青目的解釋的主要分別在於青目以空說中道，
而天台宗則是就空（緣起為空）、有（假名有）相融而說中道圓實諦。
但中道圓實諦所指的其實就是中道義的空，所以說「三是偈」的兩
種解說其實是一致的。

(5) 空有對揚的檢討

　　前人每稱龍樹所創立的中觀教學為「空宗」，而稱無著（約
310—390）、世親（約 320—400）所創立的瑜伽行教學為「有宗」，
並以空、有二宗為相對。這種看法，往往令人誤以為中觀教學只講

是依靠決定性的概念而成的。依此，若無計執，根本不能成科學知識。全
部科學知識就是一套計執。若於科學知識而亦可以說諦，這才是真正的俗
諦；但這俗諦卻是有執的。如是，計執固是虛妄，但這虛妄之執卻並非全
無價值。我們似可說虛妄之執中即有諦性，因此我們始可說科學真理，否
則便不能說真理了。」　（《佛性與般若》〔上冊〕，頁 100。）
㊺　同上註，頁 96。

空，而瑜伽行教學則缺乏對空的了解。牟先生並不贊同這看法，他說：

> 空宗顯然不只講空，且亦能成就緣起法的有（假名有）。……
> 有宗亦不能違背緣生無性，亦能透徹於我法二空，豈只專著重
> 於法數之解釋耶？……兩宗之本質的差異即在有宗是一系
> 統，對於一切法有一起源的說明，所謂賴耶緣起……是也；而
> 空宗則非一系統，緣生法是現成的所與，而不須予以存有論的
> 說明，只須以般若智穿透之，見諸法實相，即是佛。因此，空
> 有兩名皆不恰。空宗只是般若學，有宗只是唯識學。**❹**

「空宗」不只講空，它亦講緣起法的假名有；而「有宗」亦能
徹見我、法二空之道理，並沒有違背緣生無性的原則。所以用空、
有來分別二者是不恰當的。牟先生認爲二者的最重要分別在於：瑜
伽行教學以阿賴耶識爲一切法之根源，對緣生的一切法有根源的說
明，因此其教學是一系統；而中觀教學則只揭示緣生的道理，顯示
空的實相，並沒有進一步對緣生法的形成，予以存有論的說明，因
此其教說並不形成一系統。

總的來說，牟先生在論述中觀教學時，對「析法空」和「體法
空」的分別作出分疏，指出「析法空」可進至「體法空」；把通教
分爲「有限定意義的通教」和「無限定意義的通教」兩種，以突出
中觀教學所發揚的「體法空」精神的普遍適用性；並申明以空、有

---

❹ 同上註，頁 83。

兩名來區分中觀教學和瑜伽行教學的不恰當。其立論每多創見，表現出過人的識見和分析能力。

三、佛教教學綱領之二：佛性

(1) 佛性說所處理的問題

根據牟先生，佛性是佛教教學的另一中心觀念，這是因爲它說明了成佛之所以可能的問題。事實上，般若教學並未交待成佛之可能與根據，而這問題卻是一切希望成佛者所必然要面對的，所以牟先生在他的著作中，有不少提及佛性的地方。

牟先生認爲佛性觀念的提出主要在於說明兩個問題，第一是成佛之所以可能的問題，第二是成佛依甚麼形態的問題。

就第一個問題而言，佛教不少經典和系統都肯認一切眾生皆有成佛的可能，都具有佛性。牟先生高度讚揚這個說法：

> 孟子即心言性，心性合一，開出人之普遍的道德心性當身之性以爲人之所以爲人，所以爲道德的存在，所以能發展其道德人格而至於成聖成賢（人人皆可以爲堯舜）之先天的超越根據。此猶佛家之言「佛性」，一切眾生皆有佛性，一切眾生皆可成佛。佛性是成佛之超越根據。此種開闢最爲透宗立極。❹

---

❹　《才性與玄理》，頁 29。

儒家認為人人皆具有聖人之性,皆可成聖成賢;而佛家則認為眾生皆有佛性,皆可成佛。因二者都道出了保證個人超升的超越根據,所以牟先生便以儒家所言的聖人之性來類比佛家所說的佛性。由於佛性與聖人之性有異曲同工之妙,所以站在儒家立場的牟先生,對佛性說有高度的評價,亦因此,他非常同意竺道生 (355—434) 所提出一闡提亦可成佛的理論。**❹**他說:

> 但既為一闡提,斷修善盡,如何能「修善得起,廣治諸惡」?……
> 斷修善盡,而性善不斷,即為的說其可成佛也。**❹**

牟先生認為極惡的一闡提雖然不會修習善行,但其本有的善性並沒有失去,所以還是有成佛的可能。一闡提也可成佛,雖是非常理想的說法,但牟先生卻極之贊同,他說:

> 竺道生根據《大涅槃經》宣稱一切眾生皆有佛性,皆可成佛,
> 是即重開理想主義之精神。**❺**

牟先生認為竺道生重開了理想主義,這個理想主義就是人人皆

---

❹ 一闡提指罪孽極重的人,他們不能生起菩提心,又遍造一切惡行。《涅槃經》提到一闡提的地方有六十多處,根據經中的描述,一闡提的特性包括破戒、作五逆罪、不信佛法、誹謗佛法、斷滅善根等。

❹ 牟宗三:《智的直覺與中國哲學》(台北:商務印書館,1993 年),頁315。

❺ 《才性與玄理》,頁 323。

可成佛。而所謂「重開」，乃是說竺道生重拾了儒家所宣示，人人皆可成堯成舜的精神。

正因牟先生以爲竺道生之說是儒家理想主義的重開，所以又說：

> 雖然他講的是佛教，但是具有孟子的靈魂。正如孟子在儒家人物中首先提出人人皆有四端之心，皆有良知良能，爲人的成聖成賢發掘了先天的超越根據，竺道生亦「孤明先發」，在佛學人物中，首先大膽提出了一切眾生皆有佛性，皆可頓悟成佛，爲一切眾生成佛提供了先天的超越根據。(51)

牟先生認爲竺道生所倡一切眾生皆有佛性，皆可成佛的學說，可類比孟子之倡人人皆有良知良能，皆可成聖成賢的學說，因二者皆爲個人生命的超昇提供了先天的超越根據。因此，牟先生認爲竺道生之說法具有孟子的靈魂，甚至視之爲孟子靈魂的再現：

> 孟子的靈魂，在中國佛學人物中，先後得到兩次的復甦或再現。第一次是在竺道生……換句話說：竺道生是孟子靈魂在後世的第一步（次）化身。(52)

牟先生以竺道生的佛性說爲儒家學說的再現，明顯地，他是站在儒家本位立場來說話的。

---

(51)　《中國哲學的特質》，頁91。

(52)　同上註，頁92。

　　至於第二個問題，即成佛依何形態的問題，牟先生認爲最圓滿形態的佛是無須斷除迷染的九法界而成的佛，而要達至此圓滿的境界，必須有大的悲願。牟先生說：

> 　　成佛必須以一切眾生得度爲條件（爲內容）。此則有待於「悲願」一觀念。悲願大，始能不捨眾生。又，若悲願雖大，而只限於界內，不能窮法之源，而透至於界外，則悲願之大，亦未能充其極。是以若充悲願之極，必須透至「如來藏恆沙佛法佛性」始可。是則成佛不只是能籠統地不捨眾生，而且必須即九法界（六道眾生加聲聞緣覺菩薩爲九法界）而成佛。即，成佛必須依圓滿之形態而成佛。圓滿形態的佛是以具備著九法界法而決定，即是十界互具爲圓滿形態（九法界加佛法界爲十法界）。此圓滿形態即決定「如來藏恆沙佛法佛性」一觀念。法身佛性是具備著恆河沙數的佛法而爲法身佛性。此恆河沙數就是無量數。此無量數不是一個邏輯的籠統的無量，而是一個存有論的無量。此即示法身必須遍滿：遍於存有論的一切處，滿備著存有論的一切法。此一切處一切法，由於對於一切法有一根源的說明，是存有論地圓滿地決定了的一切法。[53]

　　大乘之所以爲大，是因其「悲願」大（這是對比小乘而說的。小乘的悲願不足，所以只以自渡爲目標。），悲願大則必以一切眾生得渡爲

[53]　《佛性與般若》（上冊），頁180—181。

目標。又悲願雖大，若只限於界內（指欲界、色界和無色界的三界之內），則仍然未能窮盡一切法之根源。牟先生認為悲願之極致當透至三界以外的無限境界，亦即是透至「如來藏恆沙佛法佛性」。由於「如來藏恆沙佛法佛性」代表著存有論的無量，具有「如來藏恆沙佛法佛性」的佛便是最圓滿形態的法身佛。法身佛既可透至恆沙佛法佛性，便即是包含了十法界（即地獄、餓鬼、畜生、阿修羅、天、人的六凡，再加上聲聞、緣覺、菩薩、佛之四聖）。由於十法界代表了存有界中的一切法，所以法身佛是遍及於存有界的一切處，又滿備著存有論的一切法。換言之，最圓滿形態的佛是不離九法界，亦即是在十界互具的情況下而成的佛。

(2) 佛性觀念與不同佛教教學系統的判別

在般若與佛性這兩大佛教觀念中，牟先生認為般若乃是一共法，它那無所執的精神可在不同的教乘中表現，亦因此，它並不能決定教乘之不同。決定教乘之不同，以及大乘內部系統的不同，關鍵乃在佛性觀念。牟先生說：

> 大、小乘的分別，大乘有各系統，都是屬於佛性的問題，決定於佛性，不決定於般若，這是關鍵。❺

根據牟先生，佛性之所以能決定大、小乘之不同，和大乘各個系統的不同的原因，箇中的關鍵乃在於佛性與存有法的根源有密切

---

❺　《四因說演講錄》，頁 198。

的關係，牟先生如此解釋：

> 佛性就牽連到法的根源的問題。譬如，我們要說明什麼叫佛，
> 佛如何能成？就要通過法的根源的說明，但這些問題不屬於
> 般若本身的問題。般若是消化，是融通淘汰。說法就是對一
> 切法的存在要有一個根源的說明，在根源的說明這個地方就
> 有不同的主張，有不同主張就產生不同宗派。❺❺

　　依牟先生，最圓滿的佛滿備著存有論的一切法，由是說佛性必
然牽涉到法的根源的說明，而說明的進路不同，便構成了佛教的不
同宗派。

　　牟先生又認為，若依分解的進路以說明一切法的根源，便是可
諍法，亦是權教，如阿賴耶系統和如來藏系統便是。其中阿賴耶系
統屬經驗的分解，如來藏系統屬超越的分解。若依詭譎的進路以說
明一切法的根源，便是無諍法，亦即圓教。而據牟先生，只有天台
宗的教學才能體現圓教，達至存有論的圓滿。關於前兩個系統，牟
先生在《中國哲學十九講》中有如下的綜述：

> （按：阿賴耶系統）法的存在進至三界外，雖然進至三界外，
> 但卻只能詳細地說明生死流轉法，至於說明清淨法，則不夠
> 圓滿；而且用的是心理分析的方式來說明，也就是走經驗分
> 析的路子。凡是用分解的方式說，即非圓教；儘管已進至界

---

❺❺　同上註，頁 199。

外，仍非究竟圓教。……因爲如來藏系統仍然是分析的路子，也就是用超越的分解（transcendental analytic）說一切法的存在問題。儘管它是超越的分解，但只要用分解的方式說一切法，就不是圓教，因爲對於法的存在問題，一用分解的方式說，就是個特定的系統；既是一特定的系統，就有一個系統的限定相。所以不管是阿賴耶系統或如來藏系統，都有其限定相。……所以天台宗批評大乘別教爲「曲徑紆迴，所因處拙」；既是紆迴、笨拙、自然就不是圓教了。❺❻

　　阿賴耶系統以第八阿賴耶識爲一切法的根源，此種說明雖可透至三界（六識）之外，❺❼但它只是自經驗層面說明生死流轉，對清淨法之如何可能並無超越的說明。❺❽此外，它走的是分解方式的路，而凡走分解之路者，就是個特定的系統，就有限定相，而凡有限定相者，都不是圓教。又如來藏系統雖然對清淨法的存在作出超越的說明，但由於它同樣走分解之路，所以亦不是圓教。而牟先生更用了天台宗批評如來藏系統的話（天台宗判如來藏系統爲別教），即「曲徑紆迴，所因處拙」，❺❾來表示如來藏系統何以不是圓教。至於圓

---

❺❻ 《中國哲學十九講》，頁 359—360。

❺❼ 六識是指眼、耳、鼻、舌、身、意。第七爲意識，阿賴耶系統則以阿賴耶識爲第八識。由於第八識是在六識以外，而六識又在三界之內，故以阿賴耶識爲一切法之說明，便是界外的說明。

❺❽ 阿賴耶識攝藏能生起萬法的種子，而這些種子又以迷染爲性，由是說明了生死流轉法之所以生起。此外，阿賴耶系統以「正聞熏習」爲成佛之根據，但「正聞熏習」並無必然性，所以成佛並無必然之保證。有關阿賴耶系統對生死流轉法和清淨法之說明，可參本書第三章第二至第四節。

❺❾ 這批評是說如來藏系統須斷除有迷染性的九界才可成佛，而不能像天台宗般可即於九界而成佛。

教，牟先生則有這樣的說明：

> 所以，要真正表示圓教，一定要用非分解的方式來說；用非分
> 解的方式就著法的存在說圓教，並不同於佛用非分別的方式說
> 般若。既就法的存在說，它便是有所說，因此它仍是個教；既
> 是一個教，就是個系統，但它卻沒有系統相。其所以是個系統，
> 因為它是就著佛性與法的存在說；但它用的是非分解的方式，
> 所以無有系統的限定相。既是個系統又無系統相，此即成了一
> 個詭辭。正因其是系統而無系統相，所以顯出綱上的圓教意
> 義。⑩此圓教是就著《法華經》開出來的。⑪

就天台宗教學對一切法有根源的說明，它是系統的一種，但由
於它採取非分解的方式來說明，所以它沒有系統相。⑫天台教學是
個系統，但又沒有系統相，這便是天台圓教的特色了。

(3)《涅槃經》對佛性義的分疏

牟先生既認為佛性觀念乃是決定教乘之不同和大乘內部不同系
統的原因，所以有必要對它作出說明。由於中國最早譯出以佛性為
主題的佛經乃是《涅槃經》，而此經對中國佛性論發展又有深遠的
影響，所以牟先生乃據此經來展示他對佛性問題的看法。

---

⑩　天台宗以《法華經》為圓教的大綱。
⑪　《中國哲學十九講》，頁360。
⑫　天台宗對一切法非分解的說明方式為「一念三千」。有關「一念三千」的
　　內容，請參本書第六章第二節。

最初傳入中國的《涅槃經》是法顯（約337—422）於418年譯出的六卷本《大般泥洹經》（後世稱之為《法顯本》）。其後，在南北朝初年（421），天竺僧人曇無讖（385—433）在北涼譯出了四十卷本的《涅槃經》，後世稱之為《北本》。比較兩本，可見《法顯本》只是《北本》首十卷的異譯。及至宋元嘉七年（430），北本傳至南方，慧嚴（363—443）、慧觀（424—458）、謝靈運（395—433）等人鑒於它的品數疏簡，文字亦過於質樸，初學者難以掌握，於是參照《法顯本》的品目，並且潤飾文字，把《北本》修治成較易理解的三十六卷本，以廣流轉。這個經過修治、潤飾的版本便是《南本》。此後，《南本》便成為中國最流行的《涅槃經》本子。

基本上，《涅槃經》是以「眾生悉有佛性」為中心主題，而牟先生認為「佛性」一詞具有兩重意思。第一，是佛之體段義，即佛的質性。第二，是能顯出此體段的原因，亦即成佛的性能或根據。牟先生以為《涅槃經》側重在說明佛之體段，而對能顯出此體段之性能則無詳細交待。

牟先生多番引用《涅槃經》的經文來申明《涅槃經》所說之佛性，要為佛之體段義。如《涅槃經》〈獅子吼菩薩品〉以「一乘」和「首楞嚴三昧」為佛性，經文如此說：

> 一切眾生所得一乘。一乘者名為佛性。以是義故，我說一切眾生悉有佛性，一切眾生悉有一乘。以無明覆故，不能得見。……
>
> 復次，善男子！佛性者即首楞嚴三昧，……一切眾生悉有首楞嚴三昧。……一切眾生具足三定，謂上中下。上者謂佛性

也。以是故言一切眾生悉有佛性。㉖

牟先生解釋說：

> 此以一乘爲佛之性，即佛果之體段。一乘即佛乘。一乘究竟，
> 非二非三。又以首棱嚴定爲佛性，亦佛之體段義。一切眾生
> 具足三定。上定即佛性，即首棱嚴也。㉔

牟先生指出「一乘」爲究竟的乘，「首棱嚴三昧」是「三定」
中的「上定」，此二者都只有佛才可證得。今《涅槃經》以之爲佛
性，可見《涅槃經》是以佛之體段爲「佛性」。

牟先生又引同卷的另一節經文：

> 善男子！佛性者，所謂十力，四無所畏，大悲三念處。一切
> 眾生悉有三種。破煩惱故，然後得見。……一切覺者名爲佛
> 性。㉕

牟先生解釋說：

> 此以十力，四無所畏，大悲三念處，三者爲佛性。復以「一

㉖　轉引自《佛性與般若》（上冊），頁 207。
㉔　同上註，頁 208。
㉕　轉引自同上註，頁 208。

切覺」為佛性。此亦佛之體段義。❻❻

　　牟先生指出經中說為佛性的十力、四無所畏、大悲三念處和一切覺，都是佛的特性。由此可見《涅槃經》是以佛之體段為佛性。此外，牟先生還引用《涅槃經》其他地方提到大慈大悲、大喜大捨、大信心、一子地、四力等佛的特點為佛性的話，然後總結說：

　　　　凡此等等為佛性⋯⋯種種說實只是一說也。此一說之佛性即
　　　　是佛之性，佛之體段❻❼

　　《涅槃經》對佛性雖有不同的稱謂，但說穿了，它們其實都是在表明佛的體段而已，所以牟先生才有《涅槃經》側重在說明佛之體段義的結論。而在各種佛之體段中，牟先生特別重視「中道第一義空」。
　　據《涅槃經》〈師子吼菩薩品〉，佛性即「第一義空」，而「第一義空」便是「中道」，《涅槃經》云：

　　　　佛性者名第一義空，第一義空名為智慧。所言空者，不見空
　　　　與不空。智者見空及與不空，常與無常，苦之與樂，我與無
　　　　我。空者一切生死，不空者謂大涅槃。乃至無我者即是生死，
　　　　我者謂大涅槃。見一切空，不見不空，不名中道。乃至見一

　　────────────────

❻❻　同上註，頁 208。
❻❼　同上註，頁 211。

　　切無我不見我者，不名中道。中道者名為佛性。以是義故，佛性常恆，無有變易。無明覆故，令諸眾生不能得見。聲聞緣覺見一切空，不見不空，乃至見一切無我，不見於我。以是義故，不得第一義空。不得第一義空故，不行中道。無中道故，不見佛性。⑱

　　據〈師子吼菩薩品〉，見「中道」是「見空及與不空」，意即世間為「空」與涅槃為「不空」的兩邊皆看到。小乘人還未得到最高智慧，故只見到空，而不見到不空；只見世間法為無常、苦、無我、染污，而不見有常、樂、我、淨的大涅槃，所以他們還沒有證見「中道」。但牟先生認為《涅槃經》這樣來界定中道的意義仍有所不足，因為這只是分別地說，即是把空、不空分成兩面，而把兩邊皆見視為中道。他認為真正的中道應該是相即地說的：

　　相即地說者即由生死法之無常、苦、空、無我，而如實地見，不加任何執著，而即於此見不空而常樂我淨之大涅槃也。⑲

　　牟先生認為真正的中道乃是於生死法中當下證悟清淨法；於無常、苦、空、無我的世間中當下證悟常樂我淨的大涅槃。又由於能徹底證見「中道第一義空」者就只有法身佛，所以《涅槃經》以「中道第一義空」為佛性便即是以佛之體段義為佛性。牟先生說：

---

⑱　　轉引自同上註，頁 197—198。
⑲　　同上註，頁 199。

以中道第一義空爲佛性既是就涅槃法身說，則是以佛果爲佛性。此佛性是佛之體段義。❼⓿

　　《涅槃經》以「中道第一義空」爲佛性即是以佛果爲佛性，在這裏，佛果乃是指涅槃法身而說。由於涅槃法身具有恆沙佛法，而恆沙佛法又是法身佛的質性，所以《涅槃經》中所說的佛性便當是佛之體段。對於佛果與佛性的關係，牟先生有如此的說明：

> 佛性與佛果其內容無二無別。就佛果而言佛性，則佛性之義首先是佛之性，猶言佛之性格，或佛之體段。此不是「佛所以成爲佛」之性能之義。普通所理解之佛性是佛所以成爲佛之性能義。但《涅槃經》言「佛性」，其首先所表示者不是此義，乃是佛之性，佛之體段之義。❼❶

　　佛性與佛果的內容是沒有分別的，佛果是佛性的顯露，故由佛果說佛性，佛性便是指佛之質性，而不是指成佛的性能。總言之，牟先生認爲《涅槃經》中的佛性義乃是指佛之體段義。

(4) 三因佛性的分析

　　《涅槃經》雖然側重在說明佛之體段，但並非全無討論成佛之性能。例如《涅槃經》一再提到成佛之「緣因」和「了因」，牟先

---

❼⓿　同上註，頁 202。
❼❶　同上註，頁 190—191。

生認為它們便是成佛之性能義的濫觴，牟先生說：

> 《涅槃經》說佛性首先是佛之體段義，此是正面說的。至於
> 所以成為佛之性能之佛性義，則不甚顯豁。但並非全無此線
> 索。引至此第二種佛性之義之線索即是緣因了因。《涅槃經》
> 以佛之體段義之佛性為正因佛性。但此正因佛性必須有緣因
> 了因以顯之。⓻

　　牟先生認為《涅槃經》所說的「緣因」和「了因」皆與成佛之
性能義有關，因為它們可令佛之體段義顯現，而體段義之佛性便即
是「正因」佛性。後來天台宗智者大師把《涅槃經》所說的「正因」、
「緣因」和「了因」互相配合，提出三因佛性的說法。牟先生說：

> ……經文雖有正因，緣因，了因之名，然卻並未說為三因佛
> 性，……故天台宗智者大師即順其名而分別地說為三因佛
> 性，⓼

牟先生根據天台宗的說法，說明三因佛性。就正因佛性，牟先生有
如此的界定：

> 由佛果轉為因地而說佛性，此即正因佛性。一切眾生悉有佛

性，即有此正因佛性。此示一切眾生皆可達至佛之體段❼❹

　　由佛果轉爲因地說的佛性便是正因佛性，《涅槃經》說爲是一切眾生皆有的佛性，以示眾生皆有證成佛之體段的可能。牟先生又解釋說：

　　　　以中道第一義空爲佛性既是就涅槃法身說，則是以佛果爲
　　　　佛性。此佛性是佛之體段義。就眾生說，眾生亦可具此佛
　　　　之體段。但雖具而未顯，則即將佛果轉爲因地而曰佛性，
　　　　此即「正因佛性」一詞之所以立。從因地說正因佛性，是
　　　　就眾生說也。❼❺

　　「中道第一義空」是佛果，若把它置於因地說，就是眾生都可以具有的正因佛性。眾生雖可具正因佛性，但卻是具而未顯。爲什麼正因佛性不顯呢？牟先生解釋說：

　　　　一切眾生悉有佛性，即有此正因佛性。此示一切眾生皆可達
　　　　至佛之體段，不過爲煩惱所覆，其正因佛性不顯而已。然不
　　　　可謂其不潛存地具此佛之體段也。❼❻

　　正因佛性不顯的原因在於它被煩惱所覆。正因佛性雖然不顯，

---

❼❹　同上註，頁 196。
❼❺　同上註，頁 202。
❼❻　同上註，頁 196。

但卻不能否定眾生皆潛存地具有佛之體段的可能。若要把這可能顯發，則需要依靠緣因佛性和了因佛性。牟先生如此界定緣、了二因性：

> ……凡《涅槃經》（簡稱《大經》）中言空慧言觀智以爲佛性者即了因佛性也，凡言禪定以爲佛性者即緣因佛性也。般若觀智照空假中，故是慧行正道，是智德。禪定斷煩惱，得解脫，故是斷德，亦稱福德，此是行行助道。……「慧行」者屬於智慧行之行也，亦可曰智慧底實踐。「行行」者屬於禪定行之行也，亦可曰實踐底實踐。此兩種德其種子即緣因佛性與了因佛性。此兩種種子本自有之，故曰「性德緣了」。有此性德，始有修德。**⑰**

了因是般若觀智，即是「慧行正道」。由於般若觀智是觀空假中的智慧，所以了因佛性又即是「智德」。緣因佛性即是禪定，即是「行行助道」。由於禪定有斷煩惱的功用，所以緣因佛性又即是「斷德」。此外，由於智德和斷德的種子乃是緣、了二因性，而這二因性的種子又是眾生本性所有的，所以緣、了二性又可稱之爲「性德緣了」。

就緣、了二因性爲眾生所本有，牟先生說它們是主觀義的主體，又說正因佛性是客觀義的主體，以資對比。牟先生又在這基礎上進一步說：

---

⑰ 同上註，頁 195—196。

正因佛性是客觀義的主體，緣了二佛性是主觀義的主體，此是眞正的主體之所在，亦是普通所了解的佛性，即所以成佛之性能之佛性之所在。客觀義的佛性可曰「法佛性」，主觀義的佛性可曰「覺佛性」。（以了因爲主，以緣因爲助，從主而言，故曰覺佛性。）❼❽

牟先生在《現象與物自身》中更明確地說：

> 佛性是佛果之因地，因此說三因佛性：一曰正因佛性，此即中道第一義空，……亦曰法佛性；二曰了因佛性，此即智德，亦即般若；三曰緣因佛性，此即斷德，亦曰解脫。緣了二佛性是主觀意義的佛性，是由那整佛性而抽引出來的，此可總曰覺佛性。（分別言之，了因佛性是智慧，此是覺之本義，緣因佛性是禪定，定慧不二，故總曰覺佛性）。❼❾

緣了二性是主觀地說的主體，即普通所了解「性能義」的佛性，可總稱之爲「覺佛性」。而正因佛性是客觀地說的主體，可稱之爲「法佛性」。至於三因佛性的關係，牟先生有如下的說明：

> 此緣了二佛性不能外求，即在正因佛性中分析得之，因此而有三因佛性。❽⓿

---

❼❽　同上註，頁 196。
❼❾　《現象與物自身》，頁 406—407。
❽⓿　《佛性與般若》（上冊），頁 196。

牟先生認為緣、了二佛性實可從正因佛性中分析出，換言之，正因佛性乃由這二因佛性所證成。牟先生如此說：

> 緣了二因性亦名二佛性，即緣因佛性與了因佛性。……然此正因實由緣了二因而證成。……正因並不能離緣了，而緣了必融歸於正因始得其滿成也。**⑧**

正因佛性乃由緣、了二因性所證成，而緣、了二因性又必須消融於正因佛性才可算是圓滿。所以三因佛性其實是在相即的關係中互相依賴的。又當三因佛性全體彰顯時，便是涅槃三德，即法身、解脫和般若。而把三因佛性與涅槃三德相對應乃是天台宗佛性說的特色，牟先生如此說：

> 故天台宗智者大師即順其名而分別地說為三因佛性，以與三德相對應：正因是中道第一義空……與法身相應，緣因是斷德，與解脫相應；了因是智德，與般若相應。**⑧**

牟先生總結智顗的說法，展示了三因佛性與涅槃三德的關係：正因佛性（中道第一義空）與法身相應；緣因佛性（斷德）與解脫相應；了因佛性（智德）與般若相應。

在《涅槃經》中，涅槃三德又被描述為一圓伊，即是「如來秘

---

⑧ 《智的直覺與中國哲學》，頁288。
⑧ 《佛性與般若》（上冊），頁195。

密之藏」。牟先生說：

> 「如來秘密之藏」，《經》卷第二〈壽命品〉第一之二解說
> 爲解脫、般若、與法身三者合成。此三法如伊字∴三點，不
> 縱不橫，亦不別異，此爲圓伊，即大涅槃也。⑧

　　要注意的是，牟先生認爲《涅槃經》所言之如來秘密之藏並不
等於《勝鬘經》、《起信論》所言的如來藏自性清淨心，他說：

> 此言如來藏不像《勝鬘經》及《起信論》那樣直言爲「如來
> 藏自性清淨心」，而是說爲「如來秘密之藏」。⑧

> 《涅槃經》說眞常不空亦就如來秘密藏說。然《涅槃經》卻
> 並無一如來藏之緣起論，它只說涅槃法身常樂我淨，佛性如
> 虛空，非三世攝，非內非外，遍一切處。……但它並未說如
> 來藏緣起，它亦未把如來藏我，三德秘密藏，⑧直說爲眞常
> 心。⑧

　　基本上，《涅槃經》只是就佛和涅槃的體性對眾生是隱藏的，
而提出「如來秘密之藏」的觀念，當中並不涵有眞常心之義，更沒
有「如來藏緣起論」所說的如來藏變現萬法的構思。

---

⑧　同上註，頁 190。
⑧　同上註，頁 190。
⑧　三德秘密藏是指法身德、般若德、解脫德。
⑧　《佛性與般若》（上冊），頁 228。

(5) 三因佛性與「無情有性」

《涅槃經》認為眾生悉有成就佛之體段的可能，這體段即是正因佛性。《涅槃經》更引用了虛空的譬喻來說明正因佛性的特點，牟先生如此指出：

> 《涅槃經》先以虛空譬正因佛性，非內非外，遍一切處。……此既非內非外，遍一切處，自亦遍及無情之物。❽

《涅槃經》以虛空來譬喻正因佛性，而虛空亦即是空間，它不在一切法之內，亦不在一切法之外，而能夠遍及一切處，甚至草木瓦石等無情之物。天台宗的湛然 (711—782) 便據此譬喻，提出了「無情有性」的說法，❽主張無情之物如草木瓦石等亦可有佛性。
牟先生對湛然的「無情有性」說，作出了如此的分疏：

> 蓋一般人所說佛性是指實踐地能成為佛之根據而言；而此根據即是緣了二因性。能實踐地表現緣了二因性以致佛果，方可名曰有佛性。如是，則一切眾生（有情）皆有佛性，皆可成佛，是則其可。若說牆壁瓦石無情之物亦能實踐地表現緣了二因性，此則甚難，蓋亦無人作此說……即使荊溪說無情

---

❽　《佛性與般若》（下冊），頁 896—867。
❽　湛然為天台宗的第九祖，由於他是荊溪（今江蘇宜興）人，故又被稱為「九祖荊溪尊者」。其「無情有性」說的主要論點可見於他的《止觀輔行傳弘法》和《金剛錍論》。

有性，亦非是說無情之物能實踐地表現緣了二因性也。⑧

　　牟先生指出一般人所理解的佛性，是指實踐地能成佛之根據，亦即是緣、了二因性；而要說草木瓦石等無情之物能實踐地證成佛果，又或說無情之物能實踐地表現緣、了二因性，則很難說得通，而這亦非湛然的「無情有性」說的本旨。牟先生認為「無情有性」的「有」，並不是積極地自證的有，而是消極地帶起之有、霑溉之有，他說：

　　　　「無情有性」，此中之「有」是在吾之三因佛性之遍攝中而為消極地帶起之有，而非積極地自證之有。⑨

　　　　是故牆壁瓦石之有佛性是在聖人境界中之帶起的有，是聖人三德之霑溉，而不是積極地自證之有，即不是客觀存有上其自身能自證地有之。⑨

　　由於聖人可於一切法中體證佛性，而無情之物又包括在一切法之內，所以無情之物可霑溉地有佛性。

　　牟先生又繼續解釋說：

　　　　正因佛性之佛是「法佛」……就「法佛」而言，則正因佛性

---

⑧　《佛性與般若》（下冊），頁 896。

⑨　《佛性與般若》（上冊），頁 242。

⑨　同上註，頁 257。

可以遍及一切，不但有情有之，無情者，如草木瓦石，亦有
之。此顯正因佛性之絕對普遍性。然此絕對普遍性實依「法
身無外」而立。……在此無外上，法身可以攝及草木瓦石，
而草木瓦石亦不能外乎「中道空」也。⑨²

正因滿，爲法身。法身即三千法而爲法身，則法身遍一切處，
即草木瓦石亦皆在此法身中也。一空淨一切空淨（中道第一
義空之空），故草木瓦石亦有正因佛性也。嚴格言之，是在
正因佛性之滿現中而亦霑漑於此佛格也。⑨³

圓滿地被體現的正因佛性便是法身，而法身是絕對普遍，不能
有外的。由於法身的這些特性，所以它可與三千法（三千法泛指一切
法）相即，亦即是可與草木瓦石無外、相即。就此無外、相即的關
係，乃可說草木瓦石有正因佛性。

關於無情之物可霑漑地有緣、了二因性。牟先生說：

緣因滿爲解脫，了因滿爲般若，即三千法而爲解脫與般若，
則草木瓦石亦盡在般若與解脫中而得云有此緣了二因佛性
矣。⑨⁴

圓滿地被體現的緣因佛性即是解脫，而圓滿地被體現的了因佛

---

⑨² 同上註，頁 241。

⑨³ 《佛性與般若》（下冊），頁 903。

⑨⁴ 同上註，頁 904。

性即是般若。由於天台宗教學以一切法可互相涵具，⑨故解脫與般若亦可涵具草木瓦石。就此乃可說草木瓦石有緣因佛性和了因佛性。

要注意的是，牟先生在肯認無情之物可霑溉地、帶起地有佛性的同時，又一再強調無情之物不能積極地自證地有佛性。單就正因佛性而言，牟先生有如此的解說：

> 是以吾之法身可以攝及草木瓦石，而使之（按：指「正因佛性」）
> 一起在「中道空」中呈現，然畢竟彼之自身不能自顯正因佛
> 性而為法身。是以說「無情有性」，這個「有」字畢竟不同
> 於「有情有性」之有。其有者是因吾之法身之遍攝而在「中
> 道空」中呈現之謂也。此是消極地帶起之有。不是積極地自
> 證之有。⑨

正因佛性之所以可在無情之物中呈現，乃因法身遍攝草本瓦石，所以無情之物只能是消極地帶起地有佛性，而不是積極地自證地有佛性。而就緣因和了因而言，牟先生則說：

> 此有亦是霑溉地有，非謂其本身能實踐地表現緣了而具足緣
> 了也。霑溉地有是消極地帶起之有，亦可說是存有論地有，
> 非實踐地有，非積極地自證之有。⑨

---

⑨　有關天台宗以三千法互相涵具的教說，可參本書第六章第二節。
⑨　《佛性與般若》（上冊），頁 241。
⑨　《佛性與般若》（下冊），頁 904。

　　無情之物不單不能自證地有正因佛性，它亦不能自證地有緣、了二因性，亦即不能實踐地有緣、了二因性。

　　牟先生除了說明無情之物如何可有佛性外，他更把「無情有性」說來類比宋儒所說的枯槁有性的主張。程顥（1032─1085）根據《中庸》、《易傳》天命流行之體創生地超越地普妙萬物的說法，提出道體可下貫於萬物之中而為萬物之性的理論。牟先生就此有如下的說明：

> 明道根據《中庸》《易傳》之「道體（誠體、神體）創生地
> 超越地普妙萬物而為其體」之義，復進一步，依據圓教義，
> 而謂萬物「皆完此理」，復謂每一個體皆是「萬物皆備於我」，
> 「都自這裏出去」，此即表示此道德創生的實體既創生地超
> 越地為萬物之體，復內在地而為其性。然此中亦有別，即因
> 能推不能推，只人能創造地呈現地以此體為性，而其他有生
> 無生之物，因「氣昏、不能推」之故，便只能是潛能地、圓
> 教義下之靜觀地以此實體為性，此實體之內在地為其性亦只
> 是圓教義下之靜觀地、潛能地如此說，並非呈現地為其性也，
> 而人以外之其他物亦非真能創造地呈現地以此實體為其自己
> 之性也。此即示：理想地說，其他物可以此實體為性，而實
> 然地說，實仍不能以此實體為性也。此義之所以可允許，依
> 圓教義，固定然如此，此如天台家之言無情有性。❾⓼

---

❾⓼　《心體與性體》（第三冊），頁494。

　　牟先生認爲儒家所謂的枯槁有性，其「有」只能是「靜觀地」、「潛能地」有，而不是創造呈現方式的「有」。這與天台宗所說無情「有」佛性的方式相同。

　　牟先生以「般若」和「佛性」爲佛教教學的兩大綱領。「般若」之所以爲佛教教學之綱領，乃因它以一切法爲空的精神，乃是佛陀說教叫人去執之本懷之回歸，故爲任何佛教教學系統所不能違背。而龍樹的中觀教學乃爲般若精神的延伸，故後世合稱此二者爲「空宗」。至於「佛性」之所以爲佛教教學的另一綱領，乃因它一方面爲眾生所以能夠成佛的先天根據；另一方面，它又是決定教乘與系統不同之原因。此外，佛性又牽涉到對一切法根源的說明，而對一切法根源說明之進路不同，便是構成不同佛教教學系統之關鍵。

第三章　瑜伽行教學之特色

一、瑜伽行學派在佛教教學中的位置

　　中觀學派以「緣起性空」的思想爲基礎，強調一切事物的本性爲「空」，故前人以之爲「空宗」；而前人又以瑜伽行教學爲「有宗」，以與空宗相對。瑜伽行教學雖承認事物之本性爲空，但它卻從事物作爲現象的一方面入手，強調山河大地等現象皆依心識變現而有，故被稱之爲「有宗」。❶中觀教學與瑜伽行教學強調的地方雖有不同，但都是印度大乘佛教的主流。確立瑜伽行教學者爲無著（約 310－390）及世親（約 320－400）。相傳無著在修習禪定時，乘神通力，往兜率天見彌勒菩薩，彌勒爲他說《瑜伽師地論》。❷現

----

❶　牟先生認爲以空、有來區分中觀教學和瑜伽行教學之不同是不恰當的。他認爲「空宗」也講緣起法的假名有，「有宗」也沒有偏離緣起性空的道理。空、有二宗的不同，在於「空宗」並不是一個系統，而「有宗」因對一切法有根源的說明，所以是一個系統。有關牟先生對空、有對揚之討論，可參本書第二章第二節。

❷　瑜伽行學派正是因《瑜伽師地論》而得名。《瑜伽師地論》又名《十七地論》，「十七地」是指十七種修行的法門，是實「行」瑜伽的人（瑜伽師）所必須了解的道理。而所謂瑜伽（Yoga），乃是指透過集中意志（禪定），而令心意與其所冥想的哲理達至合一的狀態。

存署名彌勒之作品還有《大乘莊嚴論頌》、《辯中邊論頌》等。❸
無著原本是修習小乘的，在得聞彌勒之教法後，便改習大乘，之後
更著《攝大乘論》（《攝論》）、《大乘阿毘達磨集論》、《辯中邊
論》、《大乘莊嚴經論》等作品弘揚瑜伽行教學，其中以《攝論》
為最重要，是瑜伽行學派的核心作品。世親是無著的親弟，他所造
的《唯識二十論》和《唯識三十頌》亦是瑜伽行學派的重要著作。

　　瑜伽行教學又被稱為「唯識宗」，這是因為瑜伽行教學的其中
的一個重點乃在說明一切法皆是心識所變現的「表相」（vijñapti），
並沒有實體。牟先生如此理解「唯識」的意義：

> 　　唯識嚴格的意思是什麼？原初的意思是唯「識變」，不是唯
> 「識」。一切東西都是識之變現：「識變」是一個整一的動
> 名詞。到玄奘說一切東西都是識所變現。我們的識是能變，
> 具體的東西是所變，所變曰境。所以說「境不離識，唯識所
> 變」。這樣便把動名詞的「識變」拆開為兩語而成能變所變
> 了。這樣便成「唯識」，而不是「唯識變」了。這不算錯但

---

❸　歷史上究竟有沒有彌勒這個人，現在還沒有定論，但據宇井伯壽
　（1882—1963），歷史上確實是有彌勒這個人的。高崎直道說：「宇井乃
　於一九二一年，發表了『作為歷史人物之彌勒及無著之著述』。這是論述
　唯識學說之歷史的最早期論文，同時，也主張彌勒之歷史的實在性。在這
　一點，此論文在唯識思想的研究上，引起了很驚人的影響力。在法相宗的
　傳承上，彌勒被確認為是天上的菩薩，而宇井對此傳承認為有歷史事實的
　反映，而設想了有同名的論師之存在。」（〈瑜伽行學派的形式〉，見高
　崎直道等著，李世傑譯：《唯識思想》〔台北：華宇出版社，1985 年〕，
　頁 6。）

非原義。佛教說境就是外在的東西，山河大地一切東西都是外在的對象，都是人的識所變現，唯是唯獨的意思。識是什麼？最基本的是前五識，往後是第六識：意識，第七識：末那，最後第八識是阿賴耶。整個人生宇宙是一個識之流，佛教形容阿賴耶識如同瀑流一樣。所以，整個境不但不能離開識，而且它只是識所變現的東西。❹

　　牟先生以為「唯識」的原義乃是「唯識變」，即「一切東西都是識所變現」。及至瑜伽行教學傳至中國，玄奘（600—664）把「識變」分析為能變和所變兩方面，❺能變是指識變現萬法的能力，而所變則是指能變所成就的「境」，亦即山河大地等外物。如是，識與境的關係便相當密切，因一切外境皆「唯」是「識」所變現。牟先生因此說：「整個境不但不能離開識，而且它只是識所變現的東西。」

　　一切事物唯識所變，「唯」取唯獨義，而識則是指八識。所謂八識，是指前五識（眼識、耳識、鼻識、舌識、身識），第六意識，第

---

❹　《四因說演講錄》，頁 164。

❺　玄奘是唐代最重要的瑜伽行論師，他把許多瑜伽行學的重要典籍翻成中文，玄奘的貢獻可總結如下：「玄奘一生共譯佛教經論七十五部一千三百三十五卷，無論是翻譯數量，還是質量，都是空前的，他以前的翻譯稱為舊譯，他創立了新譯。舊譯以真諦和鳩摩羅什為代表，新譯以玄奘和義淨為代表。舊譯者多為外國人，因不通漢語。有的過於強調意譯而失原旨，有的過於強調直譯，使中國人難以理解。玄奘既精通梵文，又精通漢語，所譯經典既不失原旨，又通順流暢，便於中國人閱讀。」（韓廷傑：《唯識學概論》〔台北：文津出版社，1993 年〕，頁 154。）

七末那識和第八阿賴耶識。瑜伽行教學主張一切法皆由八識變現而來，並嘗試通過「唯識」觀念對一切法的根源作出說明，所以它是一個系統，這跟中觀教學沒有對一切法作根源的說明，沒有理論系統不同。牟先生如此說明二者的分別：

> 空宗是泛說緣起法，沒有任何的規定，而視「緣起性空」為一普遍的原則，且並未表示出緣起法的歸攝處。而唯識宗言緣起法是將緣起法集中收攝於「識」，由此對一切法的存在有一根源的說明（original interpretation）。第八識阿賴耶識即是一切法的根源。阿賴耶識與第七識、第六識及前五識的總合就是一個完整的識的系統，識的流轉變化就成一切緣起法。❻

中觀學派以緣起性空為一普遍的原則，對緣起法的歸攝處並沒有作出交待；瑜伽行學派則以八識中的第八阿賴耶識為一切法的歸攝處，並以之為本，對一切法展開根源的說明。又牟先生認為對一切法根源的說明是否圓滿，是決定一個佛教系統是否圓滿的關鍵，他說：

> 佛教講緣起，第一步是業感緣起，再進一步講阿賴耶緣起，……肯定阿賴耶識是一切法的中心，這是唯識宗。再往前進一步，是如來藏緣起，大乘起信論就是如來藏緣起。阿

---

❻ 《中國哲學十九講》，頁 267。

賴耶是第八識，唯識宗不是有八識嗎？阿賴耶識是一切法的
最後依止，阿賴耶就是無明，但這個系統還不很圓滿，所以
再進一步講，就是如來藏緣起。❼

一切法集中到阿賴耶，一切法從阿賴耶開出。這個系統當然
不夠，因爲阿賴耶是無明，所以大乘還有一個系統講如來藏
自性清淨心。我給你們大體說一個眉目，眉目很重要。第一
是業感緣起、小乘，進一步大乘阿賴耶緣起，這是大乘的始
教，或者天台宗說的大乘的別教，還沒有達到圓教，它雖然
接觸到無限，但還沒有達到圓教。❽

　　瑜伽行教學建立了八識系統，並以第八識阿賴耶識爲一切法所
緣，這比小乘以業感緣起爲中心的教學進步。但它還不是個圓滿的
系統，因爲阿賴耶識是無明，以迷染爲性，所以只能解釋染污法的
生起，對清淨法的生起則沒有圓滿的說明，所以它還不是圓教。

二、八識系統及其內容

　　瑜伽行教學以第八阿賴耶識爲一切法之根源，而除了第八阿賴
耶識外，還有其餘的七識。牟先生如此了解八識中的前五識及第六
識：

---

❼　《四因說演講錄》，頁 124—125。

❽　同上註，頁 201。

直接覺到就是通過眼、耳、鼻、舌、身、從直接覺到這個地方講這個覺。直接覺到就是覺識到了，這個識就進來了。從覺那個地方說識，這個識就是前五識。我們心靈的活動依附著感官而表現，這就是前五識。爲什麼叫前，前就是當下，眼前，不是前後的前。前五識就是從五官發的覺識，從視覺、聽覺、嗅覺、味覺、觸感說識，這些就是前五識……第六識是意識，意識屬於思想，思想要使用概念。第六識從官這方面講叫「意根」，意也是個官，這個官就是心官。意識的對象是法……法作概念（concepts）講，作觀念講。概念就是第六識的內容，佛教名之曰法。……前五識單單是感性，太簡單，一定要加上第六識才有思想活動。❾

「前五識」就是「從五官發的覺識」。「前」是當下的意思，五識當下直接覺識五境，所以被稱之爲「前五識」。第六識是意識，它屬於思想，而思想必須使用概念，所以意識便以概念爲其內容。前五識是屬於感性的，與屬於思想的第六識有本質上的不同。❿此外，第六識還有另一特點，這便是它的虛妄分別性，牟先生說：

---

❾　同上註，頁 195—196。

❿　第六識是屬於思想的，因它是「知性」，有成就知識的能力。牟先生說：「假如依附於五官而表現就成前五識，假如依附於思想而表現就成第六識，第六識用西方哲學詞語就是知性（understanding），知性就是成功知識的一個能力，或者說知解的能力。……知解的能力就是能對一個東西下判斷。」（同上註，頁 183。）

照佛教的立場講，識沒有一定壞的意思，識者了別義，識就
是了別心。到唯識宗成一個系統的時候，一說識的方面就是
壞的意思，因為識總有執著性、虛妄性。識的壞的意思從兩
方面了解，一個是執著性，一個是虛妄性。最顯明的虛妄分
別在第六識，第六識是意識。……虛妄分別統統在第六識
見。⓫

　　在佛教，識原來的意思是「了別」，並沒有壞的意思。但在瑜
伽行教學中，識被賦予了壞的意思。這個壞的意思就是說識有執著
性和虛妄性。最明顯的虛妄分別性可在第六意識見。

　　第六識的後面還需要有一個根，這個根就是第七識了。牟先生
說：

第七識是末那，末那就是「意根」，就是我們表現在外面這
個 pure understanding 後面的那個根。這個根就等於心理學的
下意識、潛意識。……這個第七識是不顯的，默默的在後面
不自覺的堅持，所以也叫做「我執識」。第六識執著那些相，
成功知識。第七識這個意根單執著那個「我」。這個「我」
（self ego）照緣起性空講本來是無自性的，但為什麼有這個
我呢？唯識宗給你一個解釋，就是一個執著，最大最根本的
執著就是我們有這個第七識，有這個我執識。⓬

⓫　同上註，頁 182。
⓬　同上註，頁 192。

第七識是第六識後面的根，它默默地存在於一切心識活動的背後，叫人不自覺地執著於「我」，所以又叫「我執識」。牟先生更用心理學所說的下意識、潛意識來類比第七識，來表明它是深層的識。

至於第八識，牟先生有如此界定：

> 第八識是阿賴耶識，阿賴耶識就是種子識。佛教的種子就是潛伏的力量，藏在那個地方，就叫阿賴耶。唯識宗講「八識」講到阿賴耶識，一切法通到阿賴耶識，這就是阿賴耶緣起。❸

第八識就是阿賴耶識，亦即是種子識。根據瑜伽行的教學，一切法皆潛存在阿賴耶識中，並依阿賴耶識而生起，所以瑜伽行教學又被稱為阿賴耶緣起系統。阿賴耶識以迷染為性，牟先生說：

> 其（按：阿賴耶識）本性實即是迷染，因畢竟非清淨故。所以阿賴耶緣起，便是生死流轉染污法，由此而說成一系統，便是虛妄唯識。這是正宗的唯識宗……這系統所說明之一切法，皆是染污虛妄法。但一切法這一切之詞，只可限於染污法上，而對清淨無漏法，便未有好的說明。❹

---

❸ 同上註，頁 192。

❹ 牟宗三：〈佛家的存有論〉，見《鵝湖》第 1 卷第 6 期（1975 年 12 月），頁 17。

　　阿賴耶識以迷染爲性，所以阿賴耶緣起系統對生死流轉法的形成有較圓滿的說明，但對清淨無漏法的形成則否。

　　就阿賴耶緣起系統之所以能說明生死流轉的形成，牟先生又進一步解釋道：

> 是則阿賴耶……根本是生死流轉之因，雖於餘處一般說爲
> 無覆無記，然其體性本是染污。……是則就《攝論》而言，
> 阿賴耶爲執持識，爲染污識，爲種子識，爲生死因，本甚
> 明顯。⓯

　　阿賴耶識的本性爲染污，所以是生死流轉法之因。而阿賴耶識之所以能夠生起生死流轉法，乃是由於它含藏種子：

> 佛教講的種子就是潛伏的力量，藏在很深很深的那個下意識
> 下面，這就是第八識、阿賴耶識，阿賴耶識就是種子識，對
> 著將來的現行講，它就是種子，這種說法就叫阿賴耶識系統
> 的說法，對一切法的根源的說明，這種說明就叫阿賴耶緣起。
> 這就是從第六識進到第七識，從第七識進到阿賴耶識，通到
> 無限。⓰

　　種子是因，發生的結果就是現行。現行就是表現在眼前。種

⓯　《佛性與般若》（上冊），頁290。
⓰　《四因說演講錄》，頁200。

子是原因（cause），現行是現實的結果，現行就是 actual。
以種子──現行表現緣起，這是唯識宗的特色。**⓱**

種子是指造業所產生的習氣，種子產生後，爲阿賴耶識所攝藏。瑜伽行學以種子爲萬法生起的原因，**⓲**而由於種子爲阿賴耶識所攝藏，所以又有阿賴耶識生起萬法的說法。就眾生而言，其阿賴耶識攝藏的種子是以迷染爲性的，在條件具備下，便會生起以苦爲特性的果報，眾生由是不斷輪迴。

就阿賴耶識有攝藏種子的特性，又可名之曰「心」。牟先生解釋說：

> 阿賴耶識亦名爲「心」者，是因爲它是種種法所熏習成的種子之所積集處故；即使不說「所積集處」，而直說爲「所積集成」亦無不可。……而全部賴耶識（心體）自身既是所熏成的種子之所積習處（依止處），同時亦就是一大堆種子之所積集成。它是可以「積集滋長」的（《解深密經》語）；它隨種子之累積集合而亦滋長壯大（膨脹）。離卻種子底積

⓱ 同上註，頁 200。

⓲ 種子有六種特性，分別爲(1)「刹那滅」：種子在生起的刹那後便立即消滅，滅了又生，永在生滅變化中。(2)「果俱有」：種子與其所產生的結果同時並存。(3)「恆隨轉」：種子恆常隨緣運轉，其產生結果的過程沒有間斷，直至成佛的究竟位方止。(4)「性決定」：種子的性質決定了種子生起的結果。(5)「待眾緣」：種子需要其他條件的配合才能生起結果。(6)「引自果」：種子各自依其本性引生出屬於該本性的結果。這六種特性正是種子能生起萬法之原因。

集便無阿賴耶識，亦無心體。**⑲**

　　阿賴耶識之所以被稱爲心，乃因它是種子的積集處。阿賴耶識隨種子的累積而壯大，若沒有種子，便沒有阿賴耶識，故可知阿賴耶識是由種子所積集成的。可見阿賴耶識與種子的關係非常密切。

　　此外，由於阿賴耶識還有其他不同的特性，所以它還可有其他的稱呼：

> 案阿賴耶識這個識是本識，是一切雜染法之所本故；《辯中邊頌》名之曰「緣識」，一切雜染法緣此而生故；在此亦曰「義識」，一切雜染境相由此而起現故。「義」者觀念性的「境」之意，言其非實境也……是則本識不只是一現行之覺了活動（識相），而且同時亦即是一切雜染存在法（一切義境）之根源。側重此義而言，故名本識曰「義識」。亦可曰「塵識」，「境識」；亦可曰「種子識」，種子者存在法之種子也。它變似存在法是由其所持之種而變似也。**⑳**

　　就阿賴耶識爲一切雜染法之所本，可稱之爲「本識」；就一切雜染法皆緣阿賴耶識而生現，可稱之爲「緣識」；就一切雜染境相皆由阿賴耶識起現，可稱之爲「義識」。就阿賴耶識含藏種子，可稱之爲「種子識」。這些不同的名稱，其實都顯示了阿賴耶識某一

---

⑲　《佛性與般若》（上冊），頁 410—411。
⑳　同上註，頁 396。

方面的特性。而對阿賴耶識為「本識」這點，牟先生有如此說明：

> 《攝論》是主張第六意識（意識識）及其所依止的染污意（即
> 末那）是本識所變似的「見識」，而其餘的一切識（即前五
> 識等）則是本識所變似的「相識」。……它所變似的「見識」
> 是吾人的主體性，第六與第七皆主觀的主體性也。它所變似
> 的「相識」（前五識等）是吾人所對的客體性──客觀的色
> 聲臭味觸等存在法，而此等存在法是繫屬於耳目鼻舌身而
> 言，故由五官而起現的覺識（了別）即曰「相識」，以取境
> 相為主也。……見識與相識亦可以說都是本識所似現而分化
> 的相。見識是它所似現而分化出的主觀相，相識是它所似現
> 而分化出的客觀相。此相既皆是「義」，則本識之被名曰「義
> 識」似亦可被名曰「相識」，即一切所似現之主客觀之相皆
> 由之而似現也。㉑

　　《攝論》以第六及第七識是本識所變現的「見識」（主體性），
而前五識則是本識所變現的「相識」（客體性）。而無論是「見識」
或是「相識」，都是本識所起現而分化出的相狀。總言之，阿賴耶
識是本識，它可變現一切雜染品法和一切主觀和客觀之現象。

㉑　同上註，頁 396──397。

三、「轉識成智」的過程

瑜伽行教學除了說明雜染的生死法之生起外，亦沒有忽略對清淨的還滅法的形成作出解說：

> 所以一切法依止於阿賴耶，統攝於阿賴耶裏面去，這是一方面想說明生滅流轉這一面，這一面弄明白了，才能夠講還滅那一面。那是兩面的：一面是生滅流轉，一面是還滅、滅渡，滅渡證涅槃，這就是成佛。生死流轉這一面是「染污法」，還滅那一面是「清淨法」。世間一切「染污法」、出世間一切「清淨法」都要有個交待，有個說明。在成佛可能的問題上，一切法須有個安排，有個交待。❷❷

雖然瑜伽行教學的重點是在說明生死流轉，但它亦需要對還滅成佛之所以可能有所交待。這個交待，便是「轉識成智」觀念的提出。

瑜伽行學派既然視阿賴耶識的本性為染污，所以它認為眾生若要通過「轉識成智」而成佛，就必須要有「正聞熏習」。牟先生如此解釋正聞熏習：

> 聽聞聖教謂之正聞。否則不得謂之正聞。數數聽聞聖教，即

---

❷❷　牟宗三：〈中國哲學的未來拓展〉，見氏著《時代與感受》，頁 156—157。

曰正聞熏習。有正聞熏習，即可成種而寄存於阿賴耶識中。成種寄存，再經受熏，即爲出世淨心之因種。……眾生聽聞這如如相應地流出的言音（經教）即名之曰正聞。正聞熏習所熏習成的種子就是出世淨心之種子。是故總答曰：出世淨心是從最清淨法界如如相應地流出的聖教之正聞熏習所熏成的正聞種子而生。

正聞熏習熏成種後，此種即寄存於阿賴耶識中而爲阿賴耶識所攝持。種子是潛力。故一說種子，即與現行相對。一有種子攝持於阿賴耶識中，則即可受熏而起現行。故正聞熏習所成之種子通過後來的數數聽聞之熏習去熏它後，它便即引發現行的出世淨心而爲此現行的出世淨心之因種。種愈積愈有力，現行亦因而愈容易愈擴大愈清淨，而終至於大解脫。㉓

正聞即是聽聞聖教。聽聞聖教令熏習作用產生，從而生起淨心種子，這便是「正聞熏習」。有情不斷聽聞聖教，淨心種子便會陸續形成。這些淨心種子寄存在阿賴耶識中，若繼續被熏，則會引發現行的出世淨心。在正聞熏習持續的情況下，淨心種子便不斷累積，而出世淨心亦不斷擴大，最後更可證得大解脫。

據《攝論》，正聞熏習的過程可分爲上、中、下三品。《攝論》如此形容熏習的過程：

此中依下品熏習成中品熏習，依中品熏習成上品熏習，依聞

㉓ 《佛性與般若》（上冊），頁301。

思修，多分修作，得相應故。㉔

又說：

> 如如熏習，下中上品次第漸增，如是如是異熟果識次第漸減，
> 即轉所依。既一切種子所依轉已，即異熟果識及一切種子無
> 種子而轉，一切種永斷。㉕

對《攝論》把熏習的過程分爲上、中、下三品，牟先生有以下
的解釋：

> 吾人如聖教所說而如如地聽聞熏習，則下中上三品即「次第漸
> 增」，而異熟果識及其中一切雜染種子亦如彼「次第漸增」而
> 「如是如是」地「次第漸減」。……即本以阿賴耶識爲「所依」
> 者，現在改轉而以「法身」爲其所依。既一切雜染法底種子之
> 所依（迷染識）被改轉已，則此時的名爲異熟果識（迷染識之
> 果相）及具有一切雜染種子（迷染識之因相）的阿賴耶識性即
> 成爲無雜染種子而被轉變，即一切雜染種子永斷。㉖

在聽聞聖教後，清淨種子便會形成，並由少至多的分下、中、
上三個等級，而逐漸增加。若眾生在此時不再造惡業，不產生新的

㉔　轉引自同上註，頁 304。
㉕　轉引自同上註，頁 305—306。
㉖　同上註，頁 306。

染污種子,則原有的染污種子在引現果報後,其數目便會逐漸減少,
到最後更會完全消失。此時迷染爲性的阿賴耶識便會變爲以清淨爲
性,此情況便是「轉依」。當一切雜染種子隨轉依而斷絕時,便是
「轉識成智」過程的完成。

　　對於清淨種子與阿賴耶識的關係,牟先生根據《攝論》,有如
下闡釋:

> 　　出世清淨是無爲無漏的清淨,依《攝論》,它是由正聞熏習
> 而來的。正聞熏習所熏成之淨心種子雖亦依持於阿賴耶識
> 中,然而此出世淨心卻不由以迷染的阿賴耶識爲因種而引
> 生。它另有一超越根據。此即示阿賴耶識爲流轉因,並非爲
> 還滅因。……即不以阿賴耶識爲生因。然若無阿賴耶識,則
> 正聞熏習所熏成之淨心種子亦無寄存處,即無攝持處。此即
> 《攝論》所謂若遠離阿賴耶識,出世清淨亦不得成。❷

> 　　然則所謂離阿賴耶識亦不得成是說沒有能持其種子不令喪失
> 而完成之者。這個成是持種之成。而其種子之熏成卻另有來
> 源,此即正聞熏習。❷

　　由於阿賴耶識的本性爲染污,所以出世淨心並不是它所生起
的。雖然如此,在正聞熏習的過程中,仍不可以缺少阿賴耶識的存

---

❷　同上註,頁297。
❷　同上註,頁298。

在，因它是淨心種子寄存的地方，沒有了阿賴耶識，清淨種子便無寄存處，因此牟先生便說「此即《攝論》所謂若遠離阿賴耶識，出世清淨亦不得成」。「不得成」乃是指清淨種子若沒有阿賴耶識作為寄存的地方，它便無所安頓。

　　然而，為什麼以清淨為性的種子可以寄存在以迷染為性的阿賴耶識中呢？牟先生有如此的解釋：

> 須知一言種子，就是一種潛力。它的自性之作用是待熏而起現的。若無熏力以熏之，它只是在睡眠狀態中。阿賴耶識以迷染為性，它只任運攝持此種，雖不能促醒之，然不能改變其自性。這種「攝持依存」底關係好像水與乳底關係，既不排拒，亦不變性。……迷識只是任持此種，而此種子亦只是在睡眠狀態中，故兩者並不覺突兀。……淨種依存於阿賴耶。但阿賴耶既只是任持之，而不能改變其自性，故經過修行工夫後，淨種底自性起作用，故又反而對治阿賴耶。此時遂顯出賴耶仍是賴耶，淨種仍是淨種，其性仍不同也。這樣，淨種雖性不同，而仍可依存於阿賴耶；雖依存於阿賴耶，而不改其自性❷⑨

　　阿賴耶識之所以能夠攝持清淨種子，乃因清淨種子在沒有受熏的情況下，它只是在睡眠的狀態中，所以與阿賴耶識的迷染性並無衝突。加上阿賴耶識只是作為清淨種子的寄存處，而不是要改變其

---

❷⑨　同上註，頁 302—303。

自性，故淨種仍是淨種，其與阿賴耶識的性質仍然是不同的，所以說阿賴耶識可以攝持清淨種子。

最後，值得一提的是，因瑜伽行教學以正聞熏習作爲成佛之根據，所以牟先生說它是個漸教：

> 正聞熏習所成之種子是新生後起的，不是阿賴耶識中無始已來本有的，因爲聽聞他言音，雖是正聞，亦是經驗的故。因此，就「涅槃證得」而言，這必是漸教。❸

由於清淨子並不是本有的，加上正聞熏習又是後天經驗的事，所以成佛需要經過一漫長的過程，因此牟先生認爲瑜伽行教學是個「漸教」。

四、「轉識成智」說的殊勝處與不足處

瑜伽行教學以「轉識成智」作爲成佛的根據，是有其特別意義的，牟先生說：

> 佛教講轉識成智。這種思想在西方人不可思議。在西方人看來，我們人就是有限存在，人有如此這般的感性，有如此這般的知性，有如此這般的理性。人表現的感性，知性，即使表現的理性還都是識，這個識怎麼能轉成智呢？但是佛教一

---

❸　同上註，頁 302。

定要講轉識成智。識可以轉成智，可見從有限心之中可以轉
成無限心，轉成無限心，修行最高就是成菩薩、成佛。❸

　　「轉識成智」的說法肯認了以迷染為性的有限的識，可轉為以
清淨為性的無限的智，這種轉變是西方人所不能明白的，因為西方
人根本沒有有限存在轉變成無限存在（如：上帝）的概念。佛教講「轉
識成智」，肯認了眾生有成佛的可能，而成佛便是體現無限心的表
現。所以據佛教，人可有無限心；而依西方哲學，人只是有限的存
在，不能進至無限，故不可能有無限心。由此看來，佛教哲學當比
西方哲學優越。牟先生對此有進一步的發揮：

> 所謂「積極」的問題，譬如照佛教講，他一定要講「轉識成
> 智」、「轉識成智」才能成佛，但是這個觀念西方哲學裡面
> 沒有，康德也沒有。對西方哲學家來說，這個「識」怎麼能
> 「轉」呢？我們生而有的「識」就是「Sensibility」、
> 「Understanding」、「Reason」這些，這些是屬於人類的特殊
> 構造的，人的特殊構造就是如此而已，並不會由之而產生「轉
> 識成智」的問題。……假如照康德那樣在「Noumena」❸方
> 面的態度那麼消極，我們可以順著他的消極態度而提出質
> 問：你佛教方面所謂「轉識成智」的問題，我們本來沒有這

---

❸　《四因說演講錄》，頁 152—153。

❸　牟先生把 Noumena 譯為「智思物」，智思物有兩種：一、指物之在其自
　　己（物自身），二、指通過知性而被思的對象，如上帝、不滅的靈魂、自
　　由意志等。

個問題，既然你提出來了，我們現在可以想到這個問題，即：你那種「智」究竟有沒有呢？究竟可能不可能呢？因爲康德就是不承認這種「智」是可能的。……所以「轉識成智」不可能，成佛就不可能。照西方人講，佛只能作一個理想，你希望向它接近，但永遠達不到。……但這個說法佛教是不會答應的。儘管成佛困難是困難，要經過幾世幾劫，今生不行，來生嘛！來生不行，再來生嘛！就是一隻鴿子也可以成佛，慢慢來總是可以達到的。❸❸

在以康德爲代表的西方哲學中，「識」是不可能轉成「智」的，因此從西方哲學的角度來看，成佛是遙不可及的一件事。但在佛教，佛可以靠「轉識成智」的方法來達成，就是今生不能，來生也可繼續努力，終有一天可以成佛。佛教肯定了人有無限性，跟西方哲學強調人的有限性形成一強烈對比。

「轉識成智」雖突顯了佛教哲學較西方哲學的優越處，但它的發生其實是沒有必然性的，牟先生如此說：

淨種只是經過新熏而有，並非本有，這是《攝論》的主張。依此主張，轉依終於是一無限歷程而不永不能達，亦無必然，即成佛是一無限歷程而永不能達，即或有能達，亦只是偶然，而並無必然，亦無眾生皆可成佛之必然。何以故？因並無成佛之超越的根據故。❸❹

---

❸❸　〈中國哲學的未來拓展〉，頁 161—162。
❸❹　《佛性與般若》（上冊），頁 311。

可是在「涅槃還滅」方面，因爲這一系統主張正聞熏習是客，即，是經驗的，這便使「涅槃還滅」無必然可能底超越根據。……若「還滅」只依靠於經驗的熏習，則是否能終於走向「還滅」一路亦成問題。因爲正聞熏習是靠「聞他言音」而成，而聞到聞不到，這是全無定準的。㉟

「轉識成智」之所以無必然性，是因爲瑜伽行學派並沒有爲清淨種子的生起提供超越的根據，以致眾生的成佛與否，完全得依賴後天的正聞熏習。但能否遇上聖人並得聞聖教，卻是後天的事，所以說「轉識成智」沒有必然性。

瑜伽行學派的學者似乎也意識到正聞熏習沒有必然性的問題，所以到護法（530—561）時，㊱便提出本有種的觀念，肯認眾生本來具有清淨種子，並以之爲心識轉染成淨的根據，但牟先生認爲這並不能解決問題，他說：

原則上，以迷染的阿賴耶識爲主體而視正聞熏習爲客的唯識系統不能承認有本有種。《攝論》原是自身一致的。世親的《唯識三十頌》還是繼承其老兄的規模而前進，趨於更整齊更嚴密，基本上不能有違。……護法加上本有種，這種增加

㉟ 同上註，頁 430。

㊱ 護法是六世紀時南印度人，主要著作有《二十唯識論釋》、《三十唯識論釋》、《廣百論釋》、《成唯識寶生論》等。玄奘所編譯的《成唯識論》，便是以護法的《三十唯識論釋》之觀點爲主，再加上其餘論師對《唯識三十頌》的注釋而成，可以說，《成唯識論》乃是護法觀點的反映。

是隨意的，並非在《攝論》規範以外另有依原則而來的必然
性。……只是因護法遭遇到這個問題，而欲加強轉染成淨底
可能之根據，始隨便加上一個本有種。而此無漏種之本有，
說是「法爾本有」。……這個法爾本有的無漏種並非是超越
的。這與遺傳學上說先天同……這還是在時間中爲描述的先
而已。如此說「本有」，此其所以爲隨意的。說到家，仍是
在經驗的（後天的）熏習中，不過難指其開始而已。❸

　　牟先生指出瑜伽行教學的核心著作如《攝論》和《唯識三十頌》
等，皆以清淨種是外來熏習所形成，而不是本有。所以，本有清淨
種是後出的觀念，是護法爲了加強轉依之必然性而隨意加上的。但
這觀念並不能令「轉識成智」有必然性，因爲它所說的本有不是超
越義的本有，而只不過是表示其起始不可知，就像遺傳學的先天般
罷了。牟先生又說：

由於不知其始於何時，遂說是「法爾本有」（法爾所得），
故此「本有」是隨便說的。此只是把無漏種拉長至久遠已前
而已。……此若依宋儒詞語說之，此仍是屬於氣性或才性的，
是形而下的，仍非形而上的，故屬「有爲」。「法爾本有」
者只就現在世而言，所謂生而如此也。此種先天是生物學上
的先天，非超越義的先天。❸

---

❸　《佛性與般若》（上冊），頁 314。
❸　同上註，頁 315—316。

　　依牟先生之見，護法說清淨種是先天本有，其實是說它開始於久遠之前。其所謂先天只是生物學上的先天，而不是超越義的先天。若用宋儒的話，這先天本有乃是形而下的氣性、才性的事，而不是形而上理性的事。

　　牟先生認爲瑜伽行教學既然沒有爲清淨種建立超越的本有義，因此並不能保證成佛有必然性，而要保證成佛有必然性，則必然要逼出「如來藏自性清淨心」的觀念，並以之作爲成佛的超越本據：

> 順此問題，必然要往前推進一步，尋找一先天的根據，而且是超越的（transcendental）而非經驗的根據；亦即必然要逼出「如來藏自性清淨心」，才能徹底解決成佛的根據問題。❸

　　牟先生認爲妄心系統的瑜伽行教學必然會向眞心系統發展，而這發展在中國發生，以地論師和攝論師爲代表：

> 講唯識學，說明一切法的時候有兩個系統，一個是眞心系統，一個是妄心系統。講阿賴耶的是妄心系統，因爲阿賴耶是妄心，它的本質是無明。本質是無明就不能說明清淨法，所以要說明清淨法一定要從妄心推進一步，肯定一個眞心，一個超越的眞心，那個就是如來藏自性清淨心。這就是如來藏系統。發展是這樣，先有地論師，地論師就是講地論的那些法師。……後來眞諦傳《攝大乘論》，我們叫眞諦是攝論師。

---

❸　《中國哲學十九講》，頁 285。

地論師、攝論師都是向真心系統走❹

五、地論師對阿賴耶識的解説

　　地論師是最早把瑜伽行教學帶進中國的人,他們是專門弘揚《十地經論》的法師。《十地經論》是世親早期作品,專門解釋《華嚴經》的〈十地品〉,❹其中有不少地方提到阿賴耶識。北魏永平二至四年 (公元 509—511),菩提留支和勒那摩提在洛陽合作完成《十地經論》的翻譯,地論教學便因之而在中國流行起來。可是,菩提留支和勒那摩提對《十地經論》有不同的理解,後來道寵承繼菩提流支之學,而慧光 (467—約 536) 承繼勒那摩提之學,地論學的兩大派別便形成了。道寵爲首的一派被稱爲相州北道,主張阿賴耶識爲妄染;而慧光爲首的一派被稱爲相州南道,主張阿賴耶識爲清淨。

　　南、北兩道對《十地經論》有不同的理解,是因爲《十地經論》根本沒有清楚交待阿賴耶識的本性是淨還是染。牟先生説:

> 此論只是解釋《華嚴經》之〈十地品〉,並未正面分析八識。
> 論文中只有時提及心意識及阿黎耶識,但並未詳細分疏。❹

---

❹　《四因説演講錄》,頁 227。

❹　「十地」是指成佛要經過的十個階位。

❹　《佛性與般若》(上冊),頁 261。要注意的是,牟先生此處説第八識爲「阿黎耶識」,但他卻於其他著作中説是「阿賴耶識」。用字雖有不同,但所指的都是同一樣的東西。

然則當時地論師分爲南北道兩派，實由地論本身不明確
故。❹

　　牟先生引用了不少《十地經論》的話，來證明他的論點。如〈十
地品〉說菩薩在第六菩薩地時，可證得種種空三昧，包括大空三昧，
合空三昧等；而《十地經論》說大空三昧依阿賴耶識觀，合空三昧
依轉識觀：

> 四、依彼阿黎耶識觀，如《經》「大空三昧」故；五、觀轉
> 識，如《經》「合空三昧」故。❹

　　由於所有的空三昧都是菩薩所證，所以「大空三昧」與「合空
三昧」都是清淨的。今《十地經論》以阿黎耶識來解釋「大空三昧」，
則阿賴耶識似乎便應是以清淨爲性的。牟先生認爲這想法是不對
的，他說：

> 案此《論》中以第五「大空三昧」爲「依阿賴耶識觀」。此
> 語不能表示阿黎耶識爲眞淨。不知世親此時心中如何想阿黎
> 耶識。如阿黎耶識爲眞淨，則以「觀轉識」解第六「合空三
> 昧」，轉識亦眞淨乎？依《攝論》，除賴耶外，其餘諸識統
> 名轉識。轉是轉現義，諸識都由本識轉現而起，故曰「轉識」。

---

❹　同上註，頁 280。
❹　轉引自同上註，頁 268。

如「心意識」中，心爲第七識，意爲第六識，識爲前五識，
此皆可曰轉識，則此轉識不得爲眞淨也。**❹❺**

若果用阿賴耶識來解釋「大空三昧」，便即是以阿賴耶識爲清
淨，如此，則用來解釋「合空三昧」的「轉識」亦應是清淨的。但
轉識的本性卻是不淨的。轉是「轉現」，謂「轉識」可轉起阿賴耶
識以外的一切識，即是前五識、第六及第七識，而這些識都不是以
清淨爲性的，所以轉識亦不會是清淨的。然而《十地經論》卻謂轉
識可轉起以清淨爲性的「合空三昧」，所以「大空三昧」的清淨，
並不表示其所依的阿賴耶識也是清淨的。因此，《十地經論》雖用
阿賴耶識來解釋「大空三昧」，但這並不表示它以阿賴耶識的本性
爲清淨。

此外，牟先生亦指出《十地經論》對阿賴耶識的說明是前後不
一致的。《華嚴經》〈十地品〉形容第八不動地的菩薩時說：

佛子！菩薩亦如是。住是第八菩薩不動地，即離一切有功用
行、及諸憶念，得無功用法，離心口意，「務」住報行成。
❹❻……菩薩住此菩薩不動地，一切心意識不行。**❹❼**

《十地經論》在解釋《十地品》所說的「得無功用法」、「住

---

❹❺ 同上註，頁 269。

❹❻ 牟先生認爲「務」當作「復」，因《十地經論》在解釋〈十地品〉這段話
時，作「復住報行成」。參《大正藏》卷 26，頁 179 下—180 上。

❹❼ 轉引自《佛性與般若》（上冊），頁 272—273。

報行成」時，用到「阿黎耶識眞如法」一辭：

> 「得無功用法」者，得彼對治法故，以得無功用自然行故。
> 「住報行成」，示現得「有功用行相違法」故。
> 「復住報行成」者，……善住阿黎耶識眞如法中故。❹

　　牟先生對《十地經論》的解釋有如下的意見：

> 案此文中「阿黎耶識眞如法」連說，好像阿黎耶識即眞如法，
> 唯此一處似示阿黎耶爲眞淨。……得「有功用行相違法」即
> 是一種「報」，「心意識不行」之自然結果爲「報」。世親
> 解釋此「報」云：這是因爲「善住阿黎耶識眞如法中故」。
> 可見……所住之「阿黎耶識眞如法」不能不是眞淨。否則焉
> 說無功用自然行？若據此文，則說慧光系（南道派）近《地
> 論》本義，似亦不錯。若以此處爲準，則凡前引《論》解中
> 凡提及阿黎耶識者皆應視作眞淨。但前引卷八《論》解「餘
> 處求解脫」云：『是凡夫如是愚癡顚倒，常應於阿黎耶識及
> 阿陀那識中求解脫，乃於餘處我我所中求解脫。此對治。……』
> 據此文，則以阿黎耶識爲眞淨，似又不類。……又與阿陀那
> 識連稱，阿陀那識亦眞淨乎？❹

---

❹　轉引自同上註，頁 273—274。
❹　同上註，頁 274。

根據《論》文，菩薩在第八地時，因心、意、識皆無所用，故能成就「無功用法」。而菩薩之所以能成就「無功用法」，乃是因為他住於「阿黎耶識真如法」中。就《十地經論》把「阿賴耶識」跟「真如法」連說，《論》文似乎以阿黎耶識為清淨法。但阿賴耶識是清淨法這一結論，卻不可以用於《十地經論》的其他地方。牟先生舉《十地經論》卷八為例，該處說：「是凡夫如是愚癡顛倒，常應於阿黎耶識及阿陀那識中求解脫」。文中說凡夫在種種煩惱中，若要脫離煩惱，便須脫離阿賴耶識和阿陀那識。《論》文既然教人要從阿賴耶識解脫出來，則阿賴耶識便不應是清淨的。此外，文中又把阿賴耶識和阿陀那識並舉，而阿陀那識本性為妄，如是類推，則阿賴耶識之本性亦應是虛妄的。既然阿賴耶識在《論》中的某些地方取清淨義，而在某些地方則取妄染義，因此，牟先生乃說《十地經論》對阿賴耶識的本性並無清楚的交待。

《十地經論》卷十一談到第九善慧地時，提到「自性清淨心」：

> 是中心行稠林差別者，心種種差別異故，如《經》「是菩薩如實知眾生心種種相」故。彼心種種相有八種……（八）因相，諸菩薩以願力生，餘眾生自業力生故，如《經》「心幻起相」故，「心隨道生相」故，「乃至無量百千種種心差別相皆如實知」故，以自性清淨心故。❺⓿

據《十地經論》，眾生心中的種種差別相，可分為八種。而在

---

❺⓿　轉引自同上註，頁275—276。

提到第八種「因相」時，則說菩薩因有自性清淨心，故能如實知一切心之種種差別相。牟先生指出《論》文並沒有表示這自性清淨心便即是阿賴耶識：

> 心之「因相」者即以心爲因而生起一切差別之謂，故即以經「心幻起相，心隨道生相」明之。此「心之幻起相」，在菩薩是以願力生，在其他眾生則是以其各自之業力而生。於此所生起之「無量百千種種心差別相」，第九地菩薩「皆如實知」。其所以能「如實知」，「以自性清淨心故」。菩薩自性清淨心朗現，故能「如實知」心之種種差別相也。在此《地論》中，亦無明文表示阿黎耶識即此「自性清淨心」。(51)

對眾生來說，心之種種差別相是由業力所生的；但對菩薩來說，則是由其願力所生。在第九地的菩薩因有自性清淨心，故能如實知這些差別相。明顯地，自性清淨心乃是就菩薩而說，而不是就眾生說的，其中更沒有說自性清淨心即是阿賴耶識。牟先生接著說：

> 此處言「自性清淨心」只就菩薩之「如實知」言。但如果一切眾生皆有此「自性清淨心」，則此「自性清淨心」亦可爲流轉還滅之因，……此即成起信論之系統，……是故南道慧光，繼承勒那摩提者，恐是一時不成熟之見。如世親撰此《地論》時，有慧光所說之義，則亦是一時不成熟之見。(52)

---

(51) 同上註，頁 276--277。
(52) 同上註，頁 277。

　　牟先生指出，若以眾生皆有自性清淨心，則此心當為一切流轉還滅之因，如此則成《起信論》之如來藏真心系統，但這恐非《十地經論》之本義。牟先生更指出，倘若《十地經論》中流露了以阿賴耶識為自性清淨心的思想，這恐怕只是世親早期不成熟之見解罷了，他說：

> 以阿賴耶識為真淨不合通常之習慣。如世親作此《地論》時，其老兄無著之《攝大乘論》已成，則不應不知。而《攝論》中之阿黎耶識並非真淨。……世親亦不應不知。《地論》為世親之早期作品。其後來之作品皆不以阿黎耶識為真淨。然則㈠《地論》為不成熟之作；㈡對於阿黎耶識無明確之解釋；㈢南道派似乎有近《地論》本義處，然亦無必然；㈣以阿黎耶識為真淨不合一般之習慣。地論師於此分兩派，顯因《地論》本身對於阿黎耶識無明確表示故。㊿

　　無著的《攝論》並不以阿賴耶識為真淨，而《攝論》成書早於世親的《十地經論》，所以世親應該知道阿賴耶識的本性為妄，而且在世親的後期作品亦沒有以阿賴耶識為真淨。所以牟先生認為《十地經論》若有以阿賴耶識為真淨的思想，恐怕只是世親早期思想未成熟之表現。事實上，《十地經論》對阿賴耶識的本性並無明確之界定，亦正因如此，才有南、北兩道之分歧。就此，牟先生有如下的總結：

㊿　同上註，頁 274—275 。

然則當時《地論》師分爲南北道兩派，實由《地論》本身不明確故也。依《地論》外之思想而分派，則北道派較合一般之想法。如南道派亦有據，則其根據或在此《地論》本身有視阿黎耶識爲眞淨之傾向。然此亦無明據。❺❹

　　《十地經論》並無明確交待阿賴耶識的本性是妄還是淨。北道以阿賴耶識爲妄的主張當較合瑜伽行學派之一般想法，因在《攝論》、《唯識三十頌》等瑜伽行學派的基要著作中，皆以阿賴耶識爲妄。但這並不表示南道以阿賴耶識爲眞淨的說法沒有根據：

> 故世親《地論》之思想，無論如南道派之所說，或如北道派之所說，其最後歸宿當向《起信論》走，因《地論》中明言「自性清淨心」故。南北道之爭只在是否阿黎耶識爲眞淨，不在有無清淨心也。若如此，就世親本人言，《地論》爲其早期不成熟之作。其晚年成熟之思想乃正是奘傳之唯識。然此不成熟之思想，及其發展成熟引發而爲另一系統，如《起信論》之所表現者，反高於其晚年成熟之思想，而在印度經論中亦有據也。❺❺

　　《十地經論》無疑用到「自性清淨心」的觀念，南道把這觀念加以發揮，推使地論學派趨向眞心系統發展。事實上，向眞心系統

---

❺❹　同上註，頁 280。
❺❺　同上註，頁 280—281。

發展乃是地論學派發展之必然趨勢，因為無論南道或是北道，都肯定了真心的存在。正如牟先生所說，「南北道之爭只在是否阿黎耶識為真淨，不在有無清淨心」。雖然世親說「自性清淨心」時，是在其早年思想未成熟時，但這早年思想反比其晚期思想高明。

若依牟先生之見解，地論師確有向真心系統趨的傾向。而繼地論師東來的攝論師真諦，其真心思想傾向則更明顯。

六、攝論師對瑜伽行學說的理解

攝論師是指在南北朝至唐朝初年弘揚《攝論》的論師，而第一位攝論師乃是真諦（499—569）。真諦是西天竺優禪尼人，於梁武帝大同年間（約 546）來華，翻譯了多種瑜伽行學的論著，如《攝論》、《攝大乘論釋》、《三無性論》、《決定論藏》、《轉識論》等。在眾多瑜伽行學的論著中，真諦尤其著力弘揚無著的《攝論》和世親的《攝大乘論釋》，再加上他的弟子如慧愷（518—568）、法泰、僧宗、道尼等人的推動，攝論學便在中國流行起來。❺❻攝論師理論的特別處，乃是他們在八識以外，另立第九阿摩羅識，並以其本性為清淨。牟先生統稱攝論學和地論學為「前期唯識學」，與唐初玄奘所弘揚的「後期唯識學」相對：

　　真諦弘揚《攝大乘論》，然其翻譯不必忠實，多有增益。其

---

❺❻　在真諦之前，佛陀扇多已譯出《攝大乘論》，但未能流行。據宇井伯壽，原因乃在於它較難明白，而佛陀扇多又沒有把《攝大乘論釋》一起譯過來。

所增益者即是參雜之以另一套思想。後來玄奘重譯，力復原來之舊，此則一般稱爲唯識宗，亦曰新法相宗，吾人則名之曰後期唯識學，亦即近時所稱爲虛妄唯識或正宗唯識宗者。至於眞諦之譯釋，在當時稱爲攝論宗者，吾人則連其前時之地論師統名之曰前期唯識學。此前後期唯識學之差異，主要言之，大體是在前期唯識學是向眞心走，所謂眞心系，後期唯識學則決定是妄心系，此亦是無著世親造論所表現的系統的唯識學之舊義也。**❺❼**

地論師和攝論師向眞心系統走，牟先生稱之爲「前期唯識學」，後來玄奘翻譯和解說瑜伽行的經論時，力求回復無著和世親以妄心爲本的原義，牟先生則稱之爲「後期唯識學」。

牟先生指出攝論師眞諦的教學以眞心思想爲本，這可從眞諦對阿賴耶識的理解和對「轉依」的解釋看出來。

眞諦對阿賴耶識的看法，可從他對《攝論》開首處所引用的《阿毘達摩大乘經》一偈的理解看出來。據眞諦的翻譯，這偈是：

此界無始時　一切法依止
若有諸道有　及有得涅槃**❺❽**

但牟先生認爲以下玄奘的翻譯較爲順適嚴正，所以便據之來作

---

❺❼　《佛性與般若》（上冊），頁 285—286。
❺❽　轉引自同上註，頁 287。

出分析：

　　　　無始時來界　　一切法等依
　　　　由此有諸趣　　及涅槃證得㊾

　　牟先生指出，《攝論》以偈中的「界」指阿賴耶識，而全偈的大意乃是說：阿賴耶識存在於久遠之時，它是一切法的存在依據。阿賴耶識既是一切法之依據，則它可生起迷染性的「諸趣」，亦可證得清淨性的涅槃。牟先生認為這裏有需要進一步交待的地方，他說：

> 但無論誰譯，原論實是以阿賴耶識為所依止，又以此阿賴耶識同於《解深密經》之阿陀那識。故於所引《阿毘達摩大乘經》偈中「無始時來界」一語中之「界」字即以阿賴耶識或阿陀那當之。……又依《阿毘達摩大乘經》偈及《解深密經》偈，此識又俱名種子識。是則阿賴耶或阿陀那根本是生死流轉之因，雖於餘處一般說為無覆無記，然其體性本是染污。……是則就《攝論》而言，阿賴耶識為執持識，為染污識，為種子識，為生死因，本甚明顯。㊿

　　依《攝論》，阿賴耶識亦即是《解深密經》所說的阿陀那識，

㊾　轉引自同上註，頁 288—289。
㊿　同上註，頁 290。

⓺其本性爲染污。阿賴耶識既以染污爲性，則似乎只可說它生「有諸趣」，而不能說「有涅槃證得」。針對這個問題，牟先生有如下的疏解：

> 此中兩「有」字不能爲同一意義。前「有」字是直接地順承而有，順承識體之本迷，故有生死流轉一切雜染品法也。然而後句之「有」字則不是直接地順承而有。吾人不能說由阿賴耶緣起可以直接地順承地緣起「涅槃證得」中一切無漏功德法。……此有字是間接地曲折而有也。其爲間接或曲折之方式依唯識系統中之如何「轉識成智」而定。……此即示「涅槃證得」之正面直接根據乃在「聞熏習」，而不在阿賴耶識。依此，我們不能直接而順承地說「由阿賴耶識而有涅槃證得」。……此即吾所說的間接而曲折之方式。⓺

牟先生認爲「有諸趣」的「有」和「有涅槃證得」的「有」是不同方式的「有」。前一個「有」是直接地順承地有，意即順阿賴耶識可直接地生起一切生死流轉法；而後一個「有」是間接地曲折的「有」，意即阿賴耶識要通過「正聞熏習」，「轉識成智」後，才可證得涅槃。

但牟先生認爲眞諦對「有涅槃證得」的「有」字有不同的理解：

⓺　《解深密經》是瑜伽行學派的根本經籍，常被《攝論》所引用。經中以阿賴耶識爲生死輪迴的主體，是一切精神現象和物質現象的終極原因和根據。

⓺　《佛性與般若》（上冊），頁 290—291。

　　但人們……可視「由阿賴耶識而有涅槃證得」與「由阿賴耶
　　識而有諸趣」兩語中之「有」字爲同一意義，因此，可以同
　　一方式解之。此即示「諸趣」底直接而順承的根據固是阿賴
　　耶，而「涅槃證得」底直接而順承的根據亦在阿賴耶。此即
　　是眞諦之思路。[63]

　　眞諦以爲阿賴耶識可直接而順承地「有涅槃證得」，這理解與
牟先生對《攝論》「有」字的解釋不同。牟先生認爲眞諦之所以有
這理解，乃因眞諦以阿賴耶識是以覺解爲性的：

　　眞諦順《攝論》固須以阿賴耶充當「無始時來界」語中之「界」
　　字，但他對於阿賴耶卻有不同的解釋。他視阿賴耶不但爲「流
　　轉」之因，且亦爲「還滅」之因。他說阿賴耶是「以解爲性」
　　（此即所謂「解性賴耶」）。如是，則不是以迷染爲性。其
　　迷染而爲「流轉」之因，只是其在纏而不覺。但其本身卻是
　　清淨的，有覺解性的。是則其爲「流轉」之因只是流轉雜染
　　法之憑依因，而不是其生因。其爲「還滅」之因倒是無漏清
　　淨法之直接的生因。此則便成另一系統。此則當然不合《攝
　　論》之原義。[64]

　　據牟先生的解說，眞諦是以阿賴耶識爲「還滅法」之生因，可

---

[63]　同上註，頁291。
[64]　同上註，頁291。

是這理解並不是《攝論》的原義，而是真諦因受到《勝鬘經》的影響而有的看法。⑥车先生引用了真諦所譯世親《攝大乘論釋》的一節話來支持他的見解：

> 釋曰：今欲引阿含證阿黎耶識體及名。阿含謂《大乘阿毘達磨》。此中佛世尊說偈。此即此阿黎耶識界以解爲性。此界有五義：
>
> 一、體類義。一切眾生不出此體類。由此體類，眾生不異。
>
> 二、因義。一切聖人法四念處等緣此界生故。
>
> 三、生義。一切聖人所得法身，由信樂此界法門故，得成就。
>
> 四、真實義。在世間不破，出世間亦不盡。
>
> 五、藏義。若應此法自性善故，成內若外。此法雖復相應，則成穀（殼）故。⑥
>
> 約此界，佛世尊說：「比丘！眾生初際不可了達。無明爲蓋，貪愛所縛。或流或接。有時泥黎耶（地獄），有時畜生，有時鬼道，有時阿修羅道，有時人道，有時天道。比丘，汝等如此長時受苦，增益貪愛，恆受血滴。」由此證故，知「無始時」。如經言：「世尊！此識界是依是持是處，恆相應及不相離不捨智無爲恆伽沙等數諸佛功德。世尊！非相應、相

---

⑥　《勝鬘經》乃是真心學說的基要典籍，它除了說到如來藏是永恆不變和具足一切功德的特性外，亦說到如來藏是有爲法的存在依據，是眾生厭棄生死之苦，樂求涅槃的原動力。

⑥　該句原文爲「則成穀故」，見《大正藏》卷31，頁156下。车先生認爲「穀」字應爲「殼」字。

離、捨智有爲諸法是依是持是處。」故言「一切法依止」。
如經言：「世尊！若如來藏有，由不了故，可言生死是有。」
故言「若有諸道有。」如經言：「世尊！若如來藏非有，於
苦無厭惡，於涅槃無欲樂願。」故言「及有得涅槃」。**⑥⑦**

　　牟先生指出這段話並不見於玄奘的譯本，**⑥⑧**故可知是眞諦加上
去的。眞諦在譯文中把阿賴耶識說成爲「一切聖人法」之因，能成
就「一切聖人所得法身」，可見眞諦以爲阿賴耶識是有覺解性的。
牟先生又指出，眞諦繼而舉引的證文乃是出自如來藏經典《勝鬘經》
的。據《勝鬘經》，眾生皆具有自性清淨的如來藏眞心，所以能厭
棄生死之苦，樂求涅槃之樂。亦因眾生皆有如來藏眞心，眞諦才可
說阿賴耶識能直接地順承地有涅槃證得。眞諦既引《勝鬘經》的話
來解釋《攝論》，可見他是受到《勝鬘經》對如來藏看法的影響：

　　此釋文，前半部釋界字之五義及引經證悉爲眞諦所增加……
　　彼釋「界」字之五義全就「如來藏自性清淨心」說阿黎耶識，
　　故視阿黎耶識「以解爲性」。此全從正面覺解性體（自性清
　　淨）說阿黎耶，此與《攝論》及世親之唯識論說「賴耶唯妄」
　　者異也。其所引經證大體俱是《勝鬘夫人經》語。而《勝鬘
　　經》卻正是以「如來藏自性清淨心」爲依止，並非以阿賴耶

---

⑥⑦　轉引自《佛性與般若》（上冊），頁 292—293 。
⑥⑧　其實這段話也不見於達摩笈多（?—619）的另一譯本，所以牟先生可以肯
　　　定地說這段話是眞諦加上去的。

為依止。❻❾

　　牟先生指出眞諦所增益的「界」字五義，和對《攝論》所引《阿毘達摩大乘經》一偈的理解，皆是本於《勝鬘經》而來，所以牟先生便認為眞諦是以眞心思想為本，並且其思想進路與《攝論》的不同：

　　　　眞諦傳《攝大乘論》對於這個「界」的解釋不大合乎《攝大乘論》的本義。……他喜歡講如來藏系統，所以不大合乎無著、世親的意思。❼⓿

　　眞諦的思想向眞心趨，除了可從他對阿賴耶識的理解看出來外，亦可從他對「轉依」的解說看出來。眞諦對轉依的理解，可從兩方面說：第一，眞諦以「轉依」為「聞熏習與解性和合」。第二，眞諦在八識之外，另立一以清淨為性的阿摩羅識，並以「轉依」為「滅阿賴耶識證阿摩羅識」。

　　就第一點，牟先生指出眞諦在譯《攝大乘論釋》時，用「聖人依者，聞熏習與解性和合」來形容「轉依」。此語不見於玄奘之譯本，亦不合《攝論》之原義，故牟先生認為它是眞諦加上去的。牟先生說：

---

❻❾　《佛性與般若》（上冊），頁 293。
❼⓿　《四因說演講錄》，頁 226。

　　……玄奘所譯世親釋文無「聞熏習與解性和合」之語，……
此語當是眞諦之所加。《攝論》本身亦無此義。依《攝論》，
只說捨染種所依之阿賴耶識而轉得淨種所依之法身。淨種是
出世淨心之種子，亦是法身之種子，爲法身所攝屬，與法身
爲同一流類，不與阿賴耶識爲同一流類（非阿賴耶識性），
是故當轉依時，它即依法身，不復再依異熟果識。異熟果識，
眞諦名曰「凡夫依」。法身，眞諦名曰「聖人依」。**❼**

　　據《攝論》，「轉依」乃是指通過正聞熏習，捨染種所依的阿
賴耶識（異熟果識），而轉得淨種所依的法身。換言之，「轉依」
即是由以阿賴耶爲存在所依，轉到以法身爲存在所依。眞諦把阿賴
耶依稱爲「凡夫依」，把法身依稱爲·聖人依」，又把「轉依」說
成是「聞熏習與解性和合」，牟先生認爲眞諦對「轉依」的解釋是
瑜伽行教學觀念的重大改變：

　　……說「聖人依者，聞熏習與解性和合」，此一增益之意解
所關甚大。蓋眞諦本是把作爲「無始時來界」的阿賴耶識視
爲「以解爲性」的，他是以《勝鬘夫人經》的「如來藏自性
清淨心」說此「界」。此與《攝論》不合。這無形中把《攝
論》系統改轉爲《起信論》系統。阿賴耶「以解爲性」，這
個「解性」是它的「超越的性」。當它在纏時，它是迷染的。
這迷染性不是它的超越的自性，乃是它的客性（暫寄的後天

---

❼　《佛性與般若》（上冊），頁308。

性）。故當通過正聞熏習而得轉依時，它恢復了它的超越的
自性（解性）。當其在纏時，吾人就其迷染之客性（不染而
染）而名之曰阿賴耶識。當其出纏時，吾人就其超越的自性
而名之曰「如來藏自性清淨心」，此時它只是一「解性」呈
現，它就是法身——聖人依。故眞諦說：「聖人依者，聞熏
習與解性和合」。此一解說完全與《攝論》本義不合。**⓻**

　　牟先生首先指出，眞諦以阿賴耶識的本性爲清淨，而以迷染爲
阿賴耶識的客性。阿賴耶識的本性既爲清淨，則正聞熏習的目的便
不是捨阿賴耶識，而是令阿賴耶識的清淨本性顯露出來。牟先生繼
之指出，依眞諦的思路，阿賴耶識乃是眞心在纏時的稱呼，而在其
出纏時，則可稱之爲「如來藏自性清淨心」。最後，牟先生表示眞
諦這種理解是與《攝論》的原義不合的，因爲若按眞諦的看法，以
妄心爲本的《攝論》系統將會變成以眞心爲本的另一系統：

　　　　《攝論》……是典型的妄心派。眞諦本人的思想是嚮往眞心
　　　派的。他雖講《攝論》，因而在當時遂被稱曰攝論師，然而
　　　他卻是以眞心派的如來藏自性清淨心主體解《攝論》的阿賴
　　　耶主體的。這是兩派的混擾，對《攝論》而言爲攪亂。**⓼**

　　《攝論》是妄心派，但眞諦卻以眞心派的思想來解釋，所以牟

⓻　同上註，頁 308—309。
⓼　同上註，頁 310。

先生認爲眞諦對《攝論》理解乃是一種「攪亂」。

就第二點來說，牟先生指出，眞諦在翻譯《決定藏論》時，**❼❹**把「轉依」譯作「滅阿賴耶識證阿摩羅識」：

> 於他處，凡到言「轉依」時，眞諦則把此「轉依」拆爲滅阿賴耶識證阿摩羅識，如是遂轉八識爲九識。**❼❺**

眞諦對「轉依」的翻譯並不見於玄奘對同論的翻譯，牟先生把二人的譯文作了比較，眞諦的譯文是：

> 一切行種煩惱攝者，聚在阿羅耶識中。得眞如境智，增上行故，修習行故，斷阿羅耶識，即轉凡夫性，捨凡夫法，阿羅耶識滅。此識滅故，一切煩惱滅。
>
> 阿羅耶識對治故，證阿摩羅識。
>
> 阿羅耶識是無常，是有漏法；阿摩羅識是常，是無漏法。得眞如境道故，證阿摩羅識。
>
> ……
>
> 阿羅耶識而是一切煩惱根本，不爲聖道而作根本。阿摩羅識亦復不爲煩惱根本，但爲聖道得道得作根本。阿摩羅識作聖道依因，不作生因。**❼❻**

---

❼❹　《決定藏論》共三卷，即《瑜伽師地論》〈攝決擇分〉的別本。

❼❺　《佛性與般若》（上冊），頁349。

❼❻　轉引自同上註，頁349—350。

玄奘的譯文則是：

> 復次，修觀行者，以阿賴耶識是一切戲論所攝諸行「界」故，
> 略彼諸行於阿賴耶識中總爲一團一積一聚。爲一聚已，由緣
> 眞如境智、修習多修習故，而得轉依。轉依無間，當言已斷
> 一切雜染。當知轉依，由相違故，能永對治阿賴耶識。
> 又，阿賴耶識體是無常，有取受性。轉依是常，無取受性。
> 緣眞如境聖道，方能轉依故。
> ……
> 又，阿賴耶識是煩惱轉因，聖道不轉因。轉依是煩惱不轉因，
> 聖道轉因。（案此「轉」是轉現義。）應知但是建立因性，非
> 生因性。❼❼

　　眞諦譯本所說的阿羅耶識即是阿賴耶識，它與玄奘譯本一樣，
以阿賴耶識爲一切生死雜染法之依止，亦以轉依爲可通過修習而成
就者。但眞諦的譯本卻多了「阿羅耶識對治故，證阿摩羅識」一語，
又玄奘譯爲「轉依」的地方，眞諦都譯作阿摩羅識，如是，眞諦便
把瑜伽行學的八識系統轉成爲九識系統，並且以最根本的第九阿摩
羅識爲常，爲無漏。依牟先生·眞諦所作的這些增益，對瑜伽行教
學有很大的影響：

> 「轉依」是虛述語，即轉「一切法等依」之阿賴耶識也。嚴

---

❼❼　轉引自同上註，頁 351。

> 格言之，當該是轉一切法之種子（不管是染種或淨種）之所
> 依止者——阿賴耶識。阿摩羅識是實體字，把那虛述語直實
> 之以轉滅阿賴耶識而證阿摩羅識。好像如此坐實無大關係，
> 其實影響甚大。**⓺**

據牟先生，「轉依」乃是一虛述語，是形容種子改變其依止的
整個過程。但眞諦改之以「阿摩羅識」，則把虛述語變成實體字。
牟先生認爲眞諦的改動使《決定藏論》中所說「作聖道依因，不作
生因」的話難於解釋。依玄奘譯本，此話在原文的主語當爲「轉依」，
而不是「阿摩羅識」，牟先生說：

> 玄奘譯爲「轉依」，就此而言「但是聖道之建立因性，非生
> 因性」，應知這乃是以妄心派爲背景的。在妄心派，正聞熏
> 習既是客，從「最清淨法界之等流」而生，則此虛述語之「轉
> 依」自不是正聞熏習所類屬之聖道之「生因」。**⓻**

在妄心系統中，說「轉依」是聖道的憑「依」因，而不是「生」
因，是說得通的，但在眞諦的思想中，說「阿摩羅識」是「聖道依
因」則有問題：

> 既譯「轉依」爲阿摩羅識，則於阿摩羅識如何又能說其只「作

⓺ 同上註，頁 350—351。
⓻ 同上註，頁 353。

聖道依因，不作生因」？眞諦言阿摩羅識大體雖由還滅工夫
所證顯者而言，然若此第九識不是始起，而是本有（若非本
有則不得是常），又若此第九識即「是自性清淨心，但爲客
塵所污，故名不淨」（見下《十八空論》）則它不是聖道之
依因（建立因或憑依因），⑩而且亦即是其生因……蓋既是
自性清淨心，雖爲客塵所染，亦自有一種能生聖道之力量。
通過工夫而去客塵，此工夫只是助緣。塵染一去，其自身即
是聖道之直接生因。而且即此去客塵之工夫，雖有賴於外緣
之引起，而其本質的內因還是在此「自性清淨心」本身。若
內部全無一種發自眞常心之推動力，則全靠外力必是扶得東
來西又倒，終不得大覺，⑪

　　從眞諦於《決定藏論》的譯文中形容阿摩羅識是常，又在《十
八空論》中稱第九識爲「自性清淨心」，可見眞諦說的阿摩羅識乃
是眾生所本有的清淨眞心。清淨眞心自身有生起聖道之能力，縱然
它爲客塵所染，需要外在的去客塵工夫才能生起聖道，但這些工夫
只是外緣，生起聖道的主要動力還是來自阿摩羅識自身。既然眞諦
以阿摩羅識爲自性清淨心，又怎可說它只「作聖道依因，不作生因」

---

⑩　牟先生在《佛性與般若》一書討論到眞諦的《十八空論》時，說眞諦以阿
　　摩羅識爲自性清淨心。牟先生亦引用了眞諦的《十八空論》來證明他的看
　　法。《十八空論》云：「阿摩羅識是自性清淨心。但爲客塵所污，故名不
　　淨。客塵盡故，立爲淨。」（轉引自同上註，頁 385）有關《十八空論》
　　的背景，請參本章註⑧。
⑪　同上註，頁 352—353。

呢？

　　牟先生一再強調，眞諦思想是屬於眞心系統的，所以其所說的阿摩羅識應是聖道之生因，而不是憑依因：

> 若以「阿摩羅識──自性清淨心」爲主體，以虛妄熏習爲客塵，則明是眞心派。既是眞心派，不得復言此眞心只「作聖道依因，不作生因」。⑧

　　就此，牟先生進而把眞諦的眞心系統與玄奘的妄心系統的法身觀作出比較。牟先生指出妄心系統所說的法身不能作爲聖道的生因：

> 因爲法身是所證顯而修至者……依眞如空理而加行以致於證得法身，這開始由正聞熏習而來之加行以及數數加行中之一切清淨法不能說是由所證得之法身而生起，以法身爲其生因，因爲這樣便成循環論證。而且在加行中法身並未出現，何由得爲加行中清淨法之生因？⑧

　　在妄心系統中，法身是通過正聞熏習，修習聖道所證得的，若說法身是聖道的生因，則法身便既是聖道的結果，又是聖道的原因，如此，則成一循環論證。此外，在修習聖道前，法身還未顯現，所以它根本不可能成爲清淨法的生因。

---

⑧　同上註，頁 353。
⑧　同上註，頁 353—354。

　　據牟先生的解說，在妄心系統中，法身是不可能爲聖道的生因的，但依眞諦的眞心系統，法身卻可以是聖道的生因，牟先生解釋說：

　　　　若依眞諦，此法身即是如來藏自性清淨心。在纏名如來藏，出纏名法身。它既是自性清淨心，它自本具無量無漏功德，因而亦自能爲功德法之生因。通過加行工夫，只把它連同其本具之功德法顯現出來而已。此亦可說即工夫即本體。而同時即此加行亦以此自性清淨心之解性（亦就是本覺性）爲内在的主要動力，並非完全自聞熏習決定或引起也。此亦可說即本體即工夫。如此，則法身不但是常，而且亦是本有，它自可爲一切聖道之生因。❽❹

　　據牟先生，眞諦以法身爲如來藏自性清淨心。此心在纏時名如來藏，出纏時名法身。法身既是自性清淨心，所以可生起一切清淨法，而一切修行工夫，亦只不過是把其本具的一切功德顯現出來而已。就此，可說工夫即本體。而一切修行的工夫又需要以法身本有之覺性爲動力，就此，可說本體即工夫。在牟先生眼中，眞諦所理解的法身既有以上的特性，則當然可視之爲聖道之生因。

　　眞諦對轉依的了解，不論是在《攝大乘論釋》中說的「聖人依者，聞熏習與解性和合」，還是在《決定藏論》中說的「阿摩羅識」，都滲入了眞心思想，用眞心思想來解說妄心系統的瑜伽行學，在牟

---

❽❹　同上註，頁 354—355。

先生看來，是一種剌謬：

> 眞諦譯瑜伽行系之論典，而又依眞心派之思路，益之以眞心
> 系之義理，故顯出剌謬也。⑧

　　眞諦之所以用眞心思想來詮釋瑜伽行學，除了因他受到《勝鬘
經》的影響外，其實亦有瑜伽行教學的背景。瑜伽行學的始祖彌勒
便在其著作中透露了他的眞心思想。就此，牟先生引用了彌勒《辨
中邊論頌》的「非染非不染，非淨非不淨。心性本淨故，由客塵所
染」一頌來說明。⑧彌勒的頌語中提到「心性本淨」，牟先生認爲
此頌是系統分歧的關鍵所在：

> ……「非染非不染，非淨非不淨。心性本淨故，由客塵所染。」
> 此一頌非常重要，它是系統分歧的關鍵所在。如果「心性本
> 淨」就是「自性清淨心」，而爲「客塵所染」，則成「眞心
> 爲主虛妄是客」之眞心派。（眞諦譯則爲「心本清淨故，煩
> 惱客塵故」。語意同。）……眞諦譯文逕直地即是「心本清
> 淨」。是則「心性本淨」就是「自性清淨心」，同於「心本
> 清淨」。眞諦意識到此中的分歧，故總想向眞心派走。彌勒
> 雖說此頌，恐未意識到此中可能有的分歧。無著世親繼之前
> 進，亦始終未把此頌凸出，使之成爲一領導原則，而成爲眞
> 心派。至無著世親顯明地成爲妄心派時，此頌便成爲無關緊

---

⑧　同上註，頁 355。

⑧　《辨中邊論頌》其實是玄奘對世親《辨中邊論》中所記，彌勒頌語的翻譯。

要的了。⑧⑦

　　真諦在《十八空論》中，⑧⑧譯「心性本淨」爲「心本清淨」，⑧⑨可見他是以真心思想來解釋此頌的。牟先生認爲如此解釋並無不可。依此解釋，瑜伽行學便應向真心系統發展。可是，牟先生指出彌勒並沒有意識到此頌可引至真心與妄心兩個不同系統的可能，以致真諦向真心系統發展，而無著和世親則向妄心系統發展。而當無著和世親的妄心系統後來發展成瑜伽行學的主流時，彌勒思想中有向真心系統趨的可能便被忽視了。牟先生又說：

> 此亦示彌勒尚有「自性清淨心」義，然未能決定表現出《辨中邊頌》之唯識學規模究是阿賴耶中心，抑是真常心（如來藏自性清淨心）中心。此由於開端而然也。至後來無著世親自己造論則顯然明確地成爲以阿賴耶爲中心——妄心是主，正聞熏習是客，而不復言「如來藏自性清淨心」矣。然則真

---

⑧⑦　《佛性與般若》（上冊），頁 376。

⑧⑧　世親的《辨中邊論》除了記載彌勒的頌語外，亦有對之作出疏解，但由於其解說頗爲簡單，真諦便較詳細地解釋頌語中討論「空」的部份，這些解釋便是《十八空論》。

⑧⑨　真諦對該頌的翻譯是：「不染非不染，非淨非不淨。心本清淨故，煩惱客塵故。」牟先生認爲真諦之翻譯乃是據《勝鬘經》的思想而來，所以「心本清淨」乃是指如來藏自性清淨心：「此頌顯然由《勝鬘經》之『不染而染』而來。吾人可視此兩譯爲同一意指，無語意之分歧。此即示無論『心性本淨』或『心本清淨』皆同於『如來藏自性清淨心』也。」（《佛性與般若》〔上冊〕，頁 384。）

諦卻總是向以「如來藏自性清淨心」為中心一路走。❾⓪

由於彌勒思想中，有以本心為「自性清淨心」的傾向，所以，依牟先生，真諦之趨向真心系統並不是一偶然的事，而是有瑜伽行學的背景的。

正由於瑜伽行教學內部提供了向真心系統走的可能，所以牟先生在論到彌勒的《大乘莊嚴經論頌》時，便特別對《頌》中「一切無別故，得如清淨故，故說諸眾生，名為如來藏。」一偈，作如下的發揮：

> 但在彌勒頌中明說「自性清淨心」，明說「一切無別故（眾生諸佛等無差別），得如清淨故（得清淨如以為自性），故說諸眾生名為如來藏」。既如此，而「自性清淨心」卻不得成為主體，豈得為的當乎？……是故依此等名言，向真心系統走，乃名正言順者。後來無著世親歸於妄心系統不得不謂之為歧出。❾①

牟先生指出偈中提到眾生「得如清淨」，「名為如來藏」，可見彌勒是以自性清淨心為主體的，所以向真心系統走，乃是瑜伽行學應有的發展。換言之，真諦向真心系統趨乃是瑜伽行學正確的發展方向，而無著、世親向妄心系統走反而是瑜伽行學的歧出。牟先

---

❾⓪　同上註，頁 384。
❾①　同上註，頁 391─392。

生又繼續說：

> 是則彌勒開端，無著世親不得謂之善紹（至少不是唯一的紹
> 述），眞諦之紹述亦不得謂其爲無根也。㊒

據牟先生，依彌勒的思想，向眞心系統發展乃是當然的事，所
以眞諦以眞心思想來詮釋瑜伽行經論，是有其思想根據的。

眞諦的思想向眞心系統趨，而《攝論》的思想卻是屬妄心系統
的，牟先生認爲天台宗之判教未能正視有眞、妄兩系統同時存在的
事實，而籠統地把二者一同判爲別教，㊓是有所不足的：

> 天台智者大師……只將《地論》師《攝論》師所傳者一律判
> 爲別教，而未能區別眞妄心兩系統之不同，此因眞諦傳《攝
> 論》即渾淪不分也。但彼又言《地論》師主「眞如依持」，

㊒　同上註，頁 392。

㊓　天台宗的創立人智顗（538—597）在說到別教時，常常把眞心思想和妄心
　　思想並舉，如他在《法華玄義》中說：「諸論明心出一切法不同，或言阿
　　黎耶是眞識，出一切法；或言阿黎耶是無沒識，無記無明，出一切法。」
　　（《大正藏》卷 33，頁 699 下。）上引文一方面以阿黎耶識爲清淨的「眞
　　識」，另一方面又以阿黎耶識爲具無明性質的「無沒識」。又如在《摩訶
　　止觀》中，智顗說：「（別教）教門方便，或言無明生一切法，或言法性
　　生一切法，或言緣修顯眞修，或言眞自顯。」（《大正藏》卷 46，頁 29
　　中。）上引文一方面以「無明生一切法」，以外緣熏習爲獲得解脫之修行
　　法門；另一方面又以「法性生一切法」，以如來藏眞心的自我顯發爲獲得
　　解脫之修行法門。由是觀之，智顗並沒有區分妄心思想和眞心思想之不同。

《攝論》師主「黎耶依持」。其實《攝論》與《攝論》師不同。《攝論》本身是「黎耶依持」，而《攝論師》眞諦卻是主「眞如依持」者。以有兩依持故，彼似亦見及眞心妄心兩系統之不同。唯不甚能正視之耳。……但亦同樣視之爲別教。今依華嚴宗所言之始教與終教，將天台宗所說之別教，就眞心與妄心兩系統而分之，分之爲始別教與終別教。**❾❹**

又說：

賴耶緣起系統不能眞至無量四諦，雖向此趨而不能至。因此，此一系統只可算是大乘始教。若依天台判教說，它當屬於始別教。天台智者大師說它是「界外一途法門」，「恐此猶是方便，從如來藏中開出耳。」（見《法華玄義》卷第五下，論別教三法處）。說它是「界外」，故列之於別教，實則是向界外無量四諦趨，而未能至，故只好視之爲始別教。**❾❺**

牟先生指出，天台宗智顗 (538—597) 所說的別教其實包括了眞心和妄心兩個思想系統，這是因爲他雖察覺到「眞如依持」和「黎耶依持」的不同，但卻未能正視眞心思想和妄心思想之不同，以致把這兩個系統一同判之爲別教。牟先生把天台宗和華嚴宗的判教思想結合，判以妄心思想爲主的瑜伽行教學爲別教之「始」，判發揚

---

❾❹ 《佛性與般若》，頁 281。
❾❺ 同上註，頁 431。

眞心思想的教學爲別教之「終」。❾❻此外，據智顗的判教說，賴耶
緣起系統爲別教，是因爲它對一切法有進至界外的說明。但牟先生
指出，賴耶緣起系統只是向界外的無量四諦趨，而不能至，所以只
能算是別教之「始」，故判之爲「始別教」，牟先生對「始別教」
之判釋，不單準確地顯示了瑜伽行教學在佛教教學中的位置，亦劃
分了眞心思想和妄心思想之不同。

---

❾❻　華嚴宗判三論宗教學和瑜伽行教學爲大乘始教，又判發揚眞心思想的教學
　　爲大乘終教。

第四章　眞心思想與《大乘起信論》

一、眞心觀念之必須

　　以眾生皆有佛性，並以之爲眾生成佛超越根據的如來藏眞心教學，雖然在印度沒有受到太大的重視，但因它跟中觀和瑜伽行教學的形態迥異，故前人常把它跟中觀教學和瑜伽行教學並舉，甚至視之爲大乘佛學的主流。❶牟先生對眞心思想有很高的評價，認爲它是屬妄心思想的瑜伽行教學的進一步發展。事實上，瑜伽行教學在傳入中國後，便出現了向眞心思想趨的地論師和攝論師的教學，牟先生認爲這發展是必然的，因爲瑜伽行教學沒有爲清淨功德法的根源作出圓滿的交待：

> 依唯識宗，一切法根源於阿賴耶識，依止於阿賴耶識；然而阿賴耶只是虛妄的識心，所以順著阿賴耶識下來，只能說明一切法的生死流轉，而生死流轉即是生滅法。但是一切法不只是生死流轉的染污法，還有清淨的功德法。如此一來，我

---

❶　正因如來藏眞心思想在印度的發展並不興旺，所以有些學者認爲印度的大乘佛教只有中觀和瑜伽行兩個主要學派。

們可以追問唯識宗，清淨功德法的根源又是什麼呢？亦即我
們如何說明一切清淨法的依止問題呢？

當然唯識宗可以說清淨功德法是由「無漏種」而來……
……然而，無漏種既是由後天正聞熏習而成，則眾生賴以成
佛的根據亦必落入後天的、經驗的，既是後天經驗的，則此
成佛的根據無必然的保障。因為眾生所以能成佛，不僅要靠
後天熏習，而且要碰機會，那麼何時能證道成佛，根本無法
肯定。如此一來，以無漏種作為成佛的根據，則顯力量不夠。
順此問題，必然要往前推進一步，尋找一先天的根據，而且是
超越的（transcendental）而非經驗的根據；亦即必然要逼顯出
「如來藏自性清淨心」，才能徹底解決成佛的根據問題。❷

瑜伽行教學以妄染的阿賴耶識為一切法之依止，所以只能說明
生死染污法的生起，而不能說明還滅清淨法的生起。瑜伽行教學雖
然嘗試借助無漏種的觀念來說明還滅之所以可能，但無漏種須依賴
正聞熏習才能產生，而眾生能否聽聞聖教，完全是偶然的事，所以
正聞熏習便無必然性。如是，眾生能否還滅成佛亦無必然之保證。
為了解決以上的問題，必須往前推進，逼出真心的觀念，而此真心
又必須是先天的，本性清淨的，因只有如此，它才能作為眾生成佛
的超越根據。

此外，牟先生又從真心思想和妄心思想所達至的不同境界，來
說明真心思想是妄心思想繼續發展之所趨。所謂不同的境界，乃是

---

❷ 《中國哲學十九講》，頁284—285。

指妄心思想只能至「三乘究竟」，而眞心思想則能至「一乘究竟」：

> ……（妄心系統）主張正聞熏習是客，即，是經驗的，這便使「涅槃還滅」無必然可能底超越根據。……因此，此一系統必主「三乘究竟」。這還是就經驗地可向「還滅」這一方向走而籠統地概略地如此說。若「還滅」只依靠於經驗的熏習，則是否能終於走向「還滅」一路亦成問題。因爲正聞熏習是靠「聞他言音」而成，而聞到聞不到，這是全無定準的。就此而言，連三乘究竟亦不可得而必。
>
> ……
>
> 無限心，就佛家說，就是如來藏自性清淨心──眞常心。此一概念是就「如來藏恆沙佛法佛性」而說的。……既是「恆沙佛法佛性」，則佛性必具有無量法門，而佛性即無限心也。有了作爲佛性的無限心，成佛始有必然的根據，始可說「一乘究竟」❸

　　「三乘」是指聲聞乘、緣覺乘、菩薩乘，「一乘」是指佛乘，「究竟」即是最終的目的。由於妄心系統沒有提供眾生能夠成佛的超越根據，所以只能達至「三乘究竟」。而且要是眾生最終沒有得聞聖教，則「三乘究竟」也不能至。但眞心系統所倡說的如來藏眞心是具足無量清淨法門，是一「無限心」。眾生有「無限心」，成佛便有必然性，能達至「一乘究竟」。由於「三乘究竟」以三乘爲

---

❸　《佛性與般若》（上冊），頁430。

最終目的，所以它不是究竟的，故有繼續發展，並進至「一乘究竟」
的必要。

　　正由於眞心是眾生成佛的超越根據，爲「一乘究竟」提供了保
證，所以牟先生對眞心思想有很高的評價：

> 性宗（眞常唯心）可說是中國佛教之所創，而亦是大乘佛教
> 發展之自然之趨勢。中國佛教即居於此巔峰而立言，故亦可
> 說超過印度原有之佛學傳統。❹

　　牟先生認爲眞心思想（性宗）的出現是大乘佛教發展的自然趨
勢，它特別受到中國人的接受，所以能在中國發展至巔峰。牟先生
就此指出，眞心思想在中國的發展是中國佛學超越印度原有佛學傳
統的一種表現。

二、眞心思想在中國流行的原因和《起信論》的作者

　　就歷史發展而言，眞心思想的出現要比妄心思想爲早，但牟先
生從義理角度出發，以眞心思想爲妄心思想之歸向。此外，牟先生
又指出，雖然眞心思想要比妄心思想成熟，但發揚眞心思想的眞常
經在印度並沒有受到應有的重視。然而，眞常經傳到中國後，卻爲

---

❹　牟宗三：《心體與性體》（第一冊）（台北：正中書局，1991 年），頁
　　579。

中國人所注意與接受。牟先生對這情況有如下的理解：

> 其實，學佛的人，是應當多讀經的。因為經是佛所說的，經所代表的是具體、活潑、舒朗而開擴的心胸；而論則是菩薩所造，目的在於闡明佛經之義理，故理論性較強。❺
>
> 在印度晚期雖出現真常經，然卻沒有造出論來，也因為沒有論典，所以不為一般重視理論性推理的人所注意。可是佛教傳到中國來之後，許是中國人的智慧高，也可能是中國人對於理論性的興趣不很高，雖然也可以讀論，然興趣卻不在論上。……所以就宗教的興趣而言，則是重經不重論。中國人這種態度是對的，而且也是應當的。……也由於中國人的這種心態，吸收佛教以後，一直都是重視經典，主張直接讀佛經。所以真常系的思想，雖然沒有什麼論典，傳入中國之後，卻最能為中國人所接受。❻

據牟先生，經所闡釋的是具體的佛的教導，而論則是解釋經的，所以理論性強。由於真常經的論典較少，故不為重視理論性推理的印度人所注意。❼可是，中國人對理論的興趣不高，分析性也不強，所以中國人一直都重視經，也因此，真心思想雖缺乏論典，卻也為

---

❺　《中國哲學十九講》，頁 287。

❻　同上註，頁 288—289。

❼　其實真常經並非沒有論典，釋恆清在《佛性思想》中，便以牟先生的理解為不當。他指出，《寶性論》和《佛性論》都是真常系思想中的重要論典。

中國人所接受。

此外，牟先生又指出，中國人之所以特別重視眞常經，乃因它們所闡發的眞心思想跟儒家所倡說的道德心近似：

> 自性清淨心，用康德的話說是超越的心。孟子說四端之心，就是超越意義的心。❽

又說：

> 中國人之所以特別喜歡眞常經，也是有緣故的，因爲眞常經所蘊含的義理，很合乎中國人的心態。中國人對於眞常經所主張之「一切眾生悉有佛性」或「一切眾生皆可成佛」的思想，很容易了解，因爲孟子一開始即強調「人人皆可以爲堯舜」，同時更指出「人人皆有聖性」。……如果我們將「佛性」類比於「聖性」，則人人悉有佛性之「佛性」，亦不單單屬於佛一個人之性，而是成佛所以可能之根據。由於此種心態之相類似，所以中國人較欣賞印度後期發展出來的眞常經；也因此，如來藏眞常經的思想，在中國產生很大的影響。❾

眞常經以清淨的眞心爲一切眾生本有的佛性，爲眾生成佛之所以可能的根據，這與儒家之主張人人悉有聖性，皆可以爲堯舜的思

---

❽ 《四因說演講錄》，頁 214。
❾ 《中國哲學十九講》，頁 289。

想相類，故中國人特別喜歡以眞心思想爲主題的眞常經。

　　現存最早的眞常經爲《如來藏經》，此經在四世紀初已有漢譯本。是經把「如來藏」譬喻爲佛所變現的蓮花內的佛身，當蓮花萎謝，佛身便會顯現，可見如來藏是指眾生本具的清淨本心。以「如來藏」來稱呼眞心其實是眞常經常用的手法，譬如稍後出現的《勝鬘經》便說如來藏是常住不變，是眾生厭離生死之苦、樂求涅槃的原動力。而在五世紀中葉傳入中國的《楞伽經》更把如來藏觀念跟阿賴耶識觀念結合，以被「無始虛僞惡習」所熏的如來藏爲阿賴耶識，是一切不善法之因，而如來藏在受熏前的本性是清淨的，是一切善法之因。

　　六世紀中葉時，在中國出現了一部非常重要的眞常論典：《大乘起信論》（《起信論》）。此經出現後，旋即在地論師和攝論師之間廣泛流傳，加上其立論取向又與地論師和攝論師的教學進路相若，故在隋唐之際，便有以是書出自地論師之手的說法。❿由於《起信論》所發揚的眞心思想備受中國人的重視，所以它一直被譽爲是大乘佛學的「通論」。正因《起信論》在眞心教學中享有重要的地位，所以牟先生講述眞心思想時，便以它爲主要依據。

　　至於誰是《起信論》的作者，至今仍未有定案，但牟先生以《起信論》的陳義跟眞諦的思想吻合爲理由，斷定它爲眞諦的作品：

　　　　我用不著考據，就可以斷定這是眞諦法師做的。因爲《大乘

---

❿　《起信論》相傳爲馬鳴菩薩（100—約160）造，有眞諦和實叉難陀（652—710）
　　兩個譯本，但它是否有梵文原本，有沒有在印度流行過，至今仍是一個謎。
　　牟先生在討論《起信論》的思想時，所採用的爲眞諦的譯本。

起信論》是眞諦翻譯，假託馬鳴菩薩造，眞諦翻譯就是眞諦造的。當然也不是他一個人造，大體是集體創作，材料是眞諦找的。因爲《大乘起信論》那個系統就是眞諦所想的系統，就是想把如來藏自性淸淨心跟阿賴耶合在一起。❶

三、一心開二門

《起信論》以眞心爲大乘法的中心主題，它分開「法」和「義」兩方面來說明大乘法：

> 摩訶衍者，總說有二種。云何爲二？一者法，二者義。
> 所言法者，謂眾生心。是心則攝一切世間法出世間法。……
> 所言義者，則有三種。云何爲三？一者體大，謂一切法眞如平等不增減故；二者相大，謂如來藏具足無量性功德故；三者用大，能生一切世間出世間善因果故，一切諸佛本所乘故，一切菩薩皆乘此法到如來地故。❷

從「法」方面說，大乘即是「眾生心」，此心能統攝一切世間法及出世間法。從「義」方面說，大乘可分爲體大、用大、相大、三方面。牟先生解釋說：

---

❶　《四因說演講錄》，頁 226—227。
❷　轉引自《佛性與般若》（上冊），頁 454。

「體大」是指一切法底真如性說。此真如性平等不二，不增
不減。此真如性即真心之「真如相」也。真心體遍，故真如
性遍，遍一切處皆然，故云「體大」。「相大」是指此真心
法（如來藏）具足無量稱性功德說。「用大」是指此真心法
「能生一切世間出世間善因果」說……此真心法是成佛之內
在根據，不是外在地以正聞熏習為主因也。**⓭**

　　「體大」是指作為眾生心以致一切法的本性的真如性，它能遍
及一切處；「相大」是指真心本具的無量功德；「用大」是指真心
能生起一切善法的作用。牟先生強調《起信論》所說的真心是眾生
成佛的內在根據，所以眾生成佛並非以外在的正聞熏習為主因。

　　《起信論》繼而詳細申述「義」方面的「一心開二門」觀念：

　　　　顯示正義者，依一心有二種門。云何為二？一者心真如門，
　　　　二者心生滅門。是二種門皆各總攝一切法。此義云何？以是
　　　　二門不相離故。**⓮**

　　一心開二門，可說是《起信論》教說的綱領。一心是指眾生心，
它可就其自體開出心真如門，亦可就其相用開出心生滅門。關於二
門的關係，《起信論》說它們是「各總攝一切法」，是「不相離」
的，牟先生對此有如下的解釋：

⓭　同上註，頁 454。
⓮　轉引自同上註，頁 455。

　　一心雖開二門，然任一門皆可「各總攝一切法」。生滅門是
流轉地總攝一切法。真如門是還滅地總攝一切法。但「還滅」
是就生滅門所流轉地起現的一切法而還滅之，因而總攝之，
並不是有另一套法為其所總攝。……心真如即是心生滅法底
實相，並不是離開生滅法底空如性而別有一心真如也。分別
說，有二門。就二門不相離而說其各總攝一切法，則是圓融
地說。**⓯**

　　心真如門和心生滅門都能總攝一切法，不同處在於心真如門是
還滅地總攝一切法，而心生滅門是流轉地總攝一切法。又真如門之
還滅地總攝一切法，是還滅地總攝生滅門流轉地所起現的一切法，
而生滅門的實相（生滅法之空如無性）又即是真如門，所以說「二門
不相離」。

(1) 心真如門

　　《起信論》對心真如門有如下的形容：

　　心真如者，即是一法界大總相、法門體，所謂心性不生不滅。**⓰**

　　牟先生解釋說：

⓯　同上註，頁 455。
⓰　轉引自同上註，頁 455。

「一法界」者，統一切諸法而為一整一法類，就此整一法類而言「一整一法界」也。「界」底直接意思就是類義。⋯⋯統一切法類而為一完整的總法類就是一完整的總法界。但任一法類，當可以說一類一界時，就含有所以成類成界的原則，此原則就是類底因性，類底性，故「界」亦有因義，性義⋯⋯一切法依此因性，便成一完整的法界。各別的法類如此，總法類亦如此。總法類，總法界（一整一法界），其因性就是心真如之真心，此就是其「大總相」。「大總相」亦就是平等性（絕對普遍性）。「大」者相應總法界之總（整一）而言也。是故「心真如者即是一法界底大總相而且同時亦即是一切法門之體也。」每一法是一個門，故云「法門」。心真如是一切法門之體，此「體」是剋就空如性說，亦如言以空為性。心真如之真心就是一切法門之如性、真性、實相，而實相一相，所謂無相，故就如性、真性、實相，而說「體」，此體字是虛意的體，非有一實物曰體也。⋯⋯此作為「一法界」底「大總相」而且作為一切「法門」之「體」的「心真如」就是「不生不滅」的「心性」。「心性」者，即心之真如性（亦說「心真如相」）之性也。心真如性者，即是不起念而直證諸法無差別之如性之真常淨心也。❶

依牟先生，「一法界」的「界」字可有二種不同意思：「界」可以取「類」的意思，如是「一法界」即是說統合一切法而成的整

---

❶ 同上註，頁 457。

個法類。此外，「界」亦有因義、性義。如是「一法界」即是說一切法皆需依「界」這個因性才可成為一個完整的法類，而這個因性其實就是真如心。由於真如心又有無所不遍的特性，所以又可稱之為「大總相」。除此以外，真如心亦是一切法之「體」，而「體」是指以空為性的虛義的體，並不是說真有一實物曰「體」。換言之，真如心即是一切法的空如性。真如心既以空如為性，故它亦有「不生不滅」的特性。牟先生更表示這個「不生不滅」的真如心是「不起念而直證諸法無差別之如性之真常淨心」。

　　除了說「心真如門」是「一法界大總相法門體」、「不生不滅」外，《起信論》又說真如心有「空」與「不空」二義：

> 復次，此真如者，依言說分別，有二種義。云何為二？一者如實空，以能究竟顯實故；二者如實不空，以有自體具足無漏功德故。❶

牟先生解釋說：

> 空是遠離妄念所起的一切計執──差別相。不空是真心這個法體恆常不變，而且具足無量無漏性功德。緣起法無自性。但一切無自性的緣起法皆統屬於一真心，此真心為其體，則此真心即是有自性有自體的──此真心本身就是性就是體，因而這就是它的自性，它的自體。……它畢竟是一個實體性

---

❶　轉引自同上註，頁458。

的心。只有這樣的心始可說「有自體」。**⑲**

　　依牟先生的理解，真如心是「空」，乃因它空卻妄念所生起的一切計執；真如心是「不空」，乃因它的清淨本性不變，並且具足無量無漏功德，能統攝一切緣起法。就真如心統攝一切緣起法，為緣起法之體，牟先生說它是有自體有自性，是「一個實體性的心」。

　　真如心一方面是空，一方面又是不空，空不空合起來便是中道。牟先生說：

> 此真心一方既是空，一方又是不空，空與不空融而為一，此即是中道。此中道是就空不空的真心說。天台宗有所謂「但中」與「不但中」之說，「但中」即指此「空而又不空」的真心說。「但中」者，意即只是分解地說的真心這個中理（一切眾生皆本有這個真心中理），但此真心中理卻並不性具一切法，乃只是隨緣而起現一切法，因此，這個真心中理其本身便成寡頭的「但中」之理，尚不是「圓中」也。圓中即「不但中」。**⑳**

　　牟先生依天台宗的說法，把真如心所顯示的「中道」義說為是「但中」，**㉑**理由是它只隨緣而起現一切法，而非性具一切法。關

---

⑲　同上註，頁 459。
⑳　同上註，頁 459。
㉑　「但中」與「不但中」的觀念來自天台宗。「不但中」是指天台圓教即空即假即中的中道觀。而「但中」乃是指別教（真心系統）空、假、中隔別不即的中道觀。

於眞如心隨緣起現一切法，牟先生有如下的評述：

> 如來藏眞心「隨緣不變不變隨緣」之緣起並不是實體性的實
> 有之本體論的生起。它是通過無明妄念（阿賴耶識），不染
> 而染，始隨染緣起生死流轉之雜染法，它本身並不起現這一
> 切。它本身染而不染，故又能就這一切雜染法而起還滅之功
> 行。㉒

眞如心本性清淨，雖可隨無明而緣起生死雜染法（不染而染），
但其本身卻是「染而不染」，跟生死雜染法無本質上的關連。就眞
如心跟緣起法是本性上不即，牟先生說其隨緣「不是實體性的實有
之本體論的生起」，而其所顯的中理「便成寡頭的『但中』之理，
尚不是『圓中』也。」

(2) 心生滅門

至於心生滅門，《起信論》有如此描述：

> 心生滅者，依如來藏，故有生滅心，所謂不生不滅與生滅和
> 合，非一非異，名爲阿黎耶識。㉓

牟先生對《起信論》這節話有如下解釋：

㉒ 《佛性與般若》（上册），頁477。
㉓ 轉引自同上註，頁460。

「心生滅」是憑依此真心忽然不覺而起念，念即是生滅心。
此生滅心即叫做阿賴耶識。……它是憑依真心而起，亦就是
「不生不滅與生滅和合」，「不生不滅」是指真如之真心說，
這是它的超越的真性；「生滅」是指其本身之為念（心念妄
念）說，這是它的內在的現實性（雜染性或虛妄性）。㉔

心生滅是憑依真如心的忽然不覺而產生的，它即是阿賴耶識。
生滅心憑依真如心而起，可說是「不生不滅與生滅和合」。「不生
不滅」是指生滅心所憑依的真如心的超越真性，而「生滅」則是指
生滅心的內在現實性，亦即是其雜染性。可是，眾生心既又以真如
為性，它又怎會忽然起念，以致生起有雜染性的生滅心呢？《起信
論》說這是因為「無明」的插入，並借助風動海水的譬喻作出說明。
车先生申析其意如下：

生滅心念亦憑依真心而起，但其直接根源卻是無明。此猶如
春風一起，吹縐一池春水。真常心即是平靜之春水，無明風
動，則起縐縐，此即是生滅心念。縐縐不離水，即憑依水而
起也。但其直接根源卻是風動。生滅心念不離真心，即是憑
依真心而起，但其直接起因卻是無明。真心只是其憑依因，
並非其生起因。心念憑依真心而起，即示不唯淨法統於一心，
即一切染法亦統於一心。唯染法是間接地統。淨法是直接地
統。㉕

㉔　同上註，頁 460。
㉕　《心體與性體》（第一冊），頁 582。

依《起信論》的譬喻，無明就像風，眞心就好比平靜的水。在無明風的吹動下，平靜的水便會生起縐縐，這即是生滅心。牟先生指出縐縐是憑依水而生起，但其直接的根源乃是風。據此譬喻，生滅心的直接根源乃是無明，眞心只是其憑依因。由是生滅心之統屬於眞如心，便只是間接地統屬，而不是直接地統屬。

又根據《起信論》，心生滅門（阿賴耶識）的內在現實性乃生死流轉之生因。就生死流轉的發生，牟先生界別出「阿賴耶」和「如來藏」兩重緣起：

> 從它的內在現實性（不覺性）方面說，它是生死流轉之因（生因），這叫做阿賴耶緣起。但它既不是空頭的，它是憑依如來藏眞心而起現，所以阿賴耶必須統屬於如來藏，因此，遂亦方便說爲「如來藏緣起」。……生死流轉底直接生因是阿賴耶，而如來藏則是其憑依因，而非其生因。**❷⑥**

心生滅門的內在現實性是生死流轉法之直接生因，這就是「阿賴耶緣起」；而心生滅門不是空頭的，它必須憑依心眞如門（如來藏）才可起現，換言之，生死流轉法也要憑依如來藏眞心才可起現，這就是「如來藏緣起」。又心眞如門既然只是生死流轉法的憑依因，而不是生因，則心眞如門自體當不具有生死染污法。《起信論》非常強調這點，更以「如來藏自體具有一切世間生死等法」爲一種邪執：

───────────────

❷⑥ 《佛性與般若》（上冊），頁460。

聞修多羅説：「一切世間生死染法皆依如來藏而有，一切諸
法不離眞如」，以不解故，謂如來藏自體具有一切世間生死
等法。云何對治？以如來藏從本已來，唯有過恆沙等諸淨功
德不離不斷，不異眞如義故；以過恆沙等煩惱染法唯是妄有，
性自本無，從無始世來未曾與如來藏相應故。❷⑦

　　《起信論》力言如來藏眞心本來具有清淨功德法，它與一切的
生死流轉法並不相應。牟先生對《起信論》這節話有如下的案語：

　　　案若唯眞心，則自不能説「如來藏自體具一切世間生死等
　　　法」。如此説之，即成邪執。但是去此邪執，亦正顯《起信
　　　論》之唯眞心是「不即」，是「斷斷」。若自「即」與「不
　　　斷斷」之圓教立場觀之，則不必唯眞心……「斷斷」非必是
　　　錯，但非圓教。焉能一聞「如來藏自體具世間生死等法」，
　　　便謂是邪執耶？❷⑧

　　從《起信論》特別標舉眞如心的清淨性，力言眞心並不具有生
死流轉法，可見其所言的眞心，並不與生死法相即（「不即」），須
要不斷斷除生死法才可顯現（「斷斷」）。若從圓教的「即」與「不
斷斷」立場觀之，❷⑨《起信論》所説的眞心便有所缺欠。由是觀之，

---

❷⑦　轉引自同上註，頁 479。
❷⑧　同上註，頁 479。
❷⑨　「不斷斷」又稱爲「不思議斷」，是天台宗所倡説的解脱方式，這種解脱
　　　方式以解脱無須斷除淫怒痴等染法，而是可即於染法中證得。有關「不斷
　　　斷」的教説，可參本書第六章第二節。

《起信論》所闡釋的眞心思想雖已爲成佛提供了超越的根據，但在牟先生的眼中，它仍不是圓滿的佛教教學系統。

四、無明的來源

心生滅門的生起乃是由於無明起動，但無明又爲什麼會忽然生起？牟先生認爲無明乃由一念不覺而來：

> 因爲我們的眞心雖然本來清淨，但只要一昏沉，只要一念忽然不覺，隨即墮入無明。而無明是無根的，亦沒有一實體，它只是我們於忽然一念不覺時所呈現出來的一種昏沉相。❸⓪

人一旦昏沉，有一念之不覺，便隨即墮入無明。因此牟先生以無明爲一種昏沉相。

但爲什麼人會忽然不覺呢？《起信論》對此並沒有作出清楚解釋，《勝鬘經》更說這是「難可了知」。牟先生則嘗試借助康德和儒家的觀念，對此作出解說：

> 至於我們爲什麼忽然一念不覺就有無明，這無明風是從何而來的呢？……這種問題在以前的確是很難理解，所以勝鬘夫人經說它是「難可了知」；但現在我們可以採用一些新名辭來說明，則較易理解。這個問題，在康德哲學裏是很容易答

---

❸⓪　《中國哲學十九講》，頁295。

覆的。……這乃是因爲我們有感性（sensibility）；由於我們有
感性，所以常爲物欲所牽引，因而有無明，有昏沉，這即表
示人是有限的存在……。

在此，康德所說的「感性」，照儒家講，則是人的私欲，如
王陽明所說的「隨軀殼起念」。我們平常都順著我們的軀殼
起念，而非順著良知起念。本來我們若順著良知起心動念，
則無一念昏沉的無明……可是我們有軀殼，我們有感性私
欲，所以才有無明昏沉。這種問題只能如此說明，也只能分
析至此。假定有人追問：人爲什麼有感性、有私欲呢？這種
問題是不成其爲問題的，否則眞是「難可了知」了。❸

　　依牟先生之見，人之所以有無明，乃因人有「感性」，亦即是
有儒家所說的「私欲」，王陽明所說的「隨軀殼起念」。由於人有
感性、有私欲，有軀殼，所以便會有一念之不覺。牟先生表示對無
明的來源只能分析至此，若再進問下去，恐怕就眞的是「難可了知」
了。❸

---

❸　同上註，頁 295—296。

❸　牟先生的解答至人的感性爲止，但人爲什麼有感性？這其實可在康德的哲
　　學中找到答案：「康德認爲人——有理性者——的存在以在世界上實現最
　　高善爲必然目的，在世界上實現最高善，便必須先求存在於世界之上，求
　　存在於世界之上，即是求感性的存在，所以人必須有感性。……
　　由於人在世界上實現『最高善』必須有感性的存在，因此康德界定『最高
　　善』概念的涵義時，認爲『最高善』包涵『德』與『福』的連結，二者相
　　合才是『完滿的善』，其中『德』指的『最上的善』，『福』便指的是感
　　性存在所要求的滿足而言。……

五、眞如熏習與覺悟

據《起信論》，眾生若要解脫成佛，就必須消滅無明；而要消滅無明，便須要「眞如熏習」的功夫。牟先生解釋「眞如熏習」時強調「眞如」是指眞如心，而不是眞如理，從而突出了內力對解脫的重要性：

> 但覺底熏習成，依《起信論》，不只是由於外緣，亦由於內力。……主因要在內力，此即所謂「眞如熏習」。《起信論》所謂「眞如」即心眞如之眞心，不只是觀緣起無性這無性之空如之理，如中觀家及唯識家之所說。如眞如只是空如之理，則它自然既不被熏，亦非能熏。但在此，眞如是眞心。心始有活動力，故它亦自有一種能熏力。它既可以爲無明所熏，不染而染，它亦可以染而不染，能熏無明。……眞如心有內熏力（內在的影響力），是即無異於承認成佛有一先天的超越根據，成佛有必然性。㉝

這樣一來，『人爲什麼有感性』這個問題便可獲得解答了。人是有理性者，有理性者的存在以在世界上實現『最高善』爲必然目的的，『最高善』不僅指『最上的善』，也指『完滿的善』，『完滿的善』必須包涵『德』與『福』的連結，『福』指的是人的感性存在的滿足，所以人必須有感性。」（黃振華：〈從牟宗三先生的哲學思想看康德哲學中「一心開二門」的思想〉，見劉述先等著，李明輝主編：《當代新儒家人物論》〔台北：文津出版社，1994 年〕，頁 92—93。）

㉝　《佛性與般若》（上冊），頁 463。

　　依牟先生，眞如熏習的眞如並不是中觀及瑜伽行教學所說，那由觀萬法緣起無性而悟見的空如理，而是眞如心。此心作爲超越的眞心，本身就有一種內在的影響力，能熏習無明，使眾生轉迷成悟。正由於《起信論》所提出的眞如心有這種影響力，所以《起信論》能爲眾生之成佛提供超越之根據。

　　據《起信論》，眞如心熏習無明，以致解脫的整個過程，乃是由「不覺」到「究竟覺」，其中還涉及「本覺」和「始覺」的觀念。牟先生如此說明不覺：

> 「不覺」即是於心眞如體不能如實覺知，亦即是根本的無明，……心一昏沉而心念生滅相續，即是阿賴耶識。**㉞**

　　「不覺」是指因一念昏沉而來的生滅心念，這心念相續不斷，即是阿賴耶識。眾生雖因不覺而心念相續不斷，但其本有的覺性並沒有喪失。牟先生說：

> 憑藉心眞如體而起生滅心念，同時也就是心眞如體全部融入生滅心念中。生滅心念雖是不覺，而畢竟是心之生滅心念；心體全在生滅心念中，故念本是念，而曰心念。嚴格說，念不覺，而心覺。是以雖在不覺之念中，而心性不泯。即就此心性不泯而曰覺。……心性即在念中，即在識中，這可以說是念中之覺性，識中之覺性。**㉟**

㉞　《心體與性體》（第一冊），頁584。
㉟　同上註，頁585。

雖然不覺之念憑依真如心體而來，但念與心的本質並不相同。
念沒有覺性，但心卻有覺性。這覺性並沒有因生滅心念之生起而泯
滅，一旦無明止息，它便會朗現：

> 一旦無明破，心念止（離念），則心體朗現，即是本覺。無
> 明逐步破，心念逐步止，則心體（覺性）逐步顯。及其全顯，
> 即不說念中之覺性，而說心體呈現之本覺。❸❻

因無明止息而朗現的心體，便是「本覺」。牟先生認為肯認眾
生有「本覺」之性非常重要，他說：

> 這種說明，肯認，雖然並不增加什麼，然在點明成佛所以可
> 能之超越根據，使人有明確之嚮往，有清楚之認識，亦正是
> 所關甚大。❸❼

由於本覺乃是「成佛所以可能之超越根據」，明確地指出這根
據，讓眾生有所嚮往，是有其必要的。又倘若眾生能正視其本有之
覺性，讓它逐步呈現，這便是「始覺」：

> 此即示人雖有如來藏清淨心之光明面為其體，亦總有一陰影
> 暗中沉墮此光明體，若能在無明識念中顧視此中之覺性，則

---

❸❻　同上註，頁 585。
❸❼　同上註，頁 586。

覺性漸從隱伏附隨中呈現凸出，此即名「始覺」。❸

　　始覺若能不斷擴大，乃至究竟圓滿，直至心源，這便是「究竟覺」。牟先生說：

> 始覺之覺用，及其直至心源，得見心性，心即常住，即名「究竟覺」。始覺而至究竟覺即同本覺……及至究竟覺同於本覺……而唯是一本覺覺體之朗現，亦即心體之離念……是以言本覺者，不是說眾生不假修行，本來即已覺悟，乃是說眾生本有此光明之覺體。❸

　　究竟覺的完成即是本覺的朗現。此外，牟先生又特別指出，說眾生本有覺性，並不是說眾生可以不假修行便能得到覺悟，而是說真如熏習是有先天之根據。

六、佛之三身

　　據《起信論》，經由真如熏習，眾生由始覺而至究竟覺，從而成佛。那時所有染法斷盡，而清淨法卻無有斷：

> 復次，染法從無始已來熏習不斷，乃至得佛後則有斷。淨法

---

❸　同上註，頁 588—589。
❸　同上註，頁 589—590。

熏習則無有斷，盡於未來。❹

對於由究竟覺而顯現的無盡淨法，《起信論》分「眞如自體相」
和「眞如用」兩方面加以說明。前者主要指法身，後者則包括報身
和應身。關於「眞如自體相」，《起信論》說：

> 復次，眞如自體相者，一切凡夫、聲聞、緣覺、菩薩、諸佛、
> 無有增減，非前際生，非後際滅，畢竟常恆，從本已來，性
> 自滿足一切功德。……名爲如來藏，亦名如來法身。
> 問曰：上說眞如，其體平等，離一切相，云何復說體有如是
> 種種功德？
> 答曰：雖實有此諸功德義，而無差別之相，等同一味，唯一
> 眞如。此義云何？以無分別，離分別相，是故無二。❹

眞如自體相主要指佛的法身，亦即佛之自體。這法身原是一切
眾生所本有，但爲煩惱所覆，此時名爲「如來藏」。當眾生達至究
竟覺，它便如其自身而顯現，此時便可名之爲「法身」。以上引文
一方面說眞如自體相是「性自本具一切功德」，一方面又說它是「無
差別之相，等同一味」。就此，牟先生有如下的解說：

> 茲就「顯名法身」而說，此法身之所以具有這些稱性功德，

---

❹　轉引自《佛性與般若》（上冊），頁 466—467。
❹　轉引自同上註，頁 467。

乃是因為就染執方面的無量妄染對翻故。對翻妄染而寂滅
之，便成無漏功德。是則功德者即是如來法身之豐富的意義。
雖說無量，而實「無差別之相，等同一味，唯一真如」。無
量之「諸」是對應妄染而顯示出的。在妄染方面，有「差別
相」，故可實言「諸」字。今既寂滅之而一相無相，則自無
差別相，故「諸」字是對應妄染有相而虛言也。**❷**

　　根據牟先生的解釋，法身的無量稱性功德，乃是對翻妄染而形
成，其差別相亦是因對應妄染才顯示出來的。至於法身之自體，則
是「一相無相」：完全沒有差別相的。因此說法身有「諸」功德，
乃是對應妄染有相而虛言的。

　　關於「真如用」，《起信論》如此說：

　　　復次，真如用者，所謂諸佛如來本在因地發大慈悲，修諸波
　　　羅密，攝化眾生；立大誓願，盡欲度脫等眾生界……何以故？
　　　謂諸佛如來唯是法身智身之身，第一義諦無有世俗境界，離
　　　於施作，但隨眾生見聞得益，故說為用。
　　　此用有二種。云何為二？一者，依分別事識，凡夫二乘所見
　　　者名為應身。以不知轉識現故，見從外來，取色分齊，不能
　　　盡知故。
　　　二者，依於業識，謂諸菩薩從初發意，乃至菩薩究竟地，心
　　　所見者，名為報身。身有無量相，相有無量好；所住依果亦

---

❷　同上註，頁 468。

有無量種種莊嚴。❹

所謂「真如用」，乃是指佛攝化眾生所起之用，當中可分兩方面，一是凡夫二乘依其分別事識所見的應身，二是十地菩薩依其業識所見的報身。

牟先生如此解釋「應身」：

> 凡夫與二乘所見的佛的相好（正報）與國土（依報）實只是佛之應化身。凡夫二乘這樣見是依其「分別事識」而見。故其所見的相好與國土以為是外來的……因依分別事識而見，又以為是外在的，故於所見的相好與國土執取其色的分齊相，即限定相，不能窮盡地知其無量無邊。❹

應身是眾生依「分別事識」所見的佛。❹它是外在的，其相好與國土皆有限定和分齊相，並非無量無邊。

至於報身，牟先生則有如此的解釋：

> 到了十地菩薩，其所見的相好與國土是依業識而見，此則方可名為佛之報身。……十地菩薩已能窮盡一切法之源……因此，其所見的色相有無量相，相有無量好……
>
> 又，此十地菩薩雖已見無量相好乃國土之無量莊嚴，然既有

---

❹ 轉引自同上註，頁 469－470。

❹ 同上註，頁 470。

❹ 「分別事識」乃是指對事物起種種虛妄分別，並以之為實有自性的認識。

相好莊嚴可見，便是有相可見❹

又說：

> 報身亦曰佛之自受用身，此是菩薩依於業識（轉識）所見者。
> 此則由分別事識進入業識，已勝於凡夫二乘。蓋大乘菩薩知
> 一切法唯是一心，皆是阿賴耶識或如來藏藏識通過第七末那
> 之所起現，一切法唯是一識，一識亦攝一切，故已離分別事
> 識之差別分齊而見其無窮無盡。但還是有相可見。仍在識念
> 之中，故云「依業識」而見為佛之報身也。❹

　　報身乃是菩薩依於業識之所見的佛。❹因菩薩知一切法唯是阿
賴耶識之變現，故可以離開分別事識，而見佛的相好與國土為無窮
無盡。又報身雖較應身殊勝，但猶是依菩薩之業識而現，故仍非究
竟。就此，《起信論》說：

> 然此菩薩猶自分別，以未入法身位故，若得淨心，所見微妙，
> 其用轉勝；乃至菩薩地盡，見之究竟。若離業識，則無見相，
> 以諸佛法身無有彼此色相迭相見故。❹

---

❹　《佛性與般若》（上冊），頁 470—471。
❹　《心體與性體》（第一冊），頁 609。
❹　「業識」乃是指對真如之法平等一味，無有差別的本性的不覺知，以致隨
　　無明而生起的妄念。
❹　轉引自《佛性與般若》（上冊），頁 471。

《起信論》表示若離開業識，則「無見相」，「無色相」，因法身「無有彼此色相」可見。就《起信論》所說法身跟報身之色相的關係，牟先生有以下的評語：

> 然依《起信論》無量色相皆是菩薩業識所見。若離業識，則無相可見。如是，則見有色相，全是無明之功。必斷無明，法身乃顯。如是，則法身不即色相，色相不即法身；推之，也就是法身不能即於無明，無明亦不能即於法身。六道眾生、聲聞、緣覺、菩薩，這九界全在迷中（真如在迷能生九界），必斷此九界，始能見法身，成法身也。……故《起信論》之超越的分解雖高於以阿賴耶為中心者，然仍是別教，非圓教也。❺

依《起信論》，報身之色相乃是菩薩依於業識所見，一旦離開業識，則無色相可見，換言之，法身與報身是互不相即的。由此推論，法身與無明以致與雜染生死法，也是互不相即的。要證見法身，便得斷無明與生死，去除所有色相。牟先生認為這種法身與色相不相即的情形，顯示了《起信論》只是別教，尚不是圓教。

牟先生認為《起信論》所說的真心思想較瑜伽行思想優勝，因為依《起信論》「一心開二門」的義理，眾生心是以真如為性，它的真如門本具覺性，能起真如熏習，從而保證解脫之可能，為眾生成佛提供了內在的超越根據。可是牟先生又認為《起信論》的真心

---

❺　同上註，頁 472—473。

思想仍有隔別，未能顯現圓教的理想。這是因為《起信論》所說的真心只是隨無明緣而起現一切法，而非性具一切法，所以它與生死流轉法在本質上為不即，故其所顯示的中道亦只是「但中」，而其所開顯的解脫方式則為「斷斷」。❺此外，當真如心顯現而為佛法身時，它並沒有差別相，而佛之報身、應身所顯現的生滅色相，無非是眾生和菩薩依其分別事識和業識所見，跟法身本不相即。由於《起信論》所說的真如心無論是在纏時和出纏時，都跟生滅相不即，所以牟先生認為《起信論》所代表的真心思想仍有所不足，是天台宗所說的別教，而不是圓教。

雖然牟先生認同天台宗之判《起信論》所發揚的真心思想為別教，但牟先生認為天台宗的判教系統仍有不足，所以他以天台宗的判教系統為基礎，再配以華嚴宗的判教系統，進而判《起信論》所代表的真心思想為「終別教」：❺

> 天台智者大師未判及《起信論》，彼亦很少提及《起信論》，蓋因當時《起信論》尚未流行故也。彼只將《地論》師《攝論》師所傳者一律判為別教，而未能區別真妄心兩系統之不同，此因真諦傳《攝論》即渾淪不分也。但彼又言《地論》師主「真如依持」，《攝論》師主「黎耶依持」。其實《攝論》與《攝論》師不同。《攝論》本身是「黎耶依持」，而《攝論》師真諦卻是主「真如依持」。以有兩依持故，彼似

---

❺ 「斷斷」乃是天台宗「不斷斷」精神的對比。「不斷斷」意為不斷淫怒癡而可得解心無染，故「斷斷」為指要斷除染污法才可證得解心無染。

❺ 天台宗判真心思想為別教，華嚴宗則判之為大乘終教。

> 亦見及眞心妄心兩系統之不同。唯不甚能正視之耳。……今
> 依華嚴宗所言之始教與終教，將天台宗所說之別教，就眞心
> 與妄心兩系統而分之，分之爲始別教與終別教。《起信論》
> 即終別教，亦屬「眞如依持」也。❸

　　正如前一章所指出，天台宗的智顗未有正視眞心思想和妄心思
想之不同，而把主張「黎耶依持」的攝論師（牟先生認爲攝論師主張
「眞如依持」）和主張「眞如依持」的地論師一同判爲別教。此外，
牟先生又指出，智顗未有判及《起信論》，以《起信論》在當時尚
未流行故。爲了突出妄心思想和眞心思想之不同，牟先生乃站在天
台宗的判教立場，並借用華嚴宗的判教用語，判屬妄心思想的瑜伽
行教學爲「始別教」；至於較瑜伽行教學爲圓滿，由《起信論》所
發揚的眞心思想，與及攝論師和地論師之教學，則判之爲「終別教」。

---

❸　《佛性與般若》（上冊），頁281。

第五章　華嚴宗教學之特色

一、華嚴宗教學之基本方向

　　在《佛性與般若》中，牟先生在討論過印度大乘佛教的三大主流（中觀教學、瑜伽行教學和如來藏眞心教學）後，便進而討論中國佛教。在中國眾多學派中，牟先生特別重視華嚴宗與天台宗，又以它們爲最具代表性的教學系統。在《佛性與般若》中，牟先生在闡述過《起信論》的眞心思想後，便隨即論述華嚴宗的義理。在時間上，華嚴宗的出現要較天台宗晚，牟先生沒有依時序先討論天台宗，是有其原因的，他解釋說：

　　依時間次序，天台宗在前，華嚴宗在後，何以先說華嚴，後
　　說天台？蓋有二故。一因繫屬故，先說爲便。華嚴宗之義理
　　支持點在《起信論》，而《起信論》則是順前後期唯識學而
　　發展者。由阿賴耶識緣起而至如來藏緣起，由如來藏緣起而
　　至華嚴宗，這是一系之發展——發展至華嚴而極，無可再進
　　者。雖有眞心妄心之別，然皆屬分解的路——阿賴耶緣起是
　　經驗的分解，如來藏緣起是超越的分解。華嚴圓教是基於這

超越的分解而立者。因此繫屬故，順說爲便，故華嚴宗雖在時間上後於天台，而亦先述之於前也。二因判教不盡故，先說爲便。華嚴宗雖後起，然其性格已定於分解之路，不因其爲後起而有改變，故雖後而亦在前。……智者……明《華嚴經》仍帶有權教未融，……自亦不能外於天台之鑒定。既待鑒定，自非最後之綜和。❶

牟先生先說華嚴宗，是因爲：第一，他認爲華嚴宗是順《起信論》之分解思想進路發展而成的，其立論的支點爲《起信論》所說的眞心思想，所以便在討論過《起信論》後，繼而討論華嚴宗。第二，他認爲華嚴宗的判教系統並不完善，其所推崇的《華嚴經》帶有權教性質，可被天台宗的判教系統涵攝，所以便把華嚴宗置於天台宗之前討論。

依牟先生，華嚴宗的起源可上溯至地論師和攝論師的教學：

華嚴宗原由地論師慧光系傳來，原與地論攝論宗有關，原是繼承初期眞諦唯識學而展開。眞諦後玄奘宗世親晚年及護法之唯識學，是爲後期唯識學。賢首先曾參與玄奘之譯場，後因理不相契，遂出而譯華嚴，以《起信論》爲宗論。❷……

---

❶　《佛性與般若》（下冊），頁 575。

❷　法藏（643—712）究竟有沒有參與玄奘之譯場，目前仍是一個謎。很多學者都認爲法藏並沒有參與過，因爲玄奘死時，法藏才只得二十多歲，而法藏是在玄奘死後六年才剃度的，玄奘總不會用一個十多歲，而又未剃度的人來幫他譯經吧。

故華嚴宗與《起信論》之關係特密。❸

　　地論師與攝論師的教學皆以真心思想為背景，而地論師慧光的思想更直接影響了華嚴宗二祖智儼（602—668）對《華嚴經》的看法，❹所以牟先生以華嚴宗與地論師、攝論師有關。此外，牟先生又指出華嚴宗的三祖法藏（643—712）非常尊崇《起信論》，而《起信論》與地論師和攝論師的教學也有密切關係，同為發揚真心思想的論著。牟先生既以華嚴宗是承地論師、攝論師和《起信論》的思想發展而成，可見他視華嚴宗為發揚真心思想的宗派。

　　華嚴宗以《華嚴經》為其教學的依據。全本《華嚴經》首先在東晉末年由佛馱跋陀羅（359—429）譯出，共六十卷，世稱之為《六十華嚴》。在南北朝時代，《華嚴經》備受重視，其中以地論師尤甚，這可從地論師所宗仰的《十地經論》為《華嚴經》〈十地品〉的詮釋看出來。而慧光一系的地論師，如僧範（476—555）、法上（495—580）、安廩（507—583），和法上的弟子慧遠（523—592）等，尤為大力弘揚《華嚴經》的教學。他們的努力，正好為華嚴宗在唐代的流行奠定基礎。由於《六十華嚴》並不是完整的《華嚴經》，所以在武則天執政期間，便有遣使于闐，求取足本梵文《華嚴經》

---

❸　《心體與性體》（第一冊），頁630。

❹　法藏的《華嚴經傳記》有如下的記載：「（智儼）得華嚴第一，即於當寺智正法師下，聽受此經。雖閱舊聞，常懷新致。炎涼屢改，未革所疑。遂遍覽藏經，討尋眾釋，傳光統律師文疏，稍開殊軫。謂別教一乘無盡緣起，欣然賞會。」（《大正藏》卷56，頁163下）智儼在智正門下，學習《華嚴經》，但有很多疑難、不明白的地方。及至獲得慧光（光統）的文疏，才領會《華嚴經》為「別教一乘」，為最高地位之佛經。

的行動。該足本的《華嚴經》比《六十華嚴》多出了九千多頌,由實叉難陀(652—710)、義淨(635—713)、菩提流支和法藏等人譯出,共八十卷,世稱之為《八十華嚴》。

在翻譯《八十華嚴》的眾多學者中,以法藏特別重視《華嚴經》。法藏年輕時跟隨智儼學習《華嚴經》。由於法藏的弘法,講學和大量發表《華嚴經》的注疏,《華嚴經》的教學便日漸受到重視,法藏亦因此被人尊崇為華嚴宗的三祖。而牟先生對華嚴宗的討論,亦以法藏的著作為主要依據。

《華嚴經》用了很多篇幅來描寫佛的覺悟境界,在經中眾多描述佛覺悟的境界中,以「海印三昧」為最突出。「海印三昧」乃是佛的最高禪定境界,在進入這個境界時,佛觀見萬事萬物都如被海水印現出來般,無所不現,而每一事物又映現其他所有事物,就如每一滴海水均具足百川之味。這萬法相即相入的狀況,法藏稱之為「法界緣起」。此外,《華嚴經》又稱佛在「海印三昧」中體證的佛身為「毘盧遮那佛法身」。「毘盧遮那」即光明照遍的意思。「毘盧遮那佛」有無限光明,遍照世間一切處,映現十方世界一切佛,而法藏亦以「法界緣起」一辭,來稱呼「毘盧遮那佛」的無礙無盡觀境。後來華嚴宗四祖澄觀(738—839)更把「法界」分為四類,即事法界、理法界、理事無礙法界、事事無礙法界,以說明本體與現象相即的關係。由於華嚴宗對「法界緣起」觀念的重視,所以又被稱為「法界宗」。

牟先生一再表示華嚴宗所倡說的「法界緣起」,是緣起性空義的引申,依牟先生的理解,「法界緣起」與緣起性空義的關係如下:

法界緣起是從正面講。盡管法界緣起從正面講，還是緣起法……華嚴宗講光明遍照佛，這個佛法身所顯的一眞法界就是法界緣起。既然成法界，界就是類的意思，法界就是法類，既然有一大堆法在那裡，那麼這些法就都是緣起法，一切佛之法身也要顯這些法。❺

又說：

華嚴宗的東西要說了解很容易了解，口頭禪：「一攝一切，一切攝一」，「一中多，多中一」，老實說，這些話頭都是「緣起性空」一句話的展轉引申。……華嚴宗……要說的多得很，玄得很，其實一句一句講，皆不過是「緣起性空」一句話。❻

車先生認爲華嚴宗是約佛的究極悟境，正面地說「法界緣起」，並以「法界緣起」爲前提，盛言一法融攝多法，萬法可相即相入的義理。其實「法界緣起」的陳義並不出「緣起性空」之外，而其所謂「法」，亦無非是無自性的緣起法。

車先生對以上所說華嚴宗教學之特色，有如下的總括：

依《華嚴經》之旨趣，就佛法身而說的法界緣起之圓教系統，

---

❺　《四因說演講錄》，頁 125—126。
❻　〈中國哲學的未來拓展〉，頁 165。

其基本前提有三：

 (1)緣起性空。

 (2)毘盧遮那佛法身。

 (3)海印三昧。

此是系統內的展示前題——展示法界緣起之相而為一圓滿無盡圓融無礙之前題。

就此展示成的系統之「所因」說，則有二基本觀念：

 (1)唯一真心迴轉（空不空但中之理）。

 (2)隨緣起現，隨緣還滅。

此是系統外的「所因」前題（所因之以為前題者）。由此所因前題始有那展示前題以成那法界緣起之圓教系統。❼

華嚴宗根據《華嚴經》所述的「海印三昧」悟境和「毘盧遮那佛法身」，創立了「法界緣起」學說，而牟先生又以「法界緣起」為「緣起性空」義的引申，所以牟先生總括華嚴宗教學的前提為緣起性空、毘盧遮那佛法身、海印三昧三點，並稱它們為系統內的前提。又由於牟先生以為華嚴宗的義理支點是真心思想，所以他認為這三個前提都是以唯一真心和真心隨緣這兩個觀念為背景，並以這兩個觀念為華嚴宗教學「系統外的所因」。

二、華嚴宗三性說的分疏

法藏在其代表作《華嚴一乘教義分齊章》（簡稱《五教章》）的

---

❼ 《佛性與般若》（上冊），頁556。

第十章〈義理分齊〉中，詳細申述了「別教一乘」的義理。❽其中所提出的觀念，一般都視之爲華嚴宗教學理論的核心，而牟先生在講述華嚴宗時，也以此章爲主要根據。此章分爲四門，其中第一門「三性同異義」，顧名思義，旨在討論三性的問題。

三性的觀念出自瑜伽行教學。所謂三性，依眞諦的譯語，乃是所執性，依他性和眞實性。瑜伽行教學認爲萬法皆是依阿賴耶識而起現，所以萬法都是「依他起」，是無自性的。但有情不知萬法都是無自性，以致周遍計度地執之爲實有，這便是「所執性」。又有情若不執依他而起的諸法爲實有，明白萬法皆是無自性的，便可當下體認諸法性空之實相，這便是「眞實性」。

法藏在瑜伽行教學的基礎上，自眞心思想的角度出發，對三性作出嶄新的詮釋，他在《五教章》如此說：

> 三性各有二義。眞中二義者，一不變義，二隨緣義。依他二義者，一似有義，二無性義。所執中二義者，一情有義，二理無義。❾

依法藏，三性各有二義，眞實性有「不變義」和「隨緣義」；依他性有「無性義」和「似有義」；所執性有「理無義」和「情有義」。關於眞實性的「不變」和「隨緣」二義，《五教章》有以下

---

❽　華嚴宗稱其本身所弘揚的《華嚴經》教學爲「別教一乘」，又稱天台宗所弘揚的《法華經》教學爲「同教一乘」。華嚴宗以「別教一乘」爲最圓滿之教法，並特別標舉它有別於「同教一乘」和「三乘」之地方。

❾　《佛性與般若》（上冊），頁 500。

的話：

> 不染而染者，明隨緣作諸法也。染而不染者，明隨緣時不失
> 自性。❿

「不染而染，染而不染」兩語出自《勝鬘經》，而《勝鬘經》
是真心系統的經典。在《勝鬘經》中，這兩句話是用來形容如來藏
真心的。法藏以它們來說明真實性的「不變」和「隨緣」兩方面，
可見法藏視真實性爲指如來藏真心。就「隨緣」義說，真心隨無明
緣，不染而染，生起萬法。就「不變」義說，真心雖隨緣生起萬法，
但卻染而不染，其清淨的本性並沒有因隨緣而失去。

牟先生指出，法藏以真心爲真實性，是有特別意義的：

> 法藏賢首既以真心爲真實性，相當於唯識宗之圓成實性（此
> 是玄奘譯名，真諦只譯爲真實性），則由以真心之「不變隨
> 緣隨緣不變」爲中心，即可吸收唯識宗之三性。此種吸收，
> 可名曰三性之升位，即由阿賴耶識處說者升位而自真心隨緣
> 處說也。蓋由真心不染而染，隨緣作諸法，即依他起也。於
> 依他起法而生執著便是遍計執。……阿賴耶緣起並不圓滿，
> 故提升而爲如來藏緣起，因而三性亦提升矣。⓫

---

❿　轉引自同上註，頁 499。

⓫　同上註，頁 500。

　　法藏以如來藏眞心爲「眞實性」，以眞心隨緣所作諸法爲「依他性」，以執著依他起的諸法爲自性有爲「所執性」，牟先生認爲這是三性說之升位，因法藏所說的三性，再不是以不圓滿的阿賴耶緣起思想爲本，而是以如來藏緣起思想爲本。

　　關於三性的關係，《五教章》有如下說明：

> 由眞中不變，依他無性，所執理無，由此三義，故三性一際，同無異也。此則不壞末而常本也。……
> 又約眞如隨緣，依他似有，所執情有，由此三義，亦無異也。此即不動本而常末也。⓬

　　據法藏，眞實性的「不變義」、依他性的「無性義」，所執性的「理無義」三者是「無異」的，就此他用「不壞末而常本」來形容它們的關係。而眞實性的「隨緣義」、依他性的「似有義」、所執性的「情有義」三者亦是「無異」的，就此他用「不動本而常末」來形容它們的關係。牟先生如此解釋「不壞末而常本」：

> 「不壞末而常本」即《般若經》「不壞假名而說諸法實相」義之移於眞常心系統中之三性上說。眞實性中之「不變」是指其「自性清淨」說，即此清淨之自性不因其隨染淨緣而有改變也。即由此故，雖隨緣而可歸於眞實。依他起性中之「無性」即「性空」也。依他雖似有而實即無性。知無性，則亦

當體歸於眞實也。遍計所執性中之「理無」即執相無體也。知無體而不執，則亦歸於眞實也。是故從三性之各前一義説，則「三性一際，同無異也，此則不壞末而常本也。」……「不壞末而常本」，即三性同歸於眞實也。**⓭**

牟先生認爲「不壞末而常本」的意思是說三性的「不變」、「無性」、「理無」三方面皆可同歸於眞實。牟先生認爲眞實性的「不變」是指眞心的清淨自性，這自性不會因「隨緣」而改變，故眞實性雖「隨緣」而可歸於眞實。依他性的「無性」是指萬法的空性。萬法雖「似有」，但本性爲空，有情若知萬法的實相爲空，則萬法亦可當體歸於眞實。所執性的「理無」是指沒有客觀實體的萬法。萬法本無實體，只是有情妄執之而爲有。若有情知萬法本無實體而不加以執取，則萬法的本性呈露，亦可當體歸於眞實。也正由於三性的不變、無性、理無三方面皆可同歸於眞實，所以說三性的關係是「一際」、「無異」。

至於「不動本而常末」，牟先生有以下的解釋：

「不動本而常末」，則是無差而差也。此由三性之各後一義而說。眞實性中之隨緣義……即隨染淨緣而起現一切染淨法也；而所起現之一切法亦即是緣生無性，故即是「依他似有」也。似有即幻有，假有，非眞實有自性之有也。故緣起性空而似有本即是實相無相也。遍計所執性中之「情有」即就似

⓭ 同上註，頁 501—502。

有而執實也。故凡定相……皆是所執之定相也，離開似有，並無別體。此等既是執相，故是「情有」，而理上實無也。若離計執，便是如似有之實相而無相。……即，雖緣生而實無生也，雖緣起而實無起也。故由隨緣、似有、情有這三義說，亦三性一際，同無異也，此即「不動本而常末也」。「不動本而常末」意即不影響眞實性之本，對於眞實性之本絲毫未有變動，而卻常有隨緣、似有、情有這些末事也。❹

　　牟先生認爲「不動本而常末」是指在不影響「眞實性之本」的情況下，可有「隨緣」、「似有」、「情有」等妄末之事。蓋眞實性因有「隨緣」的一面，故可起現一切染淨法；而一切染淨法都是「緣生無性」的，此即是「似有」。但「似有」只是幻有、假有，所以並不影響眞實性和依他性的「眞實性之本」。而有情往往妄執「似有」之一切法爲有定相，此即是「情有」。但有情若不執，則一切法當體歸於空如實相，「眞實性之本」仍不受任何影響。至於三性之「隨緣」、「似有」、「情有」三方面爲「一際」、「無異」，牟先生則認爲可有兩種解釋：

　　㈠就法理拆開來看，眞如隨緣與依他似有俱是「緣起性空」之一義，因此說這兩者一際無異，這是分析的語句，但這兩者與「所執情有」亦是同無異也，則是綜和的，因須加「執」字故。㈡不就法理拆開來看，但就「不染而染」來看，如是，

---

❹　同上註，頁 502。

則隨緣、似有、情有三者之同皆是分析的。因既是不染而染，則「真如隨緣」即是迷執，「依他似有」亦是迷執；既皆是迷執，則情有亦是分析地必然的。⓯

第一種解釋是就法理來看：依法理看，「隨緣」和「似有」二義無非是「緣起性空」義的引申，因此，「隨緣」和「似有」二義都是分析的。但「情有」義與「隨緣」、「似有」二義的關係卻不是分析的，因「情有」的產生乃是迷執「似有」的結果，而不是「緣起性空」義的引申。因此「情有」義跟「隨緣」、「似有」二義的「無異」，只可說是「綜和」。第二種解釋是就真心「不染而染」之事實來看：真心本性「不染」，但因無明熏習而有染污，從而「隨緣」生起「似有」的萬法，「隨緣」和「似有」既是真心受染的結果，便必然涵有迷執，亦即涵有「情有」的成分。如是者，「情有」義跟「隨緣」和「似有」二義的「無異」關係，便是分析的。

無論就三性的前一義或後一義，皆可說三性「一際」、「無異」，所以法藏在《五教章》便如此總結三性之關係：

是故真該妄末，妄徹真源，性相融通，無障無礙。⓰

牟先生對以上法藏的話有如下的分疏：

⓯　同上註，頁 502—503。

⓰　轉引自同上註，頁 503。

「眞該妄末」者，眞常心之本源，因通過其「隨緣」義故，
賅盡似有幻妄之末而無餘也。「妄徹眞源」，幻妄之末，因
通過「無性」與「理無」故，而直通至眞性之源也。從本説
性，從末説相。不動本而常末，不壞末而常本，故「性相通
融，無障無礙」也❶

　　依牟先生，眞心因「隨緣」而生起「似有」之萬法，而有情則
執取「似有」的萬法，從而產生「情有」。依此，可知眞心通過「隨
緣」，可賅盡所有妄末之法，故說「眞該妄末」。另一方面，有情
若明白妄末之法本是「無性」、「理無」，則萬法可當體還歸眞實
性，故說「妄徹眞源」。由於就眞心可說「性」，就妄末之法可說
「相」，故法藏得出了「性相通融，無障無礙」的結論。又鑒於《華
嚴經》亦常用「通融」、「無礙」等辭來說明「法界緣起」，牟先
生作出了如下的界別：

　　　但此通融無礙猶只是就三性之法理說，尚不是法界緣起之無
　　　礙無盡也。必須通過還滅工夫，本覺朗現，隨緣還歸不變，
　　　似有當體無生，情有寂歸無相，然後始有海印三昧中法界之
　　　圓融無礙與圓滿無盡也。❶

　　依牟先生，法藏以上所說的「通融」、「無礙」，乃是就三性

❶　同上註，頁 504。
❶　同上註，頁 504。

的關係說，亦即是就眞心「隨緣」而現起「似有」、「情有」的萬
法說，而不是就法界緣起說。法界緣起義的「通融」、「無礙」，
必須通過還滅的功夫，待隨緣、似有、情有三者還歸於不變、無性、
理無義，方可顯現。

　　法藏在唱說三性「一際」、「無異」的關係後，又繼續唱說每
一性的二義也是彼此「無異」，互不相違的。關於依他性和所執性
的二義爲無異，牟先生有以下的說明：

　　　　蓋就「依他起性」而言，「似有」即涵「無性」，「無性」
　　　　即涵「似有」，故兩義只是一義，亦可以説兩義只是「緣起
　　　　性空」一義之分析地引申。就「遍計所執性」而言，「情有」
　　　　即涵「理無」，「理無」即涵「情有」，此兩義亦只是一義，
　　　　亦可以説仍只是「緣起性空」一義之展轉引申。「似有、無
　　　　性」是如「緣起性空」之實（不增不減）而説。「情有、理
　　　　無」，就「情有」而言，是迷執，是增益，是不如「緣起性
　　　　空」之實；就「理無」而言，則是既知其爲迷執，爲增益，
　　　　爲不如「緣起性空」之實，故理上斷其無有，而仍歸於「緣
　　　　起性空」之實也。緣起性空一義直接地涵著依他起之似有無
　　　　性，間接地涵著遍計執之情有理無。❾

　　依他起的萬法所以是「似有」，乃因爲它們都是緣起「無性」，
而凡是緣起「無性」的存在，都是「似有」。故此，依他性的「似

────────────

❾　同上註，頁 505─506。

有」和「無性」二義彼此相涵，說它們是「無異」是沒有問題的。
又所執性的「情有」一面是由迷執所產生，而迷執爲必須斷除者，
故「情有」必然引申爲「理無」。故此所執性的「情有」義和「理
無」二義也是彼此相涵，說它們是「無異」也是沒有問題的。牟先
生還進一步分述依他性和所執性的二義跟緣起性空義的關係：依他
性的「似有」一面乃是指緣起法，而「無性」一面則是指緣起法之
性空無實，故依他起的「似有」和「無性」二義可說是「緣起性空」
義的直接、正面的引申。至於所執性的「情有」一面，乃是因迷執
「緣起性空」之法，對之有所增益而產生，而所執性的「理無」一
面，則是由斷除對「緣起性空」法之迷執和增益而見，故所執性的
「情有」和「理無」二義，可說是「緣起性空」義的間接的、反面
的引申。

　　牟先生認爲說依他性二義和所執性二義彼此爲「無異」是沒有
問題的，但說眞實性的「不變」和「隨緣」二義爲「無異」則並不
如此簡單：

　　　　但眞常心之眞實性方面則不如此簡單。眞常心之「不變」義
　　　　是分析的，蓋就其自性清淨而說。但其「隨緣」義卻是綜和
　　　　的。蓋此隨緣是由「不染而染」而來。眞常心並不直接地分
　　　　析地涵著隨緣，而乃是通過無明迷染而始隨緣，這其中有一
　　　　曲折，有一跌宕。❷⓿

---

❷⓿　同上註，頁 506。

「不變」義是就眞心的清淨自性說，它可直接從眞心觀念分析出來，然而，「隨緣」義卻是因無明的插入而產生，並非是眞心本有的作用，所以牟先生說眞心觀念「並不直接地分析地涵著隨緣」。又法藏在《五教章》中解釋「不變」和「隨緣」互不相違時，說：

> 且如圓成，雖復隨緣成於染淨，而恆不失自性清淨；祇由不失自性清淨，故能隨緣成染淨也。❷①

牟先生認爲說「雖復隨緣成於染淨，而恆不失自性清淨」是可以的，但是說「祇由不失自性清淨，故能隨緣成染淨」則有問題：

> 賢首說：「雖復隨緣成於染淨，而恆不失自性清淨」，這是可以說的，但「祇由不失自性清淨，故能隨緣成染淨也」，此語看來好似明白，實則不甚明白。……不能「祇由不失自性清淨，故能隨緣成染淨也」，而乃是由不失而失，不染而染，始隨緣成染淨也。……由此只能說：「祇因不失自性清淨，故雖成染淨而可還滅」，而不能說：「祇由不失自性清淨，故能隨緣成染淨也。」……何以故？因通過無明（不染而染）始隨緣故，眞常心本身不直接起現故，又不即具一切法故（隨緣起現，故不即具），此即荊溪所謂「唯眞心」也，「偏指清淨眞如」故也。❷②

---

❷① 轉引自同上註，頁 504。

❷② 同上註，頁 506—507。

　　眞心既不直接地分析地涵著隨緣，不能直接變現染淨之法，因此不能說眞心「祇由不失自性清淨，故能隨緣成染淨」，而只能說眞心「祇因不失自性清淨，故雖成染淨而可還滅」。又因眞心要通過無明的插入始可隨緣起現一切染淨之法，亦即是說眞心本身並不具足一切法，就此，牟先生借用天台宗湛然的話，批評華嚴宗所說的眞心是「唯眞心」，以其本性唯是清淨，跟染污法有所隔別故。㉓

　　就湛然所說的「唯眞心」，牟先生有如下的說明：

> 此清淨眞如心即如來藏自性清淨心，亦可曰法性心，或法界心……又可曰「眞如理」……此眞心或眞如理在迷能生九界，即所謂隨緣起染淨法也，而其自身之「自性清淨」則不變。是則其隨緣生九界全是無明底作用，故在還滅時，必須破無明，即破九界，始能還歸本覺而朗現眞心或眞如理以成佛。此即所謂「緣理斷九」也。㉔

　　「唯眞心」的「眞心」是指如來藏自性清淨心。眞心隨緣而生起九界的迷染法，而其清淨的自性不變，由是可見迷染法生起的動

㉓　湛然是天台宗的第九祖，他在《金剛錍論》中說：「萬法是眞如，由不變故；眞如是萬法，由隨緣故。」（《大正藏》卷45，頁782下。）湛然站在天台宗的立場，一方面以眞如變而不變，萬法當體即是眞如；另一方面又以眞如不變而變，眞如當體即是萬法，由是眞如與萬法互相涵攝。而華嚴宗所說的眞如心，因不能與萬法相即，故成爲了批評的對象。

㉔　《現象與物自身》，頁420。

因來自無明，而不是來自眞心。眞心與迷染的本性不即，因此在還滅時，必須破除無明，斷除九界，還歸眞心的本覺性，天台宗因此批評華嚴宗所說的還滅過程爲「緣理斷九」。

總括來說，牟先生在論述法藏的三性說法時，指出它是以眞心思想爲本，是對瑜伽行教學所說三性的升位。法藏把三性的每一性都分爲二義，主張三性的前一義和後一義是「無異」的，並力言每一性的二義也是彼此無異的。牟先生在檢討法藏這些說法時，特別指出就法理來說，所執性的「情有」義跟眞實性的「隨緣」義和依他性的「似有」義的「無異」不是分析的，又指出眞實性的「不變」義跟「隨緣」義的「無異」也不是分析的，從而引入天台宗對華嚴宗教學爲「唯眞心」的批評。綜觀牟先生整體論述的用意，要在指出法藏所倡說，以眞心思想爲本的華嚴宗教學含有「隔別」成分，未能完全體現佛教的圓融理想。

三、「法界緣起」說的闡析

《五教章》〈義理分齊〉一章以四門來申述華嚴宗「別教一乘」的教理，其起首「三性同異義」一門，以眞心思想說明三性，反映華嚴宗教學是以眞心思想爲出發點。此章隨後的「緣起因門六義法」，「十玄緣起無礙法門義」和「六相圓融義」三門，則旨在說明法界緣起。牟先生對法藏的論述進程有如下了解：

> 上節就現實面由眞如心之「隨緣不變不變隨緣」立一切法，
> 一切法者，生死流轉法也。今再就理想面言還滅。……還滅

者，由於真心之「染而不染」，隨染起修，由始覺而還歸真
心之本覺也，此即是般若智德滿與解脫斷德滿而證顯法身
也。㉕此法身……離一切相同時即具有無量無邊之清淨功
德。……此具有恆沙佛法之佛性即如來藏性證顯後即曰法
身。……成佛得法身，此法身就《華嚴經》言，即是毘盧遮
那佛法身。㉖

　　真心以清淨為性，雖隨無明緣而起現生死流轉法，但由於它具
有「染而不染」的特性，所以可通過斷除無明緣而達至還滅；而還
滅的結果，便是法身的顯現。法身具有恆沙佛法佛性，可體現無量
無邊的清淨功德。《華嚴經》所說的毘盧遮那佛便是法身佛，而法
界緣起便是約法身佛而言的境界。牟先生如此解釋法界緣起與法身
佛的關係：

　　　　既云法界緣起，必有緣起之法。法者因地中隨緣起現隨緣修
　　　　行以致成佛，這一長串過程中所顯之種種差別事也。這所經
　　　　過之種種差別事，到成佛後，皆倒映而重現於海印三昧中，
　　　　因此便成為佛法身之法界緣起而重重無盡圓融自在也。㉗

㉕　般若智德即是了因佛性，解脫斷德即是緣因佛性，法身即是正因佛性。般
　　若智德與解脫斷德滿便可證成法身。有關三因佛性的關係，請參本書第二
　　章第三節。

㉖　《佛性與般若》（上冊），頁 517—518。

㉗　同上註，頁 525—526。

　　「法界緣起」之「法」乃是指修行者在因地時隨緣起現的種種差別事，這些差別事在修行至成佛時，皆在海印三昧中以圓滿無盡的姿態呈現，成爲佛法身之法界緣起。爲什麼差別事可以圓滿無盡？牟先生解釋說：

> （按：法界緣起之形相）乃是佛之示現或觀現之形相。如示現爲童男童女或天龍阿修羅，這並非童男之童男，阿修羅之阿修羅，乃是佛眼無礙無盡之阿修羅。阿修羅之阿修羅則只是一阿修羅，不能無礙無盡也。一形相如此，一切其他形相皆然。故云一微塵中現無量世界也。此是佛海印定中映現之微塵或佛普眼所觀之微塵，非微塵之微塵也。一切法界緣起皆如此。……此乃只是說佛心之映現。這些事當初只是隨緣起現，故隨緣還滅成佛後，復透映過來而於佛海印定中映現而爲法界緣起也。[28]

> 「法界緣起」者，那只是因地之緣起法因著示現而透映過來。因爲是佛之示現，它自然是圓融無礙，圓滿無盡。[29]

　　種種差別事本只是隨緣起現，有限定相，如童男童女只是童男童女，阿修羅只是阿修羅，但當它們透映在佛的悟境中，成爲佛的觀境和示現的內容時，它們便會隨法身佛之爲圓滿無盡而顯現爲圓

---

[28]　同上註，頁 527—528。

[29]　同上註，頁 518。

滿無盡。如是在佛的觀境或示現中，每一童男童女、每一阿修羅，以致每一微塵，都跟佛法身一樣，是圓滿無盡、圓融無礙的。

　　牟先生對「法界緣起」的討論，在《佛性與般若》中最爲詳細。在書中，牟先生以《五教章》爲本，分四門申述「法界緣起」之圓滿無盡、圓融無礙的特性。這四門分別爲：

(1)緣起因門六義
(2)即、入、攝，以及一中多，多中一，一即多、多即一
(3)十玄緣起無礙法
(4)六相圓融義

　　當中以第二門的論述最爲詳細，亦最能反映牟先生對「法界緣起」的看法，故以下討論以此門爲主。如上所述，「法界緣起」所說的「法」，無非是因地隨緣起現的種種差別事法。法藏根據《攝大乘論》種子六義之說，提出「因門六義」說法，以說明緣起事法的相狀：

種子六義　　　　因門六義

剎那滅———空、有力、不待緣

果俱有———空、有力、待緣

待眾緣———空、無力、待緣

性決定———有、有力、不待緣

引自果———有、有力、待緣

恆隨轉───有、無力、待緣㉚

　　法藏所謂「因門六義」，是指一切緣起事法所具有的六種存在狀態。總合言之，包括了「空、有」；「有力、無力」；「待緣、不待緣」三對觀念。法藏從這三對觀念引申出「同體、異體」；「相

㉚　種子六義爲瑜伽行教學描述種子的六種特徵，而所謂種子，無非爲指產生輪迴界一切現象之功能。法藏藉瑜伽行教學對種子的六種描述，分開體性的有無（空、有），作用的勝劣（有力、無力），依待的有無（待緣、不待緣）三方面，來說明緣起界事物所有的六種存在狀態。第一種狀態爲「刹那滅」：種子才生「刹那」即消「滅」，使後刹那的種子得以生起。法藏據此義，引申而以緣起界事物爲刹那滅，故顯現爲無自性，所以是「空」；由於它們的消滅叫後時的果得以生起，故是「有力」；由於它們的消滅爲本性之表現，而不是外緣所導致，故是「不待緣」。第二種狀態爲「果俱有」：種子產生結果以後，與果同時並存。法藏據此義，引申而以緣起界事物爲跟果並存時方有，這表明它們是不有，故是「空」；由於它們跟果並存時能成就果，故是「有力」；由於它們必須跟果並存，即不能獨立自存，故是「待緣」。第三種狀態爲「待眾緣」：種子產生結果，要依待其他事物的緣助。法藏據此義，引申而以緣起界事物要待緣才可生起，爲無自性，故是「空」；由於它們不能決定果是否生起，故是「無力」；由於它們要待緣才可產生結果，故是「待緣」。第四種狀態爲「性決定」：種子的善、惡和無記性質不會改變。法藏據此義，引申而以緣起界事物所具有的性質不會改變，故是「有」；由於它們的本性不改而生起果，故是「有力」；由於它們性質的不改變，並非外緣之力所使然，故是「不待緣」。第五種狀態爲「引自果」：種子引現的果往往跟其自身爲同類。法藏據此義，引申而以緣起界事物能引現同類的果，果體有，故它們是「有」；它們雖待緣才能引現果，但緣對果的產生並不起決定的作用，可見它們是「有力」；亦因同樣情況，是「待緣」。第六種狀態爲「恆隨轉」：種子是永遠「隨」緣運「轉」。法藏據此義，引申而以緣起界事物爲隨外緣運轉，可見它們是「有」；由於它們爲外緣所支配，不能有違，故是「無力」；亦因同一原因，是「待緣」。

即、相入」；以致「一中多，多中一」一連串的觀念，並以這些觀念來演述「法界緣起」的意義。他說：

> 又，由空有義故，有「相即」門也。由有力無力義故，有「相入」門也。由待緣不待緣故，有同體異體門也。由有此等義故，得毛孔容刹海事也。思之可解。**㉛**

「毛孔容刹海事」乃是對「法界緣起」的形容。牟先生如此解釋法藏以上的話：

> 緣起法就資助說有待緣不待緣二義。待緣亦曰「相由」，是即異體也。不待緣亦曰「不相由」，是即同體也。不相由者，謂同一法體自具眾德故，是即同體中之一中多、多中一，一即多、多即一也。此乃是就同一事體而收斂地說耳。……相由者，異體相形對而言也，此中就法體說，有空有二義；就力用說，有有力無力二義。就空有義說「相即」；就力無力義說「相入」。**㉜**

緣起法互相資助生起，所以有「待緣」和「不待緣」兩方面，就待緣方面說它們是「相由」，是「異體」；就不待緣方面說它們是「不相由」，是「同體」。所謂「異體」，是就緣起界萬法的「相

㉛ 《佛性與般若》（上冊），頁 522。
㉜ 同上註，頁 522—523。

形對而言」，亦即就緣起界萬法為並列共存，彼此制約（相由）而言。這彼此制約的關係，可約「空、有」和「有力、無力」兩對觀念來說明，從而分別有「相即」和「相入」的觀法。至於「同體」，則是「就同一事體而收歛地說」，亦即就緣起界萬法中的每一法，在存在界的整體裏，都有其獨立的存在位置，不可取代（不相由）而言，於此可說「一中多，多中一」；「一即多，多即一」。法藏在《五教章》中如此解釋異體的「相即」義：

> 由「自若有時，他必無故」，故他即自。何以故？由「他」無性，以「自」作故。由「自若空時，他必是有」，故自即他。何以故？由「自」無性，用「他」作故。以二有二空各不俱故，無彼不相即。有無，無有，無二故，是故常相即。若不爾者，緣起不成。有自性等過，思之可見。❸

牟先生如此理解法藏所說的「自」和「他」：

> 「自」即眼前這一個緣起法，或任何一個緣起法自己。「他」即任一法以外的其他法。他法不必指一個說，亦可指一切說。自他相即是就自他緣起法之自體說。❸

「自」就是任何一個緣起法之自己，而「他」即是任一法以外

---

❸　轉引自同上註，頁 523。
❸　《智的直覺與中國哲學》，頁 328。

的其他緣起法。就法藏所說的「自」、「他」相即義，牟先生有如
下的解釋：

> 一切法皆緣成。故若自法為緣而為有（而存在）時，則他法
> 必因無性而空即無有。如是，他即是自。此「即是」之「即」
> 是緣成的「即」也。因他無性，全由自而作故，故他即自也。
> 反之，若自法因空無性而為無時，則他必為緣而為有。如是，
> 則自即他。此「自即他」亦是緣成地即他也。因自無性，全
> 由他作故，故自即他也。自有他無（空），自無（空）他有，
> 自他不同時俱有，亦不同時俱無。二有二空（自有他有為二
> 有，自空他空為二空），既自他各不俱有，是故「無彼不相
> 即」也。㉟

「相即」是就「空、有」說：由於一切法皆是依因待緣而起現，
所以當自法為緣而為「有」時，他法便為「空」，以他法空無自性，
必須依賴自法才可生起故。就此，可說「他即自」。反過來說，若
自法為「空」時，則他法必為緣而為「有」，就此可說「自即他」。
由於自法和他法不同時為無，亦不同時為有，而必須互相依賴，故
說它們是「無彼不相即」。牟先生又進一步指出這自、他相即的關
係是「即而無即」的：

> 可是若知緣起性空義，一切法無不是空者，則自有亦是緣成

㉟　《佛性與般若》（上冊），頁 523。

的有，雖有而無自性，則雖有而非有。如是他雖由自而緣成，因而他即自，而亦可他無自可即也。是即他空自亦空，他何所即耶？自空他有亦然。他有既亦是緣成的有，亦是雖有而非有。如是，自雖由他而緣成，因而自即他，而亦可自無他可即也。是即自空他亦空，自何所即耶？如是，則總歸成「無不是空者」。此即是泯絕無寄地說諸法實相也。實相一相，所謂無相，即是如相。此時亦無「即」相可言。此即是《般若經》之精神。而賢首於此則是寄空有方便說「相即」以示法界緣起之無礙耳。不可因其說「常相即而無不相即」，便把此「即」字定死也。是則總歸「即而無即」也。**⑯**

依佛家的通途看法，一切緣起事法都是依因待緣而生，所以都是無自性的。因此，「自」法無自性，而「他即自」其實並沒有有自性的自法可即。反過來說，「他」法亦是無自性的，所以「自即他」亦沒有有自性的他法可即。這種「自」、「他」皆沒有自性法可即的狀況，牟先生以「無不是空者」一語來形容之，並指出這正是《般若經》教學的精神。由是牟先生表示法藏以「空、有」說「相即」，其實只是一種方便，以說明「法界緣起」的無礙特性。因此不可把「即」字定死，以為真有實體之法彼此相即。

至於「相入」的關係，法藏如此說：

自有全力故，所以能攝他。他全無力故，所以能入自。他有

---

⑯ 同上註，頁524。

力，自無力，反上可知。……力用交徹，故成相入。㊲

车先生解釋說：

> 由自有力而攝他，他即無力而入自。此即一攝一切，一切入一
> 也。自有力，他必無力；他有力，自必無力。此即「二有力無
> 力自他各不俱」。……實則力、攝、入、亦是方便假說……此
> 「攝」並非表示眞有一種物理力量能攝他而令其入於自，好像
> 磁石之吸鐵然。蓋此一緣亦是緣成的一緣，其自性空，故亦無
> 有自性力也。「力」亦是一描述的虛說詞語。是則總歸於一相
> 無相即是如相，而亦無所謂力、攝、入也。此只假說力用以明
> 相入無礙耳。不可因「常相入而無不相入」，便把這攝入定死
> 也。蓋一成一切成，這「成」字亦是虛説也。㊳

「相入」是就「力、用」説：若自法有力能攝他法，則他法爲
無力而被攝入自法中；反過來說，若他法有力能攝自法，則自法爲
無力而被攝入他法中。就自攝他，他入自的關係推之，可知萬法的
關係爲「一攝一切，一切入一」。车先生特別指出，一切緣生事法
都是待緣才可生起，所以都是自性空，而自性空之法本無自性力可
說，由是法藏所謂的「力」，所謂的「相入」，只是描述的虛說詞，
以說明「法界緣起」之無礙特性，以及緣生事法之相爲一相無相的

㊲　轉引自同上註，頁 524。
㊳　同上註，頁 524—525。

如相。由是不可把攝、入的說法定死，以爲眞有一些實存的物理力量在交攝、相入。

「相即」、「相入」是就異體的關係說，而就同體的關係，則可說「一中多」、「多中一」。法藏在《五教章》中以十錢作喻，說：

> 初，一中多者，有十門不同。一者，一，何以故？緣成故。是（此）本數一中即具十。何以故？由此一錢，自體是一；復與二作一故，即爲二一，乃至與十作一故，即爲十一。是故，此一之中即自具有十個一耳。仍一非十也。以未是即門故。初一錢既爾，餘二三四五以上九門皆各如是，準例可知耳。❸❾

牟先生解釋說：

> 本數一非獨立有自性之一，乃緣成之一，待他緣而成此一，亦待此一而成其他之多。故此一即與於彼彼之多而成其爲彼彼而使之各自爲一。……彼彼之各一皆與本數一爲同體耳。此即所謂「一中即具多」。……彼彼，綜說是多，散開實只是個個一，故同體之一即多。此不是說相即，一即是十，乃是說此本數一與彼個個之多散開而各成其爲一「一」耳。故一說一，即具多個一，故即具多耳。……雖同是一個「一」，

---

❸❾　轉引自《智的直覺與中國哲學》，頁 333。

而卻是個個之多。故一中即具多。**❹**

「一」是緣成的一，它須待緣而成，而其他眾多之數（即九、八、七等數目）因須待「緣成一」才可形成，所以說「緣成一」與眾多數目為同體。又數目雖多，若散開來說，眾多之數亦只不過是由多個的一（個個一）所組成，而多個一亦是一，所以一即具有多個一，由此可說「一中多」。又因「緣成一」包含在眾多之數之中，若離開眾多之數，則「緣成一」不能成立，由此可說「多中一」。

法藏在說明「一中多」、「多中一」後，繼續說「一即多」、「多即一」：

一者，一即十。亦有十門不同。一者，一。何以故？緣成故。一即十，何以故？由此十一即是初一故，無別自體故。是故此十即是一也。餘九門皆亦如是，準之可知。

二者，十即一。亦有十門不同。一者，十。何以故？緣成故。十即一，何以故？彼初一即是十故，更無自一故。是故初一即是十也。餘九門準例可知。**❹**

车先生對上文有如下疏解：

說一即十，即涵一即九，八，七，等等。綜起來即說「一即

❹ 同上註，頁 333—334。
❹ 轉引自同上註，頁 334。

多」。凡言多皆是散指其他之每一個。一即十，因此十之一
即是作爲本數之初一之一，無別自體之一也。「是故此十即
是一」，亦等於「此一即是十之一」（一即十）。一即九，
八等亦如此。綜之即是「一即多」，本數一即是多一之一也。
反之，十即一，亦涵八九七等即一，綜之，即是多即一，彼
彼多之各一即是此本數一之一也。此亦等於本數一之初一即
是彼彼多一之一，並無另一個自一也。❷

　　眾多之數只不過是由眾多的「一」所組成，而這個一又是「緣
成一」，故此，眾多一所組成的數字必須以「緣成一」爲先決條件。
由此推論，我們可說眾多之數即是「一」。若以十爲眾多之數的代
表，則可說「一即十」，亦可說一即九，一即八等，以致可得出「一
即多」的結論。反過來說，「緣成一」乃是組成眾多之數中的「一」，
眾多之數不能離開「一」。就此，若以十爲眾多之數的代表，則可
說「十即一」，以致九即一，八即一等，以致可得出「多即一」的
結論。❸

　　就以上異體、同體之疏解，牟先生總結說：

---

❷　同上註，頁 334。

❸　牟先生於此以緣成的觀念來闡述數字之間的關係，爲了突出這點，他稱一
　　般人所認識的數字關係爲決定的關係。牟先生總結「同體」所顯示的緣成
　　關係有別於數學上的決定關係時說：「然須知此所憑藉以綜說的概念皆非
　　決定概念，故其所表示之關係亦非決定關係。此非決定關係所表示的相狀
　　亦非定相定狀，此即相而無相，狀而無狀。」（同上註，頁 335。）

以上就緣起法之相由（異體）不相由（同體）言緣起法之相即
相入以及「一中多，多中一」與「一即多，多即一」。此是原
則上綜持地說。其實只「一即一切，一攝一切」兩語而已。……
此兩語即綜說「一乘緣起無盡陀羅尼法」之相狀。❹

　　依牟先生之見，法藏就異體方面說緣起法相即、相入，就同體
方面說緣起法「一中多，多中一」，「一即多，多即一」，其實義
皆不出「一即一切，一攝一切」兩語，而這兩語乃是對「法界緣起」
義之說明。而就同體、異體兩方面所展示出的「法界緣起」相狀，
牟先生又有如下的申釋：

　　　　是則同體異體皆可說一中多多中一，一即多多即一：重重無
　　　　盡，圓融無礙也。說此者乃爲方便示法界緣起之無礙相與無
　　　　盡相故。就無盡說圓滿（主伴具足），就無礙說圓融。圓融
　　　　者只是緣起性空（似有無性）一義之展轉引申耳。此是般若
　　　　之融通。圓滿者則是就毘盧遮那佛法身法界說，此須「如來
　　　　藏恆沙佛法佛性」（即如來藏莊嚴大樓閣）一觀念之加入，
　　　　非只般若所能盡也。圓融與圓滿合一方是「別教一乘圓教」
　　　　中之法界緣起（大緣起陀羅尼法）。❺

　　華嚴宗人每以「圓融」和「圓滿」兩辭，來稱許「法界緣起」

---

❹　同上註，頁335。
❺　《佛性與般若》（上冊），頁525。

說。依牟先生的解釋,「圓融」是就法界緣起爲無礙說,此即是異體、同體等一系列觀念分析之所示。牟先生更指出此無礙義是緣起性空義的展轉引申,要其實無非是般若融通精神之發揮。❹「法界緣起」義有進於般若精神的地方,乃在於它是約毘盧遮那佛法身說,並且涉及恆沙佛法佛性的觀念,這是般若教學所未言,亦正是「法界緣起」爲「圓滿」之所在。此外,牟先生又指出,圓融與圓滿合一,才是華嚴宗所展示的無盡「法界緣起」之義蘊。

《五教章》在論述過「同體」、「異體」後,提出「十玄門」和「六相」的觀念,以求透過論述它們,進一步申明「法界緣起」的「一即一切,一攝一切」的圓融特性。例如「十玄門」中的「因陀羅網境界門」以譬喻顯示相即相攝的道理,指出萬法就如在因陀羅網中所懸掛的無數明珠,互相映照,一珠中映現一切珠,以致重重無盡。又如「微細相容安立門」說明體積最微小的事物,也可具足始終、同時、別時、前後、逆順等一切法。「十世隔法異成門」則說明任何時間點(「世」)的事法,均可攝入其他所有時間點(「十世」)的事法。❹牟先生在《佛性與般若》乃至其他著作中,在談及「十玄門」時,都只錄《五教章》原文,而沒有提供釋義。觀他在《佛性與般若》說:「十玄緣起是說事事無礙。其所依之義理根據

---

❹ 如上文所述,牟先生在論述同體的相即、相入,和異體的「一中多,多中一」;「一即多,多即一」的關係時,一再引入緣起觀念,指出由於緣起法爲無自性,要相互依待,所以它們有相即、相攝、相入的特性。因此牟先生以「法界緣起」爲緣起性空義的展轉引申。

❹ 「十世」者,乃是指過去、未來、現在三世,各有過去、未來、現在三世,合爲九世,九世相即相入,形成一總相,這總相加上九世的別相,便是十世。

（原則）是攝、即、入。」⓽，又說「十玄緣起無礙法乃是就事事無礙說。事事無礙必以理事無礙爲根據。而理事無礙只是緣起性空一義之展轉引申。」⓾，可見他以「十玄門」之陳義離不開攝、即、入之原則，是緣起性空義之展轉引申，故不贅述。

　　至於「六相」，分別爲總相、別相、同相、異相、成相和壞相。法藏通過申述這六相，說明緣起事法之整體與部分，部分與部分之間的無礙關係。牟先生表示法藏「實是藉此六相以明『緣起性空』義」。⓾⓪又在六相中，牟先生以「總相」爲最重要，對於此相，他有如下看法：

> 他是根據緣成相即（一即一切，一切即一）說，而其目的是緣起性空，即空即假，緣成不可解，是則成而無成，一切只是一如相。此是總綱領。⓾⓵

　　依牟先生之見，「總相」一門是「六相」說的總綱領，它是根

⓽　　《佛性與般若》（上冊），頁534。

⓾　　同上註，頁536。「理事無礙」，「事事無礙」的觀念見於澄觀的《華嚴法界玄鏡》。澄觀借助「四法界」觀念來說明萬法的關係。四法界分別爲「事法界」、「理法界」、「理事無礙界」、「事事無礙法界」。「事法界」指現象界，其中的每一現象皆有其特殊性。「理法界」指空理的世界，因一切現象的本性爲空，所以理法界具有普遍性。「理事無礙法界」意謂空理和現象相融，特殊性與普遍性互不相礙。「事事無礙法界」意謂每一現象皆因本無自性的空理而成，因此現象與現象之關係爲融通無礙。

⓾⓪　《現象與物自身》，頁381。

⓾⓵　《智的直覺與中國哲學》，頁338。

據「一即一切，一切即一」的原則，說明整體與部分相即的關係。其實總相「只是一如相」，而如相即是無自性的空相，由此牟先生得出「總相」旨在明「緣起性空」義的結論。總之，依牟先生，法藏的「六相」釋義，正如他的「十玄門」釋義一樣，都是「緣起性空」義的展轉引申。

就上述「因門六義」等四門所申釋的「法界緣起」義，牟先生作出這樣的歸結：

> 《華嚴一乘教義分齊章》中所推演者，亦是緣起性空之展轉引申。由之以示「法界緣起」，則是「緣起性空」一通義之套於毘盧遮那佛法身上說。這一展轉引申一方面表示華嚴宗師對於「緣起性空」之實相般若學確有了解。……另一方面表示此一通義套於佛法身上說便成如來藏系統唯一眞心迴轉之法界緣起，此則便與空有兩宗不同，而成爲「眞心即性」之性宗。❺❷

《五教章》藉對「緣起性空」義的詮釋，來說明「法界緣起」，其陳義顯示華嚴宗師對般若教學所發明的「緣起性空」教法，有眞確的了解。而「法界緣起」有別於般若教學的地方，是它把「緣起性空」義套於毘盧遮那佛法身上說，並以如來藏眞心思想爲義理背景，由是牟先生便稱華嚴宗教學爲「眞心即性」的性宗，以跟空宗

---

❺❷　《佛性與般若》（上冊），頁553。

（般若、中觀教學），有宗（瑜伽行教學）分別出來。❺

　　就華嚴宗往往標舉「法界緣起」那一套「一即一切，一切即一」的玄談，爲佛法中至上教法所具有的特點，牟先生有如下的評語：

> 當然你把緣起性空之無礙展轉引申出來，把法界緣起之圓滿無盡圓融無礙充分展示出來，自有很大的價值，其思理之精緻亦甚值得讚嘆，因爲它能使人確實了解所謂無礙無盡者乃實是如此這般之無礙無盡，不是籠統的一句話也。……但就此而言圓教既只是分析的，則客觀地言，這便不是問題之所在，因爲這裡根本無問題故。而華嚴宗卻正於此無問題處建立其「別教一乘圓教」。吾人如考察此一圓教系統之特性以及其是否可眞爲圓教，不當就這展轉引申之分析處說，乃當就這一圓教系統之所因處說。此圓教系統之所因如下：
> 　　(1)唯一眞心迴轉（空不空但中之理）
> 　　(2)隨緣起現，隨緣還滅。
> 就此處著眼討論才是問題之所在，此即是批判的考察。此種考察決定其是否眞爲圓教，並決定眞正圓教如何建立，此即示不能於佛法身作分析的引申而說圓教也。於此處說圓教，只要一承認「如來藏恆沙佛法佛性」，這便都是無問題的。

---

❺　空宗力言一切法都是「緣起性空」，而華嚴宗的「法界緣起」說法雖不離「緣起性空」義，但卻把此義套於佛法身上說，此其有別於「空宗」處。有宗亦承認萬法爲「緣起性空」，但卻把萬法的起現歸結爲阿賴耶識的作用，又因阿賴耶識的本性爲染污，故瑜伽行教學爲屬妄心系統。華嚴宗則把萬法的起現歸結爲眞心的作用，故屬眞心系統，此其有別於「有宗」處。

（小乘不及此，故不計。）可是對於「如來藏恆沙佛法佛性」
卻有不同的解釋，因此，這才是問題之所在。決定圓不圓須
在這裡決定，不在對於佛法身作分析的引申處決定也。❺

華嚴教學把「緣起性空」義套在佛法身上說，從而分析出「十
玄無礙」、「六相圓融」等一系列的教法，建立一套奇詭的玄談。
牟先生承認這套玄談有其吸引人的地方，具有很大的價值。不過牟
先生認為「緣起性空」乃是大小乘佛法的通義，而「佛法身」又是
大乘教法的通說，因此就此推演出來的「法界緣起」那一套玄談，
其實並非華嚴宗思想系統的關鍵所在，並不能決定華嚴教學在佛法
中的地位。依牟先生之見，要檢討華嚴教學是否真是至上的圓教，
著眼點不應在「法界緣起」，而應在作為其思想系統之「所因」處，
亦即在如來藏真心思想處。而從上文對法藏三性說的討論，可知牟
先生以為華嚴宗所標舉的真心思想，為有隔別性質，因此不是至上
的圓教。

四、「別教一乘圓教」和「同教一乘圓 教」的界別

以「圓教」來稱呼最究極的佛教系統源於「判教」的工作。在
南北朝期間，因鳩摩羅什等人翻譯了大量的佛經，令佛教徒認識到

---

❺ 《佛性與般若》（上冊），頁555。

大、小乘教學之間的分歧，和大乘經之間各有不同重點的事實，從而感到有整理它們的必要。由於佛經皆爲佛所說，不能視之爲有誤，故論師們都採取了判別、判釋的融通手法，把不同的大、小乘經安立在自己的理論架構內，這種安立便是「判教」。牟先生如此說明華嚴宗的判教系統：

> 依華嚴宗之判教，則佛所說之一切教義可判爲五教：小始終頓圓。「小」者即小乘教，聲聞緣覺是。「始」者大乘始教，空有兩宗是。「終」者大乘終教，《起信論》以及凡言「如來藏自性清淨心」者是。「頓」者頓教，如絕相離言之禪宗是。「圓」者即華嚴經之「別教一乘圓教」是。**⑤**

華嚴宗把佛教的一切教義分爲五類，即小、始、終、頓、圓。「小」是指小乘教；「始」是指大乘教的空、有兩宗；「終」是指《起信論》等經論所發揚，以眞心思想爲本的大乘教學；「頓」是指禪宗；**⑤**「圓」是指《華嚴經》所揭示的「別教一乘圓教」（「別圓」）。華嚴教學之所以是「別圓」，《五教章》有如下的說明：

> 謂別教一乘。即佛初成道第二七日，在菩提樹下，猶如日出，先照高山，於海印定中，同時演說十十法門**⑤**

---

⑤ 同上註，頁 557。

⑤ 依華嚴宗的理解，始教可分爲空始教和相始教。空始教是指中觀教學的教說，相始教是指瑜伽行教學的教說。至於法藏是否以禪宗爲頓教，至今仍無定論，因法藏時禪宗仍未流行。

⑤ 轉引自《佛性與般若》（上冊），頁 491。

牟先生如此解釋引文所舉「先照高山」的譬喻：

> 先照高山即喻先照菩薩也。《華嚴》會上只有大菩薩眾，無
> 有聲聞緣覺。佛智雖不作是念：我先照此，然後照彼，然而
> 稱性極談，如所如說，彼根器差者，自不能入，故小乘如聾
> 如啞也。……然畢竟亦未俯就群機而普照之也。❺❽

　　佛在初成正覺後的第二個七日，於《華嚴》會上直接陳述其所
證得的最究極覺悟境界，只有大菩薩才能領悟，其他根器較差者皆
不能明白，就如日初出時，先照高山，未照大地，並沒有俯就群機，
就華嚴教學沒有俯就群機的特性，牟先生以「形式的圓教」來形容
之：

> 此種圓教亦可說是「形式的圓教」，「形式的一乘」。其言
> 「別」雖可顯此「稱法本教」之獨特、殊勝、與最高，然亦
> 有抽象之隔別義。……隔別即抽象。隔別單顯佛自身之圓滿，
> 抽象單顯圓滿真理之本義。此亦如單顯真理之標準，只此標
> 準之自己便是抽象。……即依此義，而說為形式的圓教，形
> 式的一乘。❺❾

　　華嚴教學所以是「形式的圓教」，乃因它是隔別的、抽象的。

---

❺❽　同上註，頁 492—493。
❺❾　《心體與性體》（第一冊），頁 639。

隔別是說它單顯佛自身的圓滿，抽象是說它單顯圓滿眞理之本義。
牟先生又以「塔頂」來譬喻這種圓教，他說：

> 因爲那是塔頂上的佛法身自身之圓滿與圓融，並不預於九法
> 界之權事，亦可以說其自身根本無此等權事，以稱法本教，
> 不逐機故，因此，這正是隔絕了九法界之權境而爲佛。……
> 然「別教一乘圓教」正要顯此隔以示其高，以示其爲「稱法
> 本教，非逐機末教」。**60**

　　華嚴教學爲「塔頂」式的圓教，以其是「稱法本教」，單顯高
超，而「非逐機末教」，不普預於九法界之權事故。可是，預於九
法界權事，正是牟先生認爲眞正圓教所必須具備的條件：

> 聖人必須俯就，泛應曲當而無礙，其道方具體，其圓教方具
> 體而眞實，此方是具體而眞實的「圓而神」。就此而言，華
> 嚴宗之……說圓教實不及天台宗之……說圓教爲眞實而具
> 體，爲眞正之圓教。**61**

　　依牟先生的見解，能俯就群機，普應權事的圓教才是具體而眞
實的圓教。他又認爲只有天台宗的教學才具有這特色，所以華嚴宗
並不是眞正的圓教。

60　《佛性與般若》（上冊），頁 560。
61　《心體與性體》（第一冊），頁 640。

　　華嚴宗在不預於權事的「別圓」以外，另立「同教一乘圓教」
（「同圓」），並以天台宗所根據的《法華經》教學為代表，其特點
在於它預於權事的教法，跟華嚴宗所判別的五教中的前四教有通同
的地方。牟先生批評華嚴宗未能妥善安立「同教一乘圓教」在佛教
中的地位，例如《五教章》在判別五教時，在列舉五教的不同心識
說法後，提到「同圓」的心識觀時，說：

> 若約同教，即攝前諸教所說心識。何以故？是此方便故，從
> 此而流故。⑫

　　牟先生指出引文只籠統地說「同圓」「攝前諸教」，卻沒有清
楚交待「同圓」的「攝前諸教」究竟是攝前四教（即小、始、終、頓
四教），還是攝前五教（即小、始、終、頓、別圓五教）。牟先生進而
指出依華嚴教學的立場，這兩種解釋都不可能：

> 如攝前五，則能說別教圓教是此同教圓教之「方便」乎？能
> 說其從此同教圓教而流出乎？賢首於此顯模稜矣。……若如
> 此，則別教一乘圓教亦是「方便」，方便即權；亦是從此同
> 教一乘圓教而流出，既為所流出而被攝，則不是終極的。……
> 但此恐非華嚴宗師所樂欲。蓋既如此，則華嚴宗之判教必有
> 不盡，未能得一終極之會判……是即模稜而含混也，其判教
> 欲盡而未盡也。⑬

---

⑫　轉引自《佛性與般若》（上冊），頁 563。
⑬　同上註，頁 564。

　　若說「同圓」攝前五教，則「別圓」當為其所攝，而成為「同圓」的「方便」，這樣，華嚴宗便不是最究極的教學形態了，這恐怕不是視華嚴教學為「別圓」的華嚴宗師所能接受的。那麼，解「攝前諸教」為攝前四教又如何呢？牟先生說：

　　　　又有解「攝前諸教」之語為只攝前四，不攝第五（別教圓教），
　　　　以第五別教圓教既是圓教，即是能攝故。所謂「是此方便，
　　　　從此而流」，即謂前四是此同教圓教之方便，從此同教圓教
　　　　而流出。若如此，則兩圓並存，而其關係不明。同教圓教不
　　　　攝別教圓教，則攝法不盡，圓即非圓。別教圓教不攝同教圓
　　　　教，而令其溢出並存，則五教之判不盡，而別教圓教之圓亦
　　　　不圓矣。❷

　　若「同圓」只攝前四教而不攝及「別圓」，則兩種圓教並存，而又關係不明。又，若「同圓」不攝「別圓」，則同圓攝法不盡，並非真正的圓教；若「別圓」不攝「同圓」，則華嚴宗的五教判未能窮盡所有佛法，亦同樣不能成為真正的圓教。而一個理想的判教學說，應該是能夠涵攝所有不同佛教教學系統的，但華嚴宗的判教說未能做到這點，所以它不是理想的。值得一提的，是牟先生以華嚴宗所說的「同圓」為指天台教學，並站在天台教學的立場，主張「同圓」應攝前五教：

---

❷　同上註，頁 564—565。

> 吾意，以攝前五爲是。高者未必普，別教圓教即但高而不普
> 也。普者固亦未必高，但同教圓教卻已高寓於普矣。在此，
> 普即高，高即普，高之「但高」之權隔相泯矣，故爲終極的
> 眞圓實教也。❻

　　牟先生認爲「同圓」的「攝前諸教」應遍攝前五教，這是因「同
圓」作爲「圓教」，跟「別圓」一樣具有「高」超的特性；但它又
是「同」，故又有「普」及的特質。「同圓」既是「高」，則可攝
及「別圓」；又因它是「普」，故亦可攝及前四教。由此，牟先生
以「同圓」是「高」予於「普」，「普」予於「高」的教學系統，
不像「別圓」但高而不普，故它才是終極的圓教。

　　綜觀以上數節所論，可見牟先生從兩方面論證了華嚴教學並非
最究極的圓教：第一，華嚴教學所弘揚的《華嚴經》教法未能俯就
群機，跟眾生有隔，其爲圓教只是「塔頂式」的。第二，華嚴教學
所根據者爲《起信論》的眞心思想，而依這套思想，成佛必須斷除
一切生死染污法，其成佛的方式有「隔別」性質。華嚴宗既有隔別
性質，故不是眞正的圓教，反過來說，眞正的圓教是沒有隔別性質
的，依牟先生，這應是根據《法華經》而來的天台宗教學。

---

❻　同上註，頁 565。

第六章　天台宗教學之特色

一、《法華經》的教學特點

　　天台宗的創立人為智顗（538—597），以智顗曾隱居於天台山研習佛經而得名。智顗非常推崇《法華經》的教學，年輕時曾跟隨慧思（515—577）學習該經的義理。而慧思又師事慧文（約六世紀），故後世分別以慧文和慧思為天台宗的初祖和第二祖，而以智顗為第三祖。現存智顗的著作中，最重要的要為《法華文句》、《法華玄義》和《摩訶止觀》，前二者為對《法華經》的注解，後者則為一部討論止觀的作品，由於它們都為天台宗的基要著作，所以後世稱之為「天台三大部」。天台宗的九祖湛然（711—782）更為天台三大部作了注解，並對其教旨加以發揮，重申智顗以《法華經》所發揚的教學為最圓滿的佛教系統的主張。❶此外，湛然在其著作《金剛錍論》

---

❶　牟先生指出湛然的主要貢獻有二，第一為弘揚天台宗之教學，第二為重申天台宗為圓教，華嚴宗為別教的觀念，他說：「荊溪疏釋智者之作品，一方弘揚本宗，一方精簡別圓。知禮《十不二門指要鈔》中有云：『此宗，若非荊溪精簡，圓義永沉。』……而荊溪之精簡卻在指出華嚴宗為緣理斷九，偏指清淨真如，此即示並非真圓。」（《佛性與般若》〔下冊〕，頁1097—1098。）

中提出「無情有性」說，以無情之物如草木瓦石等皆有佛性，亦爲天台教學的一個重要學說。❷

　　天台宗的形成要比華嚴宗早一個世紀，但在《佛性與般若》中，牟先生不以時間的先後作爲討論次序，而把天台宗置於最後。對此，他有如下的解釋：

> 佛所説之經與諸菩薩所造之論傳到中國來，中國和尚有其消
> 化。這種消化工作當然不容易，必須對於重要的相干的經論
> 有廣博的學識與眞切的了解方能説消化。第一個作綜和的消
> 化者便是天台智者大師。後來的消化如華嚴宗的消化……皆
> 不能超出其範圍。諦觀《天台四教儀》開頭即云：「天台智
> 者大師以五時八教判釋東流一代聖教，罄無不盡。」這種判
> 教即是吾所謂綜和的消化，這種判教，態度很客觀，對於大
> 小乘經論均予以承認，予以客觀而公平的安排與判別。……
> 本書以天台圓教爲最後的消化，華嚴宗雖在時間後於天台，
> 然從義理上言，它不是最後的。……又以爲此是眞正圓教之
> 所在，故以之爲殿後。❸

　　佛所說的經與菩薩所造的論傳到中國後，由於數量繁多，所以有需要加以消化，消化的意思，便是按不同經論的殊義，把它們安立在不同的教學系統內。這種工作，便是判教。牟先生認爲天台宗的判教系統很客觀，對大小乘經論均予以承認，並予以適當的安排

---

❷　有關「無情有性」說的內容，可參本書第二章第三節。
❸　《佛性與般若》（上冊），序，頁 2—3。

和評價。加以天台宗的教學又是「眞正的圓敎之所在」，所以牟先生便以它殿後。以上一節話，清楚反映出牟先生對天台宗教學的特別推崇，並以之爲佛敎思想發展歸結之所在的看法。

天台教學的一大特點，就是它對《法華經》的重視，牟先生就此有如下評語：

> 是故智者云：「諸師多採經通論，致令晚生皆謂論富經貧。今採經論通經意，欲令後生知經富論貧也。敬重大乘，眞佛所說，功德無量，是入道正因。輕經重論，甚可傷也」。（《維摩經玄義卷第三》）……不得「輕經重論」，……即表示智者大師確有其獨立不依之心靈。❹

跟智顗同時的佛教論師多以爲「論富經貧」，而輕忽佛經；智顗卻重視經，又在眾經中特別重視《法華經》，可見他有「獨立不依之心靈」。❺對於《法華經》之特色，牟先生有如下說明：

---

❹　《智的直覺與中國哲學》，頁 323—324。

❺　牟先生本身也很重視經，他在《中國哲學十九講》中便一再重申佛經的重要性。他說：「其實，學佛的人，是應當多讀經的。因爲經是佛所說的，經所代表的是具體、活潑、舒朗而開擴的心胸；而論則是菩薩所造，目的在於闡明佛經之義理，故理論性較強。然而，正因爲理論性較大較強，一旦陷在其中，就好比陷入天羅地網之中，常鬧不明白。所以乾脆多讀經，反可使人的心思較活潑、開朗。由此，我想到天台宗智者大師的『維摩經玄義』，其中有一段話說，一般人都以爲論豐富、經貧乏，其實並不如此；還是經豐富，經比起論來較舒朗，所以啓發性亦大，『是入道正因，輕經重論甚可傷也。』智者大師這段話，的確發自眞切實感……所以也不能不注意。」（《中國哲學十九講》，頁 287。）

《法華經》是空無第一序之內容的，它無特殊的教義與法數，《般若經》教吾人以實相般若；《涅槃經》教吾人以法身常住，無有變易；《解深密經》教吾人以阿賴耶系統；《勝鬘》、《楞伽》、《密嚴》等經教吾人以如來藏系統；《維摩詰經》教吾人以不二法門；《華嚴經》教吾人以法界圓融。凡此等經皆有鮮明之內容而足以吸引人。《法華經》教吾人以什麼呢？若與上列諸經對比，你馬上可以覺到它實在貧乏得很！天台宗宗《法華》，豈不怪哉？但是它豈真無所說乎？它有所說。它所說的不是第一序上的問題，乃是第二序上的問題。它的問題是佛意，佛之本懷；是權實問題，迹本問題，不是特殊的教義問題；它處理此問題的方式是開權顯實，開迹顯本。它只在此成立圓實教，以明佛之本懷。這顯然是第二序上的問題，高一層的問題，也可以說虛層上的問題，因此，它沒有特殊的法數，教義，與系統，因而它亦無鋪排。❻

牟先生以特殊的教義與法數為佛法第一序的內容，如《般若經》所說的實相般若，《涅槃經》所說的法身常住，《解深密經》所標舉的阿賴耶系統，《勝鬘經》所倡的如來藏系統，以及《華嚴經》所展示的法界圓融說等便是。然而，《法華經》並不詳及這些教義與法數，因它所要處理的是第二序的問題，即「佛之本懷」的問題，亦即天台宗所謂「開權顯實」，「開（發）迹顯本」的問題。

關於「開權顯實」一語中的「權」、「實」，牟先生解釋如下：

---

❻ 《佛性與般若》（下冊），頁576。

權者暫時義，方便義，曲巧對機義，非究竟義，非了達義，粗不妙義。實者圓義，妙義，無那權中諸義。❼

「權」是指對應群機而設的方便教法，是不究竟的，故是「粗」；「實」是指真實的教法，是絕對「圓」滿，故是「妙」。牟先生如此說明「開權顯實」的意思：

「開」者就方便教原始要終而總言之之詞。就方便教之始出而言，「開」謂開出或開設或設立；就其要終而言，「開」謂開發（對閉塞而封於權者而言），暢通（對拘圍於權而不通者而言），或決了（對執權為實而不了者言）。就《華嚴》之不攝小機而言其「不開權」，開字取開出義，「不開權」者不開出權教也。既不開出，則亦無所謂進而開發暢通而決了之。就小乘經、通教經、及諸方等經之已有權教者而言其不「開權顯實」，開字取開發、暢通、或決了義。其大小並說，偏圓並立者，而若不開權顯實，則雖言大言圓，其大與圓亦有權隔之相，此種權相亦須開發暢通而決了之。大抵一說開權顯實，開字便偏重在開發暢通或決了義。正由於此種開義，始能就權而顯實也。而開出之開則已不言而喻矣。❽

「開權顯實」可以就佛陀說法之「原始」和「要終」兩方面了

---

❼　同上註，頁 590。

❽　同上註，頁 589—590。

解。就佛陀說法之「始」出而言,「開」有「開出」、「設立」的意思。就此,「開」乃是指佛陀一生說法之始,爲了對應群機,開出、設立種種權宜性質的方便教,以引導根器不同的眾生進入實教。牟先生於此特別指出,《華嚴經》由於不攝群機,所以沒有「開出」權教,以作爲引導眾生進入實教的媒介。至於就佛陀說法之「要終」而言,「開」則有「開發」、「暢通」、「決了」的意思。佛陀爲了引導群機而宣說種種權教,但群機往往執取權教爲實教,以致「閉塞」、「拘囿」於權教之中。於是佛陀在一生教化「終」末時,亦即在演說《法華經》時,❾宣說先前之教法只是方便,以「開發」、「暢通」、「決了」群機對權教的迷執,顯示佛陀以權教導向實教之本意。牟先生又指出,《華嚴經》既不開出權教,自然沒有「開發」、「暢通」或「決了」權教之事。而《阿含經》等一類小乘經,《維摩經》等一類方等經,以致作爲通教經的《般若經》,它們雖然包含權教的成份,卻沒有說明權教最終通向實教的「佛之本懷」,故皆有「權隔之相」。牟先生還表示天台宗就《法華經》說「開權顯實」,其所謂「開」,當以「開發」、「暢通」、「決了」爲主要意思,因「開發」、「暢通」、「決了」權教必須預設權教之存在,其中已包含了「開出」、「設立」的意思。此外,天台宗在說「開權顯實」外,又常說「就權顯實」,力言權、實乃是一事之兩面,這顯示天台宗作爲實教之主要意義,乃在於它有「開發」、「暢通」、「決了」權教的作用。

　　至於「發迹顯本」一語中的「迹」、「本」,牟先生則如此解

---

❾　依天台宗的判教說,《法華經》和《涅槃經》一樣,是佛陀最後演說的經。

釋：

> 迹者近迹義，指佛有生之年之教迹而言。本者遠本義，指久
> 遠之本而言，即佛成道成佛不自有生之年始，有生之年之「始
> 成」只是其永恆生命所示現之近迹；他久遠已來早已成佛，
> 此即示法身常住，此即是遠本也。❿

　　「迹」者「近迹」，指佛成道後四十餘年間教化眾生之行迹，
「本」者「遠本」，指佛久遠之前已成就的法身。作爲遠本的法身
是常住的，而近迹只不過是這法身某一時期內的示現而已。牟先生
這樣解釋「發迹顯本」：

> 而發迹顯本亦正是開權顯實。發字亦有發出義，此同於開出，
> 發出迹來同於開出權來；亦有開發暢通或決了義。對《華嚴》
> 之不攝小機而言「不發迹」，發字取發出義。既不發出近迹，
> 自亦無所謂進而顯久遠之本。即事實上已有小乘矣，而小乘
> 在《華嚴》會上如聾如啞，而不埋它，則亦不能開發暢通而
> 決了之；就已有此迹言，若不開發暢通而決了之，則亦不發
> 此迹也。此發字取開發暢通或決了義，故不但於《華嚴》說
> 其不開權，不發迹，即於餘經亦同樣說其不開權不發迹。……
> 發佛之近迹而顯其遠本，即顯圓實佛法身常住，而且顯其自
> 始以來即不離迹，佛身即是迹，非只神通變化是迹。⓫

---

❿　《佛性與般若》（下冊），頁 590。
⓫　同上註，頁 590—591。

　　「發迹顯本」即是「開權顯實」，如是，「發」字亦有兩方面的意義，一為「發出」，一為「開發」、「暢通」、「決了」。就第一義而言，佛陀為了引導群機證入遠本，所以示現近迹，作為方便。牟先生就此指出《華嚴經》既沒有俯就群機的特性，所以也就沒有「發出」近迹，以之作為顯示遠本的媒介。就「發」字的第二義而言，佛陀為了引導群機，方便變現近迹，但群機往往執取近迹為遠本，故佛陀需要「開發」、「暢通」、「決了」近迹，以顯示佛陀開出近迹，導入遠本之本意。牟先生指出《華嚴經》因沒有「發出」近迹，所以亦沒有「開發」、「暢通」或「決了」近迹之事。至於《華嚴經》以外的其他大小乘經（不包括《法華經》），雖然有發出近迹，但因沒有說明近迹導入遠本的「佛之本懷」，所以也沒有「開發」、「暢通」或「決了」近迹。牟先生還解釋天台宗「發迹顯本」的所謂「顯本」，除了顯示佛法身本來常住，還顯示佛法身未曾離迹，迹與本原來是相即的道理。

二、天台宗教學之基本方向

(1) 原初的洞見——「不斷斷」

　　上節討論天台宗所述《法華經》的「開權顯實」、「發迹顯本」的本旨，歸結到實不離權，本不離迹。牟先生稱依此本旨而創立的圓教，為「詭譎的圓教」，以跟《華嚴宗》的「分析的圓教」對比。牟先生說：

　　吾人可說華嚴宗的別教一乘圓教是分析的圓教，其前題如下：

　　　　Ⅰ　緣起性空；

　　　　Ⅱ　毘盧遮那佛法身。

　　其所因之前題如下：

　　　　Ⅰ　空不空但中之理（靈知真心）；

　　　　Ⅱ　隨緣起現。

　　吾人就此所因處作一批判的考察，說其「曲徑紆迴，所因處拙」。……是故但為別教，非圓實教。……

　　天台宗的《法華》圓教，吾人可名之曰詭譎圓實教，其前題如下：

　　　　Ⅰ　原初的洞見——不斷斷。

　　　　Ⅱ　一念無明法性心——無住本。

　　　　Ⅲ　一切法趣空、趣色、趣非空非色。

　　不就佛法身作分析的鋪陳以為圓教……但就所因處開權顯實以為圓教，故此圓教為真圓實教也。**⓬**

　　牟先生以華嚴宗所說的圓教為分析的圓教，以其教說乃是就作為所因處的真心分析而來，而據天台宗，凡依真心分析出種種教說者，皆為「曲徑紆迴，所因處拙」，以真心需斷除九法界才可證顯佛界故。至於天台宗所說的圓教並不是以真心為其教說的所因處，而是以《法華經》的實不離權，本不離迹的本旨為其所因處。牟先生稱這以權實相即思想為本的圓教為「詭譎的圓教」，並表示這才

⓬　同上註，頁 615—616。

是眞正的圓教。牟先生進而列舉這「詭譎的圓教」的三個主要前題：「不斷斷」、「無住本」、「一切法趣空、趣色、趣非空非色」，其中第一個前題要爲天台教學的基本方向所在。

牟先生稱「不斷斷」爲天台宗教學的「原初的洞見」，並這樣說明它的經典根據：

> 此洞見乃決定圓教之所以爲圓教者。……此原初的洞見是天台智者大師的智慧識見，當然是由那圓教規模而啓發出者。此洞見中之義理之實不見於《法華經》，乃是智者大師之所抒發。當然其他經，尤其是《維摩詰經》，已有此理境，而且盛談此理境；但將此理境收於《法華》開權顯實之大綱，相應《法華》圓實教而言之，以極成此圓實教之所以爲圓實教者，則是智者之創闢，亦是天台圓教獨特性格之所在……是決定圓教之所以爲圓教之標準。⓭

牟先生認爲「不斷斷」之洞見乃是天台圓教獨特性格之所在，亦是決定圓教所以爲圓教的地方。這洞見是智顗以《法華經》的「開權顯實」思想爲本，以及從《維摩經》而得到啓發，從而達至。在《法華經》方面，其〈方便品〉嘗言：「或有人禮拜，或復但合掌，乃至舉一手，或復小低頭，以此供養像，漸見無量佛，自成無上道，廣說無量眾」，⓮表示禮拜、舉手、低頭等最淺近的行爲，都能成

⓭　同上註，頁 598。

⓮　《大正藏》卷 9，頁 9 上。

就無上佛道。牟先生對《法華經》這「低頭舉手皆成佛道」之說，有如下申述：

> 此洞見爲何？曰：即「低頭舉手皆成佛道」中所隱含之「即」字是也。誰即誰？權教本只是佛對眾生根器不齊所施之方便教說或差別說。……佛就之而方便施教，遂成爲迹門之權教，可是若知是權教，而不滯於權，執權以爲實，則一經開決，凡在此權教指導下之凡夫之行或小機之行皆是佛因，佛因即圓因或妙因，此即所謂開權以顯實，權即是實。……要者是在成佛必須不離此凡夫之任一行或小機之任一行。❺

　　「低頭舉手皆成佛道」隱含了「即」的意思，這是因爲在開權顯實的大前題下，佛陀所權設的眾多凡夫之行和小機之行，一經開決，便皆可爲成佛之實因。亦即是說，佛可「即」於凡夫或小機之任何一種修行方法而成。

　　天台宗在即於凡夫或小乘任何一行而成佛這思想的基礎上，再配合《維摩經》的經義，把「即」的範圍加以擴大，從而有即九法界而成佛之說法。牟先生說：

> 是則成佛必即於凡夫、二乘、菩薩之任一行而成佛，擴大之，必即於九法界（六道眾生加聲聞緣覺與菩薩）之任一法而成佛。誰即誰？首先便是成佛必即於九法界之任何一法而成

---

❺　《佛性與般若》（下冊），頁598—599。

佛，此即佛之即眾生而爲佛也。

眾生固有散善，亦有散惡。眾生世間本即是穢惡之污泥。但成佛不是高蹈事，必即於污泥而成佛。……《維摩詰經》〈佛道品〉又說：「若菩薩行於非道，是爲通達佛道。」是即佛道即於非道而見。〈觀眾生品〉第七又說：「言說文字皆解脫相。……無離文字說解脫也。」又說：「佛爲增上慢人說離淫怒癡爲解脫耳。若無增上慢者，佛說淫怒癡性即是解脫。」「離淫怒癡爲解脫」是方便權說。「淫怒癡性即是解脫」是圓實說。「離文字說解脫」是方便權說。「不離文字說解脫」是圓實說。❶❻

　　據《維摩經》，成佛不是高蹈事，無須斷絕眾生界。此外，經中還說到「淫怒癡性即是解脫」，「不離文字說解脫」等，都顯示了即於迷染的眾生界而成佛的思想。

　　即於眾生界而成佛的思想，便是天台宗「不斷斷」觀念之所由：

即於淫怒癡而得解脫，此名曰「不斷斷」，亦曰「不思議斷」，或「圓斷」。「不斷斷」者，不客觀地斷除或隔離淫怒癡等非道之惡事而主觀地即得「解心無染」也。……「解心無染」不是獨自成一個覺解的清淨體擺在那裡，而是即於一切法之法理之如而當體即如其如而如之，此即是「不斷斷」，亦曰「解惑不二」。淫怒癡等即是惑事，「不斷斷」即解心無染。

只有「不斷斷」才是圓佛之斷。❶

　　所謂「不斷斷」，乃是指無需斷除淫怒痴等惡事（「不斷」），
而可證得無染的解脫心（「斷」），換言之，解脫心並不獨立於染法
以外，而是可即於一切染污法中證得的清淨體。就此，「不斷斷」
又可名曰「解惑不二」，以解脫心與淫怒痴等惑事為相即無二故。
又由於「不斷斷」是圓妙的「斷」，所以又可稱之為「不思議斷」
或「圓斷」。

　　牟先生對「不斷斷」這最究極的「斷」的方式，詳細申明如下：

　　　生死、煩惱、淫怒痴等，有是凡夫的，有是聲聞的，有是菩
　　薩的……是則下自凡夫（六道眾生在內），上至菩薩，每一
　　法界之差別法，差別相，其成為差別，主要地說，是由於無
　　明。……凡夫的生命全在無明中，因此，其法界之法亦全在
　　染著中。小乘斷見思惑，而不能斷塵沙惑，至如根本惑（無
　　始無明）則只伏不斷，正因此故，而成其為小乘法界。菩薩
　　斷及無明，而不能斷盡，亦正因此而成為菩薩界。至佛究竟
　　斷（不斷斷，徹底而圓滿的解心無染），則其法界之法全在
　　清淨中。他雖有凡夫法，而他畢竟不是凡夫，而只是佛。他
　　雖有聲聞法，而他畢竟不是阿羅漢，而只是佛。他雖有菩薩
　　法，而他畢竟不是菩薩，而卻純然是佛。他既具有九法界法
　　（連其自身即為十界互融而為佛），則他即是「不斷斷」。

────────────

❶　同上註，頁600。

　　他則於凡夫而爲「不斷斷」，則在其「不斷斷」中的凡夫法
　　即與凡夫之無明脫節，病除而法存，因此，即成爲佛法。❸

　　由地獄界至菩薩界的九法界中，每一界皆有差別相，而這些差別相形成的基本原因爲無明。由於凡夫、聲聞、菩薩皆未能斷盡無明，所以他們各住自法，互爲差別，因而形成九法界。佛已「斷」盡無明，故沒有九法界的差別相，畢竟跟凡夫、小乘、菩薩有別。然而佛又是「不斷」煩惱，其成佛是即於凡夫法、聲聞法、菩薩法而成，若用《維摩經》的話來說明這情況，這便是「去病不去法」。

　　牟先生高度讚揚「去病不去法」的理境，認爲它是佛教的基本原則：

　　　　照佛教說，去掉無明世界還有，法還有。維摩詰經有這麼一
　　　　句話：「去病不去法」，這句話很重要，這是佛教的一個基
　　　　本原則。盡管開始說明法的來源是從「無明」來，但來了以
　　　　後，我們要修行成佛的時候，要去無明，不去無明，不能說
　　　　修行。不能說修行，不能成佛。所以成佛一定要去無明。去
　　　　掉無明，不是去掉法，到這個地方，無明跟法分開了，開始
　　　　的時候是合在一起的，分不開的。……到成佛的時候，法跟
　　　　無明分開了，這個時候就可以說「去病不去法」，「法」就
　　　　可以保得住。……「法」若必然保得住，永遠保得住，這樣
　　　　才可以講佛教式的存有論（buddhistic ontology）。❹

---

❸　同上註，頁 600—601。

❹　《四因說演講錄》，頁 128。

成佛的時候，要去掉的是無明，而不是世間法。去掉無明，則無明與世間法分開，這便是「去病不去法」。世間法既沒有去掉，則可被保住；而依牟先生所見，只有在保住一切世間法的情況下，佛教式的「存有論」才可以成立。

「存有論」是牟先生論述中國哲學時經常提到的觀念，其中「佛教式的存有論」尤其獨到，有需要加以說明。❷牟先生說：

> 天台宗所說的圓教是不離權教……所以成佛是即九法界的眾
> 生而成佛，沒有任何一法可以去掉。如此，佛性即一切法的
> 存在保住了。可見不達到圓教，法的存在是無法保住的，而
> 從保住法的存在這一點來看，我即給它規定一個名詞，叫做
> 「佛教式的存有論」（Buddhistic ontology）。本來佛教講無自
> 性，要去掉「存有」（Being），根本不能講存有論；但是就

---

❷ 根據東、西方哲學的特性而提出「執的存有論」和「無執的存有論」，乃是牟先生最重要的學術貢獻之一，牟先生說：「西方的存有論大體是從動字『是』或『在』入手，環繞這個動字講出一套道理來即名曰存有論。……一個存在著的物是如何構成的呢？有些什麼特性，樣相，或徵象呢？這樣追究，如是遂標舉一些基本斷詞，由之以知一物之何所是……此種存有論，吾名之曰『內在的存有論』，即內在於一物之存在而分析其存有性也……因此，這內在的存有論便只限於現象，言現象存有性也，即就現象之存在而言其可能性之條件也；吾依佛家詞語亦名之曰『執的存有論』。但依中國的傳統，重點不在此內在的存有論。……而是就存在著的物而超越地（外指地）明其所以存在之理。興趣單在就一物之存在而明其如何有其存在……此種存有論必須見本源，如文中所說儒家的存有論……及道家式與佛家式的存有論……即是這種存有論，吾亦曾名之曰『無執的存有論』」（〈「存有論」一詞之附注〉，見氏著：《圓善論》，頁337—338。）

　　著佛性把法的存在保住，法的存在有必然性而言，那麼就成
　　功了佛教式的存有論。❷

　　佛教主張一切法都是無自性的，又以去掉一切存有爲目標，所
以佛教應不能成立「存有論」。但天台圓教主張成佛無須脫離九法
界，因而沒有任何一法是須要去掉的，就此，法的存在可被保住，
且有必然性可言。牟先生稱這種存有觀爲「佛教式的存有論」。

(2) 一念無明法性心──「無住本」

　　依牟先生，天台教學的第二個前題爲「一念無明法性心──無
住本」。「一念無明法性心」與「無住本」是互相關聯著的兩個觀
念，「無住本」一詞最早見於《維摩經》，是經云：

　　　又問：善不善孰爲本？
　　　答曰：身爲本。
　　　又問：身孰爲本？
　　　答曰：欲貪爲本。
　　　又問：欲貪孰爲本？
　　　答曰：虛妄分別爲本。
　　　又問：虛妄分別孰爲本？
　　　答曰：顛倒想爲本。
　　　又問：顛倒想孰爲本？

---

❷　《中國哲學十九講》，頁362。

答曰：無住爲本。

又問：無住孰爲本？

答曰：無住則無本，文殊師利！從無住本立一切法。❷

牟先生如此解釋以上經文：

> 經文從「善不善」起向後追溯，至「無住爲本」止，共五步。……
> 此五步各有所依住，名曰五住，即所謂「五住煩惱」也。「住」
> 者依住義，或依止義。有住即涵有所依止處。而最後一步「顛
> 倒想」所依住的卻是「無住」。「無住」者，無所依止之謂。
> 是則「無住」爲顛倒想之本，而「無住」本身則無本。然則
> 前五步之有本實皆是相對地暫時地說者，非究竟說者；實皆
> 是以「無本」的「無住」爲本。以「無本」爲本，實皆是無
> 本，皆是無住。然則此無本的「無住」意指什麼說呢？無本
> 無住即無物，其本身不能有所指。❷

經文由「善不善」往後推，以追尋一切法最根本的依住處。因
這種往後推共有五步，每步又都各有所依住的煩惱，故後人稱之爲
「五住煩惱」。「五住煩惱」最後一住爲「無住」，其意爲無所依
止，而無所依止即是「無本」，故經文說「無住」即是「無本」，
這就是「無住本」一詞之所由。一切法之根本既是「無住」，故經

---

❷ 轉引自《佛性與般若》（下冊），頁 675—676。

❷ 同上註，頁 676。

文便有「從無住本立一切法」一語。此外，說「五住煩惱」無所依止，便即是說它們依於無物，就此，牟先生指出「無住無本」的意義其實即是「緣起性空」：

> 這究竟無本無住的五住煩惱其意義是什麼呢？這不能是別的，只不過是「緣起性空」而已。一切法無自性，即是無住⋯⋯一切法究竟無所住，無所本，即是空無自性也。空無自性而諸法宛然，此即「從無住本立一切法」矣。❷❹

牟先生以為經文說「五住煩惱」無住無本，即是說一切法空無自性，而一切法無自性，亦即「緣起性空」義。一切法雖無自性，但又宛然呈現，這便是牟先生所理解「從無住本立一切法」的意思。

就「無住本」為表「緣起性空」，空宗的論師，如僧叡、竺道生（355─434）等，自不同的角度，提出了不同的說明。牟先生綜述其意如下：

> 以一切法無住無本所表示的空如之理為實，此非如通常肯認一最後的實有之體，此實有之體既是最後的，故不能再有所本，因此，此實有之體即是自住自本。「無住」是遮詮字。所遮詮而顯示的即是一切法之無自性，此即是無本矣。故無本等同無住，亦遮詮字。⋯⋯實則無住即是無本。無住不是一實體字，乃是遮狀字，其主詞是諸法。無住無本，此即是

---

❷❹　同上註，頁 676—677。

「本」，故曰「無住本」。㉕

　　「無住」是遮詮字，它並不是要表示真有一實體爲諸法所依止，反之，它是要顯示諸法皆無自性的意思。一切法無自性即是無本，諸法既以無自性爲本，故說諸法之本爲「無住本」。

　　到天台宗時，對「無住本」觀念有進一步的詮釋，牟先生說：

> 但到智者，則將「無住本」一詞分從兩面說，即法性與無明。……更進而說法性無住即無明。是故從無明立一切法，亦可從法性立一切法，總說則爲「從一念無明法性心立一切法」，將「無住本」具體地解爲「一念無明法性心」，此則更實際而周至，故由此展開天台宗之圓教，不只是緣起性空之籠統說也。㉖

　　智顗不只籠統地就緣起性空說「無住本」，他是從現前凡夫的一念心出發，分無明和法性兩方面，闡述「從無住本立一切法」的涵義。「從一念無明法性心立一切法」是總說，若分別地說，則法性、無明亦皆可立一切法，如是，「無住本」被理解爲指「一念無明法性心」。㉗這就是牟先生把「一念無明法性心」與「無住本」

㉕　同上註，頁 677—678。

㉖　同上註，頁 679。

㉗　據智顗，「一念心」與無明有密切的關連。如智顗在《法華玄義》中，說：「無明祇是一念癡心。心無形質，但有名字。」（《大正藏》卷 33，頁 711 上。）此心又有生起種種生死流轉法的特性，如《法華玄義》引述《華

連在一起，作爲天台圓教所以成立的前題之原因。到湛然時，對「無住本」又有更深一層的理解，他在《法華玄義釋籤》中說：

> 「從無住本立一切法」者，無明爲一切法作本。無明即法性，無明復以法性爲本，當知諸法亦以法性爲本。法性即無明，法性復以無明爲本。法性即無明，法性無住處。無明即法性，無明無住處。無明法性雖皆無住，而與一切諸法爲本，故云「從無住本立一切法」。❷❽

牟先生如此解說湛然的話：

> 「無住本」是指「法性無住」與「無明無住」兩面而言。法性無住處，法性即無明。無明無住處，無明即法性。此種來回地「相即」明法性與無明非異體，乃即在「不斷斷」中而爲同體之不思議境也。此即是「一念無明法性心」矣。此「一念心」（無住本）從無明處一骨碌即是法性，從法性處一骨碌即是無明：未動無明而言法性，未動法性而言無明。法性與無明在「不斷斷」中相即爲一，即成「一念無明法性心」

嚴經》「心如工畫師，作種種五陰，一切世間中，莫不從心造。」的偈語後，說：「畫師即無明心也」（《大正藏》卷33，頁699下）。可是，此心又是淨法之根源，如智顗在他的另一作品《摩訶止觀》中說：「要言之，此心即具一切菩薩功德，能成三世無上正覺。」（《大正藏》卷46，頁9下。）正因一念心除了可生起生死流轉法外，亦是淨法之根源，所以可稱之爲「一念無明法性心」。

❷❽ 轉引自《佛性與般若》（下冊），頁611。

矣。此「一念無明法性心」即具十法界❷

　　依牟先生的解說，湛然把「無住本」分爲「法性無住」和「無明無住」兩方面。蓋在天台宗「不斷斷」的思想下，一念心的法性與無明兩面是相即的，因此，「法性無住」即是說「法性一骨碌即是無明」，法性以無明爲本；「無明無住」即是說「無明一骨碌即是法性」，無明以法性爲本。無明與法性皆不住自體，而是依他而住，因此便形成了無明與法性來回相即的「不思議境」，而這「不思議境」正好體現天台宗作爲圓教的詭譎性質。

　　值得一提的是，牟先生嘗以昏沉和惺惺爲喻，以解釋一念心中法性與無明兩面相即之關係，他說：

　　「法性即無明」……法性當體即是無明，此如闔眼即無明，一昏沉即是無明。明乎此，則一旦豁悟，無明當體即是法性，此如開眼即是明，一惺惺就是法性。此即「無明無住，無明即法性」……無明與法性同體，只有昏沉與惺惺這一浮一沉之差：浮則爲法性，沉則爲無明。此如同一眼，闔則暗，開則明。此之謂同體依，依而復即。❸

　　依牟先生的解釋，無明與法性是同體的，其差別只在於一念之浮與沉：浮則爲法性，沉則爲無明。這情況就正如眼睛的開與闔：

---

❷　同上註，頁 611—612。
❸　同上註，頁 854。

閤眼爲暗，其昏沉相可比作無明；開眼爲明，其惺惺相可比作法性。然無論昏沉或惺惺，皆不離一眼。同樣，無明與法性亦不離一念，故說無明與法性爲「同體依」。

　　牟先生一再舉出「同體依」爲圓教之特性，他在《圓善論》中有以下的話：

> 依天台，成立圓教所依據之基本原則即是由「即」字所示者。如說菩提，必須說「煩惱即菩提」，才是圓說。如說涅槃，必須說「生死即涅槃」，才是圓說。……若是同體，依而復即，純依他住，並無自住，方是圓教。❸

　　牟先生非常認同天台宗的立場，指出成立圓教之關鍵乃在於「即」義。所謂「即」，乃是指相反的事，如煩惱與菩提；生死與涅槃等，在「同體依」的原則下，爲相即之事。故在圓教下，乃有「煩惱即菩提」，「生死即涅槃」的說法。

　　牟先生在解說「無住本」時，一再談及「一念無明法性心」即具十法界，並援引天台宗著名的「一念三千」說對之作出解說。❸

---

❸　《圓善論》，頁 273—274。

❸　例如《佛性與般若》（上冊）說：「圓教破無明見中道是在一念心即十法界之存有論的圓具下，在『不斷斷』中，在『三道即三德』中，破無明見一切法趣有趣空趣不有不空之中道也。此在『不斷斷』中所破之無明即是無始無明，即無住本。」（頁680），又說：「此即示此『從無住本立一切法』乃即是圓教『一念無明法性心即具三千世間法』之立一切法也」（頁682）等。而事實上，因一念心既具無明（染法），又具法性（清淨法），則必然涵具一切法（三千法），故「一念無明法性心」必然引申出「一念三千」之學說。

「一念三千」乃是說「一念心」具足三千世間法，牟先生如此說明「一念心」：

> 然則此一圓教系統所依以成的義理之實是什麼呢？曰：即「一
> 念心」是。此「一念心」亦曰「一念無明法性心」……此是
> 相應那原初的洞見（不斷斷中的「即」）而來的存有論的圓
> 具（圓具一切法之圓具）之「一念心」。它不是通過經驗的
> 分解（心理學的分解）而建立的持種的阿賴耶識……它亦不
> 是通過超越的分解而來的真常心。……它是……就「不斷斷」
> 之實踐中的存有論的圓具而說的煩惱心❸❸
>
> 則知智者所說之「一念心」，雖是陰識心、煩惱心、剎那心，
> 卻是一念心即具十法界而為不可思議之一念心……故必曰
> 「一念無明法性心」。它雖是無明識心，卻即是法性；它雖
> 是煩惱，卻即是菩提；它雖是剎那，卻即是常住（不是心理
> 學的時間中之一心態）。此其所以為不思議境也。它是……
> 相應《法華》圓教，在「不斷斷」中，依詭譎的方式，而圓
> 說的一念心，作為「無住本」的一念心，亦即可以視作一「存
> 有論的圓具」之一念心。❸❹

　　天台宗所說的「一念心」，既非阿賴耶識心，亦非如來藏真心，
而是眾生現前所起的煩惱心念，亦即是以迷染為性的無明識心。可

---

❸❸　《佛性與般若》（下冊），頁603。
❸❹　同上註，頁614—615。

是,在「不斷斷」的原則下,眾生心念一經轉化,當下即是以清淨為性的法性心。因此,天台宗稱此「一念心」為「一念無明法性心」,以表示它圓具一切染淨之法。又因一念心圓具一切染淨之法,所以牟先生稱它為「存有論的圓具」之一念心,並以之為天台圓教「所依以成的義理之實」。

就「一念心」圓具一切法,天台宗有「一念三千」之說:

> 再進而說此「一念心」不但只是一念心,而且是即具一切法的一念心。……此亦即是「一念三千」也。……但此一念心,相應開權顯實之圓教,在「不斷斷」中,它必須存有論地圓具一切法──三千世間法。**㉟**

在「不斷斷」的前題下,一念心具足一切法;而「一念三千」中所謂的「三千」,無非是表一切法。關於「一念三千」,智顗在《摩訶止觀》有如下的說明:

> 夫一心具十法界,一法界又具十法界,百法界。一界具三十種世間,百法界即具三千種世間。此三千在一念心。若無心而已,介爾有心,即具三千。**㊱**

據智顗,一念心具足十法界。十法界即存有界的整體,包括地

㉟ 《佛性與般若》(下冊),頁 604。

㊱ 轉引自同上註,頁 604。

獄、餓鬼、畜牲、阿修羅、人、天這六凡界，與及聲聞、緣覺、菩薩、佛這四聖界。依天台圓教「不斷斷」的原則，無論是凡是聖，每一法界皆具足其他九界，由是十界互具，便成百法界。此外，智顗又以爲每一法界皆具三十種世間。三十種世間是由「十如」配合「三種世間」而來。「十如」是指一切法所有的十個方面，即相、性、體、力、作、因、緣、果、報、本末究竟等，㉟而「三種世間」則是指眾生世間（指十界的眾生）、國土世間（指十界眾生所居住的處所）和五陰世間（指十界眾生所具有的色、受、想、行、識五蘊）。「三種世間」各有「十如」，由是構成三十種世間。又由於每一法界皆具三十種世間，百法界便具三千種世間。正因「三千世間」所表的

㉟　「十如」觀念見於《法華經》的〈方便品〉，分別指法的相狀（相）、性質（性）、本體（體）、潛能（力）、作用（作）、形成的主要條件（因）、形成的輔助條件（緣）、因緣和合產生的狀態（果）、酬報前生行爲的狀態（報）、由相至報這九如平等無別（本末究竟等）的十個方面。牟先生以前九如爲諸法之差別相，而第十如爲諸法之實相，他在《四因說演講錄》中說：「佛教說的實相有兩層意義。先了解一切法的如是相、性、體、力、作、因、緣、果、報，每一法都不能脫離這前九如，前九如每一個法都有。……這是法的差別說，差別說就是分別說。……即表示每一法有它自己的實相，這是俗諦的實相。……『如是本末究竟等』就是最後說起來每一個法都有如此這般的從本到末的全部過程，這全部過程到最後畢竟平等。……這第十如中的『等』，表示出另一層的實相。……每一個法有如此這般相、性、體、力、作、因、緣、果、報的差別，但說到最後要說『空』統統是空。這叫即空而等，因爲統統是空，就平等了。……照康德的說法，前九如講的實相是現象意義的實相。那麼『本末究竟等』這裡說的實相，中道實相，就是大般若經所說『實相一相，所謂無相，即是「如相」』。這個意義的實相是實相般若中的實相，般若智觀照下的實相。這個實相什麼也沒有，沒有那些種種的差別。」（《四因說演講錄》，頁 150—151。）

一切染淨存在法皆涵具於一念心中，所以便有「一念三千」之說。

就以上智顗對「一念三千」的綜述，牟先生有如下的釋義：

> 此是言「一念心即具三千」之典型文字。此境是不可思議之境。有此不思議境，故有「不斷斷」之「不思議斷」。因此，三千世間法皆成佛法。就十法界言，十界互融如水，非情執十界局限如冰也。此顯是開權顯實、決粗令妙、不斷斷中之「一念三千」也。情執十界局限如冰，是粗。十界互融如水，是妙。成佛必即九界而成佛也。故九界與第十佛界互融如水，皆成佛法，此是「不斷斷」也。……佛界既與其他九界互融，即在「不斷斷」中即於九界而成佛，則雖佛界亦有其他九界之煩惱相，惡業相，與苦道相，不過內心無「無明染執」而已。吾人必須在「不斷斷」之層次上了解那一念三千之不思議境。❸

如上所述，「一念三千」是在十界互具，亦即是「不斷斷」的基礎下成立的，而在十界互具的情況下，清淨的佛界不離其他迷染的九界，由是佛界亦有煩惱相、惡業相與苦道相，祇是沒有無明染執而已。反過來說，迷染的九界一經轉化，當下便是清淨的佛界。牟先生採用天台宗的用語，稱這十界互具的境界為「妙」，為「不可思議」。

就「十界互具」，佛界不離九法界，成佛是即於九界而成的妙

---

❸　《佛性與般若》（下冊），頁605。

境而言，牟先生認為天台宗可成立一「存有論」：

> 到天台圓教時確可以成存有論，因為可以維持住一切法的存
> 在。在圓教，成佛是即九法界而成佛……一切法就是九法界及
> 佛法界所成的十法界，就是「一念三千」，三千世間法均包涵
> 在內。一定要就著一切法而成佛，因此當成佛時，一切法一定
> 要存在，就在佛法身上保住了一切法存在的必然性。換言之，
> 既然即九法界而成佛，則三千世間法就無一可去。……只有達
> 到這圓教最高之境界，一切法的存在才能保得住；保得住而不
> 是偶然的，就是必然的，因為成佛有必然性。法的存在有必然
> 性就是存有論，此即「佛教式的存有論」。❸❾

依天台圓教「不斷斷」的原則，佛界不離九法界，成佛是就著
一切法而成；由是在成佛時，一切法一定要存在；而一切法的存在，
便隨著成佛的必然而有必然性，由是得以保住。就天台教學能保住
一切法，它可以成立「存有論」，亦即上文所說的「佛教式的存有
論」。❹⓿

---

❸❾　《中國哲學十九講》，頁 120。
❹⓿　存有論一向是西方人的思想，中國的佛教按理是不能成立存有論的。牟先
　　生說：「一般人了解佛教，並不以形上學來了解之。但雖不好用形上學一
　　詞，是否可用存有論一詞而說『佛教式的存有論』呢？加上一『式』字，
　　是要顯得這存有論有點特別，這表示說在一般人眼中，佛教看世界如幻如
　　化，因佛教說空，是對一切法，一切現象視為如幻如化，正與一般所說存
　　有論的『存有』之義相違反。存有論（Ontology）一詞，主要是講 Being，
　　可是佛教講如幻如化，正好沒有 Being，如何說存有論呢？如可以講，便

(3) 一切法趣空、趣色、趣非空非色

　　牟先生以天台教學的第三個前題為「一切法趣空、趣色、趣非空非色」，然而，縱觀牟先生之著作與講論，皆不見他對此前題有明確之解釋。不過，牟先生在講述天台教學時，一再提出「一切法趣某某，是趣不過」這與第三個前題相近的論式；又經常以「一切法趣空、趣假、趣中」為天台教學的特色，而「趣假」類於「趣色」，「趣中」類於「趣非空非色」。以下試依牟先生這些方面的論述，推見這前題的要旨。

　　在《大般若經》裏，有一大段說話，指出一切法可趣任何東西，可以趣空，亦可法趣色、趣聲等，而且都是「趣不過」。牟先生將

要說是佛教式的存有論。……西方的存有論，主要是講 Being。不只是哲學，我們可拓大而一般地說，西方的文化精神，智慧方向，主要是訓練我們可以把握『是』。『是』這字是由（Verb to be）而來。……在中文文法上，Verb to be 並不清楚。所以並不從「是」入手。佛教剛好與西方相反，定要把「是」給挖掉，故研究佛教，便是訓練我們如何空掉這『是』。這亦是一大智慧。」（《佛家的存有論》，頁 15-16。）牟先生指出，西方的存有論主要訓練人把握「是」，所以能肯定一切事物之存在。但佛教卻以一切法如幻如化，要空掉一切的「是」，按理是不能成立存有論的。但就天台宗有保住一切法的特性，牟先生認為佛教也可成立存有論。他說：「首先既一切法如幻如化，是空，這如幻如化的一切法，一切現象，如何能穩定得住？假如有一最後的圓成來穩定得住，便有一佛教式的存有論……維摩詰經有說：『除病不除法』……佛教儘管說空，但一切差別法並不去掉，只是去病。……至天台宗出來，便公開說：『除無明有差別』，意即所去掉的是主觀的執著（病），而客觀的法，沒有一個可以去掉。」（同上註，頁 16。）

其意思約化爲「一切法趣某某，是趣不過」的公式：

> 在大般若經裏面有一段文章，若把這整段文章總括起來，就是
> 這麼一句話：「一切法趣某某，是趣不過。」……這個趣某某
> 可以隨便舉，沒有什麼限定。你可以一般地說：「一切法趣空，
> 是趣不過」……亦可以具體地說「一切法趣色，是趣不過」，
> 「一切法趣聲、趣香、趣味、趣觸、是趣不過」。**④**

牟先生如此解說這公式：

> 「一切法趣空」，趣是趣赴的意思，即是說所有的法都向「空」
> 這個地方去。……在大般若經裏，什麼叫「一切法趣空，是
> 趣不過」呢？這句話的意思就是：假如你要說空，則一切法
> 就是趣空，都向空的地方去，而且「是趣不過」。這「是趣
> 不過」的意思就是最後的（FINAL）、終極的（ULTIMATE），
> 是指趣空的趣，當體就是終極的，再沒有能超過或超出這個
> 趣的。你可以說「一切法趣空」，亦可以說一切法……趣色、
> 聲、香、味、觸……等，同樣地，所有的趣都是「是趣不過」，
> 這表示一切法無論趣什麼，當體即是終極（ULTIMATE），當
> 體即可指歸爲無一可得的空如實相。這就是大般若經裏所說
> 的般若活智的妙用。**④**

---

④　〈依通、別、圓三教看佛家的「中道」義〉，頁 10。

④　同上註，頁 10—11。

依牟先生理解，「趣」是趣赴之意，「趣不過」是終極之意。「一切法趣空，是趣不過」乃是說一切法都向空趣，而且趣向空的一切法當體便是終極的。至於說一切法趣色、趣聲等，其意思都是一樣。總之，無論趣什麼，一切法當體都是終極的，最終都歸於空如實相。❸

依牟先生的了解，《大般若經》是以「一切法趣某某，是趣不過」的說法，來突出般若智肯認一切法，包涵一切法之特點。牟先生繼而指出般若智之所以能包涵一切法，乃因它有不捨不著的妙用，而天台宗則進一步將「一切法趣某某，是趣不過」一語，納入「一念三千」的思想架構來理解，為一切法之存在提供存有論的根據：

> 所以，大般若經中的「一切法趣某某，是趣不過」這句漂亮的說話，充其量只能表現般若活智的妙用，一切法在般若的不捨不著下而當體而為空如實相。天台宗卻進而將這句話移置於「一念心」處說，而一念心即具三千世間法，即是說，三千世間法（一切法）全部在這一念心裏具備，以天台宗的專有名詞說，這就是「一念三千」。三千世間的一切法就是在這「一念心」中得到存有論的具足和成就，得到一根源的說明。故此，在這個意義底下，一切法不只是在般若活智的穿透下作用地具足成就，而且是在「一念心」中存有論地具

---

❸ 有關般若智如何觀見一切法最終當歸於空如實相，請參本書第二章第一節的有關討論。

足成就。❹

　　天台宗通過「一念三千」的教法，保住三千世間法，從而使一切法在一念心中得以「存有論地具足成就」。而存有論地具足和成就一切法，正是天台教學比般若教學高明的地方。

　　如上所述，牟先生以演說「一切法趣空、趣假、趣中」為天台教學之特色，而這說法又牽涉及「三諦圓融」的觀念。「三諦圓融」是智顗於《摩訶止觀》中所說的觀法。所謂三諦，乃是指空諦、假諦、中諦。智顗於《摩訶止觀》中，指出一切現象都有空、假、中三方面：一切現象為因緣和合所生，所以是「空」；一切現象的本性既是空，則其宛然呈現之相狀只是「假」有；而不執於空、假二面，便是「中」。又依智顗之看法，這三方面皆可於一念心中觀見，由是構成了「三諦圓融」的止觀工夫。此外，空、假、中三諦既為一念心所包涵，故此它們互不妨礙：說空，則假、中亦是空；說假，則空、中亦是假；說中，則空、假俱是中。換言之，三諦觀的任何一觀，都是「即空即假即中」的。

　　若把「三諦圓融」的觀念套入「一切法趣某某，是趣不過」的公式內，便有「一切法趣空、趣假、趣中」之說：

　　　　三千世間法都具備在「一念心」中，但這種具備方式卻不單
　　　　只是散列地如如具備，而且亦可以是「一切法趣空、趣假、
　　　　趣中……，是趣不過」地具備。即是說，假如你說「一切法

────────────────

❹　〈依通、別、圓三教看佛家的「中道」義〉，頁11。

趣空」，那麼一切法全部都是空，一切法在「空」這裏就是最後的，終極的空如實相；並且，一切法的存在亦全是具備在「空」這裏作爲最後的，終極的存在。假如你說「一切法趣假」，則一切法就全部是「假」，全部具備在「假」這裏而爲最後的，終極的存在，亦即是在「假」這裏「是趣不過」。同樣地，一切法亦可以趣中……也同樣是「是趣不過」，都是當體而爲最後的，終極的存在。這是圓頓教的說法**❹**

從「三諦圓融」的觀點來看「一切法趣某某，是趣不過」，則可說一切法趣空，在空裏爲終極的存在，亦可說一切法趣假、趣中，在假、中裏爲終極的存在。牟先生認爲這是「圓頓教的說法」，並進而就「一切法趣中」方面，提出「中道實相理」的觀念：

從「一切法趣某某，是趣不過」這句話，天台宗由此引申出另外一句漂亮的說話，藉此顯出圓教的意義，那句話就是「一切法趣，是圓教義」。……「一切法趣，是圓教義」顯示了「一切法趣某某，是趣不過」這句話具有圓教的特色，爲什麼這樣說呢？因爲這句話透顯著一個「理」，這個「理」就是一切法存有的「理」，就是所謂「中道實相理」。一切法的存有就是在這個「中道實相理」中存在；而這個「中道實相理」亦是即於而且具備著一切法而爲實相理。**❻**

---

❹ 同上註，頁 11。
❻ 同上註，頁 12。

天台宗所說的中道是「即於而且具備著一切法」，它跟其他佛教系統所說的中道，爲與一切法不即，不具一切法有所不同，**⑰**牟先生稱此中道爲「中道實相理」，爲「圓中」，並依之說明天台宗著名的「理具」觀念，認爲天台宗所謂理具，乃是說「中道實相理」具足一切法：

> 理者即「中道實相理」也。此「中道實相」之中是「圓中」……「圓中」者，「即空即假即中」之中而復具備著十法界以爲中也。……故「中道實相理」是即於而且具備著十法界而爲實相理，因此，遂名曰「理具」**⑱**

正因「理具」乃是說「中道實相理」具足一切法，如是，在「理具」的原則下，一切法亦可被可保住，從而獲得存在的意義。

牟先生所列舉天台宗的三個前題，其實都是相應《法華經》開權顯實，發迹顯本的旨趣而來。從實不離權，本不離迹，乃有去病不去法這「不斷斷」的前題。把「不斷斷」的前題應用在觀法上，便有「一念無明法性心——無住本」的前題，並從而引出「十界互具」、「一念三千」等說法。若把「不斷斷」的前題，配合「三諦圓融」的觀念，應用在「一切法趣某某，是趣不過」的公式上，便

---

⑰ 在〈依通、別、圓三教看佛家的「中道」義〉一文中，牟先生比較龍樹教學所代表的通教、瑜伽行和如來藏教學所代表的別教、和以天台教學爲代表的圓教的中道觀，指出通教和別教所言的中道不能像圓教所說的中道般，可具足一切染、淨之法。

⑱ 《佛性與般若》（下冊），頁612—613。

有「一切法趣空、趣色、趣非空非色」的前題，並從而引申出「中道實相理」、「理具」等說法。值得注意的是，牟先生在論述這這三個前題時，都強調天台教學的「不斷斷」教旨，可以保住一切法，並因此而成立「存有論」。牟先生稱這「存有論」為「佛教式的存有論」。言下之意，是以天台宗所證成的存有論，在佛教各個系統中最具代表性，最能反映佛教之立場。

三、智顗的判教思想

就天台教學有保住一切法的特點，它是牟先生眼中最圓滿的佛教思想體系。依天台宗的判教，這最圓滿的佛教體系就是「圓教」。牟先生說：

> 成佛就要從無明中解脫，那麼，我們成佛以後，一切法還保住保不住呢？問題就在這裡。所以，這個地方佛教提出一個圓教，達到真正的圓教，才能保住一切法。……成佛要是圓教才能保住一切法。這個圓教的意義就是天台宗所表達的。❹

在圓教以外，還有許多未臻究極的佛教教學體系，智顗根據它們的不同特質，對之作出判攝和安排，從而建立了天台宗的判教系統。牟先生對智顗的判教系統作出分析，並在分析的過程中，表達了自己對各佛教思想體系的意見。

---

❹　《四因說演講錄》，頁 228—229。

　　智顗所建立的判教系統，後世一般都以「五時八教」稱之。❺

所謂「五時」，是把佛有生之年的教化行迹分為五個時期，即：(1)

說《華嚴經》的華嚴時；(2)說《阿含經》的鹿苑時；(3)說方等大乘

經，如《維摩經》、《楞枷經》、《勝鬘經》等的方等時；(4)說諸

《般若經》的般若時；(5)說《法華經》、《涅槃經》的法華涅槃時。

　　至於「八教」則是指「化法四教」和「化儀四教」。「化儀四

教」是指佛陀對眾生說法的四種不同方式，即頓教、漸教、秘密教、

不定教。「化法四教」是指佛陀對眾生說法的內容，即藏教、通教、

別教、圓教。

　　牟先生在闡釋天台宗的判教系統時，注意力都集中在「化法四

教」上，所以下文亦以此為討論焦點。又牟先生在解釋「化法四教」

的每一教時，都分觀法、解脫和佛果三方面，故以下討論亦沿用這

方式。

(1) 藏　教：

　　藏教即是小乘教，主要教授聲聞、緣覺，傍及菩薩。就觀法而

言，藏教的特點為「析法空」：

> ㈠從觀法方面說，為析色入空，此名曰「析法空」。大體是
> 就因緣和合而成的法，若分析而拆散之，便見其空。此種解
> 空的辦法當然是不徹底的。……乃只是方便權說：此顯然表

---

❺　「五時八教」一詞並不見於現存智顗的著作，智顗最常提到的判教觀念要
　　為「五味」、「三教」、「四教」等。

示話並未說完，只姑如此曲示而已。而此種曲示亦是笨拙的曲示，故亦曰「拙度」。但此拙度，若為佛所說，則亦是對鈍根人而現此拙度相。蓋因「空」義並非易解故。汝鈍而我之曲示亦拙。暫時順此拙度，亦可慢慢悟入。❺

「析法空」是透過不斷分拆因緣和合的法而證取的空。這種證取空的方法是佛相應鈍根人而說的，是不徹底的方便權說，目的在於引度鈍根之人悟入更高的佛理，故天台宗以「析法空」為「拙度」。❺

牟先生又指出「析法空」之所以為拙度，在於它只分拆掉森羅萬象，但卻承認構成森羅萬象的成素還是實在：

照小乘看，森羅萬象，皆可分拆掉，皆無實在性。但構成萬象的每一成素還是實在。析法入空所空的是森羅萬象，但承認五陰、六入、十八界仍是實在。故此析法入空，尚屬方便權說，用拙度之法以便於初學。❺

由於析法空承認五陰、六入、十八界這些構成森羅萬象之成分的存在，所以未能體證絕對的空，仍屬方便之權說。析法空既為權說，其所證得之四諦亦是最幼拙的，就此，牟先生又說：

---

❺　《佛性與般若》（下冊），頁 625。

❺　有關析法空為拙度之問題，可參本書第二章第二節。

❺　〈佛家的存有論〉，頁 18。

此拙度之析法空……有法可生，有法可滅。故此一切法若以
四諦概括之，便是生滅四諦。此亦是拙也。**❺❹**

正因藏教視構成森羅萬象的成素是實在，所以便以爲「有法可
生，有法可滅」，以致未有大乘佛教以一切法爲空的了悟。故修習
藏教之人所證得之四諦爲「生滅四諦」。**❺❺**

就解脫方面，牟先生如此形容藏教：

　　㈡從解脫方面説，三藏教中有雖有聲聞、緣覺、菩薩之異，然
　　同斷見思，同出三界，同證偏眞，同行三百由旬只入化城。**❺❻**

以上引文把藏教所說的解脫觀歸納爲「同斷見思，同出三界，
同證偏眞，同行三百由旬只入化城」。牟先生如此解釋「同斷見思」：

　　「同斷見思」者，同斷見惑思惑。見惑障理，亦曰障智之惑。
　　思惑障事，障解脫之事曰思惑，亦曰修惑。見思惑亦曰枝末惑。
　　未斷及塵沙惑，以未行大乘菩薩道，無道種智故。更未斷及根
　　本惑（無始無明），以未知如來藏恆沙佛法佛性故。**❺❼**

---

❺❹　同上註，頁 18。

❺❺　四諦爲苦諦、集諦、滅諦和道諦，它們是佛教學説的骨幹。智顗分別出「生
　　滅」、「無生」、「無量」和「無作」四種對四諦不同的理解，並依次把
　　它們判屬藏教、通教、別教和圓教。又由於「生滅四諦」和「無生四諦」
　　是比較粗淺，未窮至界外，故同被稱之爲「有量」。

❺❻　《佛性與般若》（下冊），頁 626。

❺❼　同上註，頁 626。

「同斷見思」是指修習藏教之人只能斷除見惑和思惑這些粗淺的煩惱，而未能斷除塵沙惑及根本惑這些深刻的煩惱。❺❽他們未能斷除塵沙惑，是因爲他們未行大乘菩薩道，無道種智；❺❾他們未能斷除根本惑，是因他們未知如來藏恆沙佛法佛性。

至於「同出三界」，是說修習藏教之人只能做到出離三界（欲界、色界、無色界），而未能達至無限的「界外」：❻⓪

> 「同出三界」者，同出離欲界、色界、無色界，此是三界內
> 之工夫，未能進至於界外，以但依於六識，未知有第七第八
> 等故。是則界內爲有限範圍，界外爲無限範圍。小乘功齊界
> 內，智不窮源，故其所言之四諦爲有量四諦，而且亦是生滅

---

❺❽ 天台宗把煩惱分爲見思、塵沙和無明三種，並稱之爲同體三惑。這三惑有粗細程度的不同，其中見思惑中的見惑是指迷於三世道理所起的煩惱，思惑是指迷於現世事象所起的煩惱。至於塵沙惑，是指迷於恆河沙數之法所起之惑障；而無明惑是指對一切法無所明了的煩惱。根據天台宗，小乘人只破見思惑，菩薩兼破見思惑和塵沙惑，佛破所有三惑。

❺❾ 天台宗的「一心三智」說以一心可同時證得三種智慧。這三種智慧分別爲一切智、道種智、一切種智。這三智與空、假、中三種觀法相應：一切智觀空，道種智觀假，一切種智觀中。天台宗又以一切智配小乘人，道種智配大乘菩薩，一切種智配佛。

❻⓪ 牟先生以三界之外爲無限，並表示這無限即是天台宗所說的「即九界而成佛」，又即是儒家所說的與天地萬物爲一的境界。牟先生說：「照儒家講，或聖人，大人，仁者，必須與天地萬物爲一體，方成其爲聖人、大人。至此便是無限，此無限，於佛教言，便是界外。照佛教之最高義，成佛須即九法界而成佛……即九法界而成佛，即達界外三界至於無限。」（〈佛家的存有論〉，頁18。）

四諦。61

小乘人只知有六識，未知有第七、第八識，因此其所作的工夫局限於三界之內，即只能「功齊界內」。又因他們的識見未能進至界外的無限，故是「智不窮源」。既是「智不窮源」，他們對苦、集、滅、道的認識便都是有限度的，故所提出之四諦亦只是「有量」，而不是「無量」的。

至於「同證偏眞」，乃是說修習藏教之人只能證得偏向超離現世的空，而不是空而又不空的「中道第一義空」。而「同行三百由旬只入化城」是說藏教只是修行者的中途站（由旬），離最終的目標仍有一段距離。

就佛果方面，牟先生說：

> ㈢從佛果方面說，爲灰斷佛，即灰身滅智……以未見至如來藏恆沙佛法佛性故，只有修得無常佛性，而無理性本具之眞常佛性，是故化緣一盡，即灰身入滅，故爲灰斷佛也。62

修習藏教之人修得的佛果只是灰斷佛。灰斷佛是指滅盡煩惱、身心同歸於空無的「灰身滅智」狀態。而小乘人所以只能證得灰斷佛，乃因他們「未見至如來藏，恆沙佛法佛性」，從而只能修得無常佛性，而未能證得眞常佛性。

---

61 《佛性與般若》（下冊），頁 626。

62 同上註，頁 626—627。

就以上所舉的觀法、解脫、佛果三方面，牟先生認為後二者才是決定藏教之所以為小乘之關鍵，他說：

> 前㈠為觀法問題，此只能決定其為拙，尚不能決定其為小。小之所以為小乃由㈡㈢決定，此是佛性問題。故佛性之進退，智之窮源不窮源，乃決定大小之關鍵。**❻③**

小乘的「析法空」只是觀法，無疑觀法有巧、拙的不同，但這只是程度的不同，而不是本質的分別，故巧、拙的不同不能決定大、小乘之不同。大、小乘之不同須由佛性之進退來決定，倘若修行者能悟見恆沙佛法佛性，即智能窮源，便是大乘。而修習藏教之人因未能悟見恆沙佛法佛性，即智未窮源，所以只是小乘。

牟先生視佛性的進退為天台宗判教的準則。他說：

> 四諦之有量無量決定於佛性之進退，智之窮源與不窮源。佛性進而又能窮法之源則為無量四諦，退而不能窮則為有量四諦。藏教之有量四諦且亦為生滅四諦……即進至無量四諦矣，亦有有作無作之異，此則決定圓不圓者。**❻④**

佛性之退即為有量四諦，佛性之進即為無量四諦，而無量四諦又有「有作」、「無作」之分別，而此分別乃決定圓教的關鍵。

又於此要特別注意的是，牟先生以為佛性之進退與悲願之大小

---

❻③ 同上註，頁 627。
❻④ 同上註，頁 627。

有密切關係：

> 若眞有大悲心願，必知成佛以一切眾生得度爲條件；而此一
> 觀念必直接引至如來藏恆沙佛法佛性，因而必滲透至界外而
> 至無量四諦。此是決定乘之所以爲大者，而非是巧度所能決
> 定之。㊿

　　牟先生以爲悲願與佛性思想緊密相連，因悲願大者必透至界
外，且以界內界外一切眾生得度爲目標，故必直接推至如來藏恆沙
佛法佛性之觀念。換言之，悲願大者必爲大乘。㊻
　　佛性之進退與悲願之大小乃是牟先生詮釋天台宗判教系統之準
則，而在說明通、別、圓三教時，他對這些準則有更明確的應用。

(2) 通　教：

　　據天台宗，通教乃大乘教學之初門，主要教授菩薩，傍及聲聞
和緣覺。通教的教說見於《般若經》之「共般若」部份和中觀學派
之論著；其特點在於前通藏教，後通別、圓二教。正如本書第二章
指出，牟先生在論述通教時，特別注重通教前通藏教的特點，並認
爲這是通教的當教義與積極義，而牟先生亦主要就這方面來開展他
對通教的說明。
　　就觀法方面，牟先生說：

㊿　同上註，頁 631。
㊻　有關佛性與大乘教學之關係，可參本書第二章第三節。

㈠從觀法方面説，爲體色入空，此名曰「體法空」。此比藏
教之「析法空」……爲進一步，而且一進即進至徹底之境。
此是由緣起性空而言空，以諸緣生法無自性而當體即空，非
必經由分析拆散而至於空……能由無自性而見當體即
空……。此是「體法空」之實義。若就四諦而言之，即是「無
生四諦」也。通教引小入大，首先在觀法上引其捨「析法空」
而進至「體法空」……依天台宗傳統之説法，此「體法空」
似是通教之主要性格。❻⑦

正如本書第二章所指出，般若教學和中觀教學都旨在發揮空的
精神，在般若教學處，空的精神表現爲「蕩相遣執」；在中觀教學
處，則表現爲「緣起性空」。依「緣起性空」説，一切法皆依因待
緣而有，所以都是無自性的。有情若能了悟「緣起」的道理，則可
知一切法（包括五陰、六入、十八界等存在要素）當體即空，這便是「體
法空」。牟先生以「體法空」的觀法爲通教的主要特點之一，表示
通教之目的在於引導小乘人捨棄不徹底的「析法空」，從而進至徹
底的「體法空」。又由於通教主張一切法之當體爲空，無實法生，
無實法滅，故其所證得的四諦爲「無生四諦」。

就解脱方面言，通教與藏教無甚大分別。牟先生説：

㈡從解脱方面説，此通教中聲聞、緣覺、菩薩三人「證果雖
異，同斷見思，同出分段，同證偏眞。」此中「同斷見思」，

---

❻⑦　《佛性與般若》（下冊），頁630。

同於前藏教，然通教菩薩以及被引之聲聞緣覺之可轉爲此通教之菩薩，以行大乘菩薩道故，在體法空之精神下，亦可具道種智而斷塵沙惑，雖只是界內之塵沙惑。當然不能斷及根本惑。何以故？因「同出三界內分段身」，不能出界外之「變易身」（變易生死）。何以故？因但依六識，未進至第七第八識故。因此，仍是「同證偏眞」。何以故？以未至「如來藏恆沙佛法佛性」故，故只證得偏空之眞，不能證至「空而不空」之中道第一義空也。……因「同出分段，同證偏眞」，限於界內，故就四諦而言，雖因「體法空」而爲無生四諦，然仍是有量無生四諦也。**❻❽**

以上引文把通教所說的解脫觀歸納爲「同斷見思，同出分段，同證偏眞」。「同斷見思」意謂修習通教之人跟修習藏教之人一樣，能斷除見惑和思惑，不過因爲他們行大乘菩薩道，具足道種智，故能斷除更深細的塵沙惑，只是仍未能斷及根本惑。「同出分段」是說修習通教之人只能證得壽命與形體都有限制的界內「分段身」，而未能證得遠離迷執世界、超越輪迴界外的「變易身」，這是因爲他們跟藏教的人一樣，只知六識，而未知有第七、第八識的存在。又因他們未能進至第七及第八識，所以未能悟見「如來藏恆沙佛法佛性」，因此與藏教之人一樣，只能證得「偏空之眞」，故說「同證偏眞」。此外，牟先生又指出，修習通教的人雖可因「體法空」的巧度而證得「無生四諦」，但因通教與藏教一樣，其解脫工夫限

---

❻❽ 同上註，頁 630。

於界內,所以其證見的四諦亦是「有量」的。

就佛果說,修習通教之人因未能證得如來藏恆沙佛法佛性,故跟修習藏教的人一樣,只能證得灰斷佛。牟先生說:

⟨三⟩從佛果方面說,仍是灰斷佛。何以故?以未進至如來藏恆沙佛法佛性故。❻

牟先生於《佛性與般若》中,在分析過通教的觀法、解脫和佛果三方面後,繼而表示通教所以跟藏教不同,爲大乘教之一門,並不在於「體法空」之巧度:

但吾人……覺得只觀法之巧拙實不足以決定教之爲大或爲小。而由析法空實亦可直接熟練至體法空。假定析法空只是話未說完的一時方便說,又假定亦是佛說,則吾人依諸行無常諸法無我之緣生觀,勢必由此析法空之拙度,可以直接發展至體法空之巧度,而不須其他觀念之幫助。……因此,若只有體法空之巧度,亦不必能決定教乘之爲大也。儘有觀法甚巧,而若不興發悲心,不窮法之源,亦仍是小乘也,因爲由觀法之巧拙不能直接引生出大悲心與如來藏恆沙佛法佛性故。❼

---

❻ 同上註,頁 631。
❼ 同上註,頁 631—632。

　　藏教之「析法空」是方便之曲示，若將其所顯示的緣生原則進一步引申，亦可直接進至「體法空」，故觀法的巧拙並不能決定教乘之大小。決定教乘大小的關鍵乃在於悲願之或大或小，以及如來藏恆沙佛法佛性之思想。**❼**而通教之為大乘，乃在於其悲願大。牟先生說：

> 然則通教之為大乘者，只因其在「體法空」之觀法下行菩薩道而不捨眾生也，非如小乘之恩不及物，只獨善而不兼濟也。然此不捨眾生亦非只由體法空之觀法所能推出，須加上「悲願」一觀念。**❼**

　　通教之為大乘，是因它有不捨眾生的悲願，反之，藏教只教人自渡，無兼濟眾生的弘願，故只屬小乘。

　　在論述過通教的特性後，牟先生指出天台宗把《般若經》和中觀論書判為「通教」是有問題的，他說：

> 複次，此種通教以《般若》部內之共般若以及龍樹之空宗實之，尤有問題。本來《般若經》以及龍樹《中論》之般若學，其精神只在融通與淘汰，不在立出有特定內容之教義……它只順已有之教義而淘汰其執相……擴大此精神，可擴至順一切法而融通淘汰之。凡有教法處，它即跟上去而融通淘汰

---

❼　有關「析法空」與「體法空」之關係，與及佛性與教乘之關係，可參本書第二章第二、三節。

❼　《佛性與般若》（下冊），頁630—631。

之……它可被視爲眞正的共法，一切大小乘皆不能違背之共法。它可順小乘而融通淘汰之，亦可順大乘而融通淘汰之。……順大乘而表現其融通淘汰之精神，它即爲大乘中之般若。順小乘而表現其融通淘汰之精神，它即爲小乘中之般若。乘有大小，而般若無大小。**❼❸**

《般若經》以及中觀教學皆以融通淘汰爲其中心精神，都不建立特定內容之教義。融通淘汰是指順著已有之教義而淘汰其執相。這種精神可表現於一切大小乘的教法中，順著不同之大小乘教法而融通淘汰其執相，其自身則無大無小，亦不能決定何者爲大乘，何者爲小乘。因此，牟先生認爲天台宗把《般若經》以及中觀教學判定爲一種特殊的教，是值得商榷的。此外，牟先生對天台宗所作「共般若」和「不共般若」的區分也有所保留：

智者於此似未能諦認，因此，他遂就般若融通淘汰之精神，閃爍模稜地將其滑轉而爲共般若與不共般若，就共般若而說成一有特定內容之通教。此是將那本是順小乘而表現般若融通之精神者滑轉而爲共般若，將般若縛著於小乘，因此，遂成一有特定內容之通教。此是般若之限定化。然而般若本不能有如此之限定。**❼❹**

---

❼❸　同上註，頁 632。
❼❹　同上註，頁 632—633。

　　由於智顗未能認清般若的融通淘汰精神爲共法的事實，所以誤把般若順著小乘而表現的融通淘汰作用判爲「共般若」。牟先生認爲智顗這做法其實是把「般若縛著於小乘」，是「般若精神之限定化」，而般若本身其實不能有如此限定。亦因同一理由，牟先生認爲智顗判「不共般若」爲別、圓二教亦是不恰當的：

> 智者說《般若》部中有通別圓三教，通教既爲共般若，則別圓二教即爲不共般若——不共於小乘之般若。其實般若只是一般若，並無不共於小乘專限於大乘別圓二教之般若。不共般若原只是般若之融通淘汰之妙用之在別教中行與在圓教中行……而它本身卻並不能決定別教之爲別教圓教之爲圓教；今卻滑轉而爲專屬之般若，好像般若自身即能決定別教之爲別教圓教之爲圓教者。……但其本身既非別教，亦非圓教。說般若中有通別圓三教……，亦是不能落實之語也。……焉得有所謂共般若爲通教與不共般若爲別圓教之說耶？**⑦**

　　依牟先生之見解，般若只是共法，無所謂不共於小乘、專限於大乘之般若。智顗所謂的「不共般若」，只不過是般若融通淘汰之精神順著別教和圓教之表現，其本身不能決定別教之爲別教，亦不能決定圓教之爲圓教。總之，「不共般若」與「共般若」之區分，都是對般若精神的違離。**⑦**

---

⑦　同上註，頁 633。

⑦　有關牟先生如何看「共般若」與「不共般若」，可參本書第二章第一節。

既然牟先生以爲般若教學的「共般若」與中觀教學皆不應視爲通教，那麼，天台宗所謂的通教當是指什麼呢？牟先生有如下的看法：

> 依以上之分疏，吾人顯出般若與中觀俱是共法，乃任何教乘所不能違背者。然就龍樹學而言，龍樹學只是共法乎？在此，《般若經》與龍樹學似乎有一點距離。《般若經》可只是共法，而龍樹學可不只是一共法。若就其體法空之中道觀而言，它是共法。但在其表現此體法空之中道觀中，它似亦顯出一特殊之教相，即，它只限於界內分段身，未能進至第七第八識；它對一切法無根源之說明，未能進至如來藏恆沙佛法佛性……凡此教相俱顯一限定的意義，因此，成爲一有限定的特殊教相。吾人可即依此而說龍樹學是一種有限定意義的通教，不是共法。⓱

與般若教學一樣，中觀教學所證得的「體法空」精神也是共法；但中觀教學在表達「體法空」的精神時，顯出一種「特殊之教相」，其言解脫只限於界內，未能進至第七第八識，亦未能證得如來藏恆沙佛法佛性。牟先生認爲依此「有限定的特殊教相」，可說中觀教學爲「有限定意義的通教」，亦即是天台宗所說的通教，而不是共法。⓲

⓱ 《佛性與般若》（下冊），頁 634。

⓲ 牟先生認爲作爲共法義的般若精神也可以是通教的一種。牟先生稱此種通教爲「無限定意義的通教」，以其可「通」行於大小乘中，且可與「有限

在檢討過天台宗對通教的判釋後，牟先生有如下的總結：

> 依是，《般若》與《中論》俱有兩義，一是共法，一是限定
> 相。就《般若經》言，它的「不壞假名而說諸法實相」是其
> 爲共法義；然而般若之作用的圓具非存有論的圓具（不具備
> 一切法之根源的說明），此是其限定相……。就《中論》言，
> 它的體法空之中道觀是其爲共法義；它的特殊教相是其限定
> 義，因此，它是一有限定意義的通教。❼❾

　　牟先生認爲般若教學與中觀教學其實都有「共法義」和「限定
相義」。般若教學的共法義爲「不壞假名而說諸法實相」，中觀教
學的共法義爲「體法空」。由於共法不能決定教乘之或大或小，所
以不可視此義爲天台宗所說的通教。至於般若教學的限定相義要爲
「不具備一切法之根源的說明」；中觀教學的限定相義要爲上述的
「有限定的特殊教相」。牟先生分辨般若教學和中觀教學的兩方面
意義，是有其深意的，他說：

> 吾如此講，一方可以滿足尊《般若》宗龍樹者之以《般若》
> 與空宗爲究竟了義，一方亦可以滿足天台宗之視空宗爲通教

定意義的通教」對比故。牟先生說：「如果就此共法而言通教，則是無限
定的通教。……但此不是天台宗所說的通教。天台宗所說的通教是指有限
定的通教而言。」（《佛性與般若》〔下册〕，頁 115）。有關牟先生對
「無限定」與「有限定」兩種通教的討論，請參閱本書第二章第二節。

❼❾　《佛性與般若》（下册），頁 635。

與華嚴宗之視爲始教。如果只就其爲共法義而說它們已經是
究竟了的，其餘種種說皆是不知《般若》妙用之圓滿以及不
透徹《中論》之緣起性空（一切法空）的，這是不公平的。
如果只就其限定相而說《中論》是通教或始教，於《般若》
則立共般若與不共般若之分（天台宗），或一併視之爲始教
（華嚴宗），而不知其亦有共法義，這也是不公平的。⑧

　　一方面，有些尊般若和龍樹教學之論者，以般若學及中觀教學
的「共法義」爲究竟，以其餘的佛教教學爲不圓滿。另一方面，天
台宗與華嚴宗著眼於般若教學與中觀教學之「限定相義」，並據之
而判它們爲大乘初門的「通教」和「始教」，爲非究竟。牟先生認
爲這兩種態度都是不公平的，所以他把「共法義」和「限定相義」
並列，就「共法」方面肯認般若教學和中觀教學皆有究竟的一面，
就「限定相」方面指出它們也有不究竟的地方。牟先生如此做，一
方面既可滿足尊般若與宗龍樹之學者，另方面又沒有違背天台宗與
華嚴宗的判教系統，可謂兩存其美。

　　最後，牟先生以天台宗的「化法四教」爲基礎，配合「共法」
觀念，提出「五教」之說：

　　　若就此共法義而想，因爲它雖是一共法，其自不能決定一大
　　　小乘之教義，它本身非是一系統，而只是一融通淘汰之精神，
　　　或只是提供一體法空中道觀之模型……然而因爲它亦教導吾

人如何去融通淘汰或如何去作體法空之中道觀，則它又可是一教，即《般若》無諍教或觀法無諍教。依此而言，則判教當爲藏、通、別、圓、共之五教，而非只四教。❽

雖然共法不是「系統」之教，然而，就它教人如何去融通淘汰，如何作體法空之觀解，亦可視之爲一種「觀法」之教，牟先生稱之爲「共教」，並把它跟藏、通、別、圓四個系統之教並列，從而提出「五教」之分判。

(3) 別　教

別教只教化菩薩，不及聲聞及緣覺。因它有不共二乘之特性，故稱之爲「別」。牟先生如此說明別教的特性：

> 吾人必須知別教……對於一切法有一根源的說明故也。《般若》部無此問題，故嚴格言之，《般若經》與龍樹之《中觀論》實非一系統，亦非是一宗派，因爲它們是共法故，是無諍法故。正因對於一切法作根源的說明故，始系統多端，始諸宗分立。小乘但依六識，並非無說明；但因「智不窮源」，只限於界內有量四諦，故爲小乘。……獨大乘別教能窮法之源，故可至無量四諦。能窮法之源，……是則不只限於三界內之有限有量境，而且亦徹至界外之無限無量境。❽❷

---

❽　同上註，頁 636。
❽❷　同上註，頁 637。

　　依牟先生的見解，別教的主要特點，在於它對一切法有根源的說明，這種說明有別於以般若和中觀教學爲代表，對一切法沒有根源說明，而只是共法的通教。無疑，藏教亦對存有作出根源的說明，但其說明只限於界內，未能窮法之源，而別教的說明則能進至界外，能窮法之源。就別教對存有根源的說明能窮法之源，天台宗稱別教所證得的四諦爲「無量四諦」。

　　此外，牟先生又指出，別教原則上可有眾多不同系統，但實際出現過的只有兩個，即阿賴耶妄心系統和如來藏眞心系統。牟先生稱前者爲始別教，後者爲終別教。始、終兩種別教的界定不見於天台宗，而是牟先生的發明。牟先生解釋說：

　　　　今言別教之主要性格只就阿賴耶識系統與如來藏系統而說。但若如此，則別教必須分爲始別教與終別教兩種。智者當時無此分別。蓋眞諦傳《攝論》即攪合不清故。順《攝論》本身而言，本自是阿賴耶系統，即智者所謂「黎耶依持」。但順眞諦之增益解釋，如解性賴耶，如如來藏自性清淨心，如第九菴摩羅識，則又當是如來藏系統（眞心系統），即智者所謂「眞如依持」。智者將眞諦之增益解釋與《攝論》自身義混合而爲一，故一方稱《攝論》爲「黎耶依持」，……斥之爲「界外一途法門」，……一方又常依眞諦之增益解看《攝論》，以眞諦所傳者爲別教……今將別教分爲兩態，視彼爲「界外一途法門」者爲始別教，視如來藏系統爲終別教。[83]

---

[83]　同上註，頁 638。

　　智顗未能區別阿賴耶妄心系統和如來藏眞心系統，乃因這兩系統在傳入中國之初期便「攪合不清」。例如攝論師眞諦用眞心思想（如解性賴耶、第九阿摩羅識等觀念）來解釋屬妄心思想的《攝論》即是。智顗未能正視眞諦詮釋《攝論》時的歧出，以致未能區別《攝論》與攝論師思想的不同，因而把妄心思想和眞心思想混合，同判之爲別教。❽車先生把別教分爲始別教和終別教，是要突顯兩者的歧異。

　　跟討論藏教和通教時一樣，牟先生分觀法、解脱和佛果三方面，分述始別教和終別教的特性：

　　始別教：

　　　㈠約觀法言，依唯識説三性，亦是體法空，依此而言無生四
　　　諦。此即般若精神之在始別教中行。❽

　　在觀法方面，始別教依唯識觀念，演説三性，❽主張一切法是由心識所變現，都是依他而起，不具實體性。此觀法突顯一切法本無實體，主旨同於通教之「體法空」，爲般若之融通淘汰精神在始

---

❽　有關智顗對妄心思想的判別，與及攝論師對妄心思想的解釋，可參本書第三章第六節。

❽　《佛性與般若》（下册），頁639。

❽　瑜伽行教學（唯識宗）所説的三性爲「依他起性」，「遍計執性」和「圓成實性」。一切法皆依因待緣而起，本無實性，是爲「依他起性」。但有情對一切法遍計執度，以一切法爲實有，是爲「遍計執性」。若知一切法皆依因待緣而起，本無實性，以空爲性，便可證得「圓成實性」。

別教中行。

㈡約解脫言，由正聞熏習而至出世清淨，依此說漸教……雖
可通至界外，斷及無明，然既是漸教，則究竟斷無必然的保
證。既可通至界外，自可開無量四諦。然就染妄面說，通過
熏習，種子始可成爲現行，而種子亦由後天展轉熏習而成，
是則無量純是經驗地說，是不定者，只是敞開一無限制之門
而已；就清淨面說，正聞熏習是經驗的（後天的），則無量
亦是不定者，亦只是敞開一無限制之門而已。是則無量四諦
未能究極證成也。此即示窮法之源，雖窮而未至其極也。……
故謂之爲「始別教」。❽

　　始別教的解脫觀比藏、通二教的都要徹底，因藏、通二教的解
脫觀限於界內，只能斷及見思惑和塵沙惑，未能斷及無明惑，亦未
能窮法之源；而始別教的解脫觀通至界外，能斷及無明惑，亦能窮
法之源。然而，始別教以眾生心的本性爲妄染，由是解脫的發生，
端賴正聞熏習，而正聞熏習是後天的事，其發生並無必然性，由是
斷無明惑，窮法之源之事亦無必然之保證。❽故此，牟先生謂始別
教只是原則上「敞開一無限制之門」，實際上未能究極地證成「無
量四諦」；雖能窮法之源，但「未至其極」；故爲別教之「始」。

❽　《佛性與般若》（下冊），頁 639。
❽　有關正聞熏習的討論，可參本書第三章第三、四節。

㈢約佛果言，凝然眞如只是空如理，是無爲法，一切憑依之
而起的加行皆是有爲……是則眞常即不能達到，「如來藏恆
沙佛法佛性」一觀念即不能充分證成……此即示阿賴耶緣起
未能成爲別教之典型，故只視之爲「界外一途法門」也。❽

　　始別教所言的佛果爲無活動義（凝然）的眞如。憑依這眞如而
起的一切法有生滅變化（有爲），而眞如自身則無生滅變化；故眞
如與其所起之法有所隔別。由是始別教所言的佛果沒有兼具常與無
常的「眞常」義，不能充分證成如來藏恆沙佛法佛性。故牟先生援
引天台宗的用語，稱始別教爲「界外一途法門」，以爲它不是別教
之典型。

　　終別教：

㈠約觀法言，亦是體法空，故亦是無生四諦。此是般若精神
之在「終別教」中行。❾

　　終別教的觀法跟始別教一樣，是「體法空」，是般若精神在終
別教中的體現。

㈡約解脫言，由始覺而究竟覺，還歸於本覺，斷及無明而至
究竟斷有必然之保證。由一眞心開二門，流轉與還滅俱涵無

---

❽　《佛性與般若》（下冊），頁639。
❾　同上註，頁639。

　　量法，故至無量四諦是決定的，不只敞開一無限制之門而已
也。此即是窮法之源而已窮至其極矣。❿

　　在解脫方面，終別教不但像始別教般，能斷及無明惑，窮法
之源，而且它安立自性清淨的眞心爲一切法之根源。依《起信論》
之解說，眞心本有清淨的熏習能力，能叫始覺呈現，以致究竟覺
圓成，❿由是斷無明惑，窮法之源之事，皆有必然之保證。又眞心
具有「眞如」和「生滅」兩門，前者變現一切淨法，保證了淨法
之可能；後者變現一切染法，保證了染法之可能，換言之，眞心
乃是一切法之根源，能爲一切法之存在提供超越之根據。故此終
別教並非如始別教般，只是原則上敞開一無限制之門而已，而是
實際上能窮法之源，且窮至其極，故能究極地證成「無量四諦」，
爲別教之「終」。

　　㈢約佛果言，通過還滅後，眞常心之全部朗現即是佛。「如來
　　藏恆沙佛法佛性」一觀念至此始充分證成，而法身常住亦充分
　　證成，「空不空」亦充分證成。……此「空而不空」之中道只
　　是「但中」之理……故此仍爲權說之別教，非圓教也。❿

　　終別教所說的佛果，乃是眞心全體之朗現。眞心自身無生滅變
化，卻能變現生滅變化的萬法，故兼具空與不空的特性。由是由眞

---

❿　同上註，頁 639─640。
❿　有關始覺、究竟覺、本覺之關係，可參本書第四章第五節。
❿　《佛性與般若》（下冊），頁 640。

心朗現而成就的佛果兼具常與無常的「真常」義，亦能充分證成如來藏恆沙佛法佛性。不過，終別教就真心兼具空與不空的特性而言中道，這中道是超離空、假二面的「但中」，而不是即空即假的「不但中」，所以終別教仍只是別教，而不是圓教。

牟先生把天台宗所言的別教分為始別教和終別教，指出兩者都能窮法之源，證得無量四諦，但始別教窮法之源而未至其極，又未能充分證成如來藏恆沙佛法佛性；而終別教不單能窮法之源並至其極，且能證成如來藏恆沙佛法佛性。其論述既不違背天台宗的四教判教分類，又能釐清阿賴耶識和如來藏兩大思想系統的同異，以及突出它們在佛陀說法中所佔的位置，此其貢獻所在。

(4) 圓 教

圓教的教化對象為最上根之人。因其教說沒有任何偏執，最為圓滿，故稱之為「圓」。圓教既是最圓滿的教法，所以它能進至界外，斷及無明惑，亦能證得如來藏恆沙佛法佛性。牟先生便是在這些前設下，對圓教作出討論。牟先生以天台宗的教學為圓教的代表。跟討論前三教時一樣，牟先生分開觀法，解脫和佛果三方面，對圓教作出解說。

就觀法方面，牟先生說：

> ㈠約觀法言，為一心三觀……三觀者，觀空、觀假、觀中也。觀空為慧眼，一切智；觀假為法眼，道種智；觀中為佛眼，一切種智。而所觀之空假中即三諦也。即三而一，即一而三，是故「即空即假即中」。……此是龍樹《中觀》之吸納於圓

教中說，不背緣起性空之基本義；亦是般若融通淘汰之精神
之在圓教中行，故由體法空而當體即是無生四諦，即是無量
四諦，亦即是無作四諦。❾

　　牟先生用了天台宗先驅慧文的「一心三觀」禪法和智顗的「三
諦圓融」思想，來說明圓教的觀法。慧文從《般若經》、《大智度
論》和《中論》等「通教」著作中得到啟發，主張一切智、道種智
和一切種智皆可於一心中得，又把這三種佛智與《中論》〈觀四諦
品〉的「三是偈」所說的空、假、中觀念結連，以一切智觀空，道
種智觀假，一切種智觀中，由是認爲一心可同時觀見事物的空、假、
中三方面。智顗進一步合稱空、假、中爲三諦，又就它們所指謂的
三種性質有同時存在於每一事物中，互不妨礙的特性，提出了「三
諦圓融」的說法。正因三諦圓融，所以「即一而三，即三而一」，
並且「即空即假即中」。由於「一心三觀」和「三諦圓融」的教說
皆本於「通教」典籍，而它們根據的《中論》「三是偈」又旨在說
明緣起性空的道理，所以牟先生認爲圓教之觀法「是龍樹《中觀》
之吸納於圓教中說」，「亦是般若融通淘汰之精神之在圓教中行」。
　　上引文結束處指出圓教之觀法不離通教的體法空義，所以它跟
通教一樣，證得「無生四諦」。此外，圓教的存有觀能進至界外，
所以它又跟別教一樣，證得「無量四諦」。就圓教的觀法兼具無生
四諦和無量四諦的特點，牟先生乃謂天台宗能證得最究極的「無作
四諦」。牟先生如此解釋「無作」：

---

❾　同上註，頁 645—646。

別教無量四諦，只因隨緣而起，便非無作。又若隨緣不至者，
便順神通表現，神通便有作意。故在別教，一切法仍未有究
極之穩定，爲有作（有造作）之無量四諦，非自然本具。無
作，乃説如來藏佛性本固具十法界（不但中）。佛具其他九
界，而地獄雖爲地獄，然其他九界亦固具其中。每一法界皆
具其他九法界。此曰性具系統。如隨緣起現，則如無緣，便
可以不現，故未得穩定。至圓教，必須説一切法爲如來藏本
身固具，非造作隨緣而有。❾❺

　　「無作」意謂「無」有「造作」，它是對比別教的「無量四諦」
爲「有作」而提出的。別教以如來藏爲一切法之依止，如來藏隨緣
而起現一切法，若緣不至，則順神通而起現一切法。換言之，如來
藏須依賴外緣才可起現一切法，若沒有外緣，一切法便不能生起，
故一切法無存在之必然性，亦即無「究極之穩定」，爲「有」造「作」
而有。反之，圓教主張如來藏佛性本具十法界，成佛即於九法界而
成，由是無一法可去，一切法之存在遂有必然性，可得究極之穩定，
爲「無」造「作」而有，故圓教證得的四諦爲「無作四諦」。

　　就解脱方面，牟先生説：

　　　㈡約解脱説……此中即是一「不斷斷」。而此「不斷斷」即預
　　　設「從無住本立一切法」，即「一念無明法性心即具三千世間
　　　法」，此是存有論的圓。……此是性具系統，非「隨緣不變不

────────────────

❾❺　〈佛家的存有論〉，頁 19。

> 變隨緣」之性起系統。性起系統只是……斷斷，而非不斷斷。
> 「斷斷」有能覆與所覆，故必斷除能覆之無明，始顯所覆之眞
> 心；必斷除九界之差別，始顯佛界之法身。此即荊溪所謂「緣
> 理斷九」也。不斷斷者，法身必十界互融而爲法身……此即是
> 說，必即三千世間法而爲法身……。法性必即無明而爲法性。
> 無明須斷，此即所謂「解心無染」；而無明中之差別法則不斷，
> 此即所謂「除病不除法」，即「不斷斷」也。……依此而言「性
> 德惡」。「性德惡」者即性德三千中除佛界外餘九界中一切本
> 具之穢惡法也。此明是在「不斷淫怒癡」下之詞語，無足驚怪
> 也。……故「性德惡」是性具系統無作四諦之重要標識，實只
> 是「不斷斷」之變換語耳。❾❻

　　圓教的解脫觀跟別教一樣，能斷及最根本的無明惑。不過由於
別教是性起系統，以一切法皆爲清淨佛性之體現，故其所言作爲解
脫本據的佛性眞心與九法界有隔。因此，解脫成佛必須斷除九法界
之差別。就別教須斷及無明與九法界才能證得解脫，牟先生稱別教
之解脫方式爲「斷斷」。而圓教則是性具系統，以本覺之性具足一
切善、惡之法，故其所言那作爲解脫本據的「一念無明法性心」即
具九法界。因此，解脫成佛只須斷除無明，而無須斷除九法界的差
別。就圓教無須斷除九法界便可證得解脫，牟先生稱圓教之解脫方
式爲「不斷斷」。在「不斷斷」的前設下，一切穢惡法門皆獲得存
在之必然性，天台宗嘗以「性德惡」一詞來指謂這狀況，以突顯佛

---

❾❻　《佛性與般若》（下冊），頁 646—647。

之法性心不斷穢惡法之特性。正因「性德惡」一詞標誌著圓教「不斷斷」的特性，所以牟先生以之為「性具系統無作四諦的一個重要標識」。

就佛果方面，牟先生說：

> ㈢約佛果言，即為法身常住，無有變易，「如來藏恆沙佛法佛性」之圓滿的體現。如來藏即「一念無明法性心」也，不指真心而言。圓滿體現者必即三千法而體現之也，因恆沙佛法佛性本具此三千法也。❾

圓教所說的佛果要比別教所證得的更為圓滿。終別教所說的佛果為真心之全體朗現，而真心要朗現，須斷除九法界，故其佛果有隔別性質。圓教所說的佛果則為如來藏恆沙佛法佛性的圓滿體現，而圓教所謂「如來藏」，並不是指真心，而是指「一念無明法性心」。所以圓教的佛果必即於三千法而成就，與九法界沒有隔別，為最圓滿的形態。

圓教證得無作四諦，即於九法界而得解脫，其佛果又圓滿無礙，因此無論是在觀法、解脫和佛果三方面，它都是最圓滿的，所以稱之為「圓」。

「圓教」一辭，不僅見於天台宗的「化法四教」判，亦見於華嚴宗的「五教」判。雖然二者都以「圓教」來稱呼它們心目中最圓滿的佛教教門，但據華嚴宗，圓教有「同教一乘圓教」（「同圓」）

---

❾ 同上註，頁 647。

和「別教一乘圓教」（「別圓」）兩種，前者指《法華經》的教學，後者指《華嚴經》的教學；而華嚴宗認為前者有預於九法界權事之特性，故不是終極的圓教，終極的圓教是單顯佛法身之圓滿的「別圓」，牟先生並不贊同華嚴宗這看法，他說：

> 華嚴宗雖就起信論推進一層，說得那麼圓，但在天台宗看來，仍屬別教，而據我看來，亦實是別教。乃別教一乘圓教，賢首自亦說其圓教是別教，然此非天台之別，此別乃就佛法身說（非就菩薩說）。專就佛法身說，固然很圓，然全是套套邏輯。佛法身上的圓融無礙，普入普即，相成相奪，十十無盡……亦即是佛法身法界之分析的表示。此種分析的引申所表示的圓非圓教之為圓之所在也。
>
> 故華嚴宗可說自家最高，然天台可謂彼雖高而不圓，只是站在金字塔頂上說話，所謂唯談我佛，不開權，不發迹，未暢佛之本懷，是也。而圓只有一，不可各圓其圓。❾⑧

　　牟先生認為圓教只有一個，因此有分判「同圓」和「別圓」何者才是真正圓教的必要。牟先生指出，華嚴宗所發揚的《華嚴經》教學，其特色在於它專就佛法身的圓融無礙而展示種種相即相入的無盡相，它「不開權」，「不發迹」，偏重「高」而不能做到「普」，牟先生評之為「高而不圓」。至於天台宗所發揚的《法華經》教學，則以開權顯實，發迹顯本為旨趣，就「顯實」、「顯本」方面，它是「高」；就「開權」、「發迹」方面，它是「普」，由是牟先生

---

❾⑧　〈佛家的存有論〉，頁 19。

認爲天台宗才是眞正圓之所在。若依華嚴宗的用語，眞正的圓教當是「同圓」，而不是「別圓」。

牟先生對「化法四教」的解說，可視爲他對整個佛教系統看法的總結。牟先生在解釋「藏教」時，指出佛性之進退，才是決定大、小乘的關鍵。又因佛性進至其極時，必遍及存有界的一切法，由是佛性問題必牽涉到對一切法根源的說明。若對一切法之說明能進至界外，便是大乘；若對一切法之說明只囿於界內，便是小乘。

在解釋「通教」時，牟先生指出通教可分爲「有限定意義的通教」和「無限定意義的通教」兩種。「有限定意義的通教」爲中觀教學所顯示出的特殊教相，亦即是天台宗所說的「通教」。至於「無限定意義的通教」，則爲《般若經》和《中論》所發揚的「體法空」精神。因這種精神爲各個佛教系統所不能違背，所以牟先生稱之爲「共法」。

依牟先生，佛性乃是決定教乘之大、小與及圓滿與否的關鍵，而般若精神則是任何大、小教乘都不可違背的共法。由是觀之，所有的佛教系統都離不了佛性與般若的規範，所以牟先生以佛性與般若爲整個佛教義理系統的綱領。

在解釋「別教」時，牟先生就佛性進退的程度，把「別教」分爲「始別教」和「終別教」兩種。「始別教」以第八阿賴耶識爲一切法之根源，雖能窮法之源，卻未至其極。「終別教」以如來藏自性清淨心爲一切法之根源，能窮法之源，且窮至其極，故爲別教之典型。

「終別教」雖能窮法之源，但牟先生站在天台宗的立場，指出別教所言作爲萬法之本源的如來藏自性清淨心，其本然的清淨性須

在斷除一切染法後才可顯現，因而與染法爲隔別，所以不是眞正的圓教。眞正的圓教當是依詭譎進路成立，與一切法無隔別的天台宗教學。

就天台宗爲終極的圓教，牟先生表示其特色爲「般若作用的圓與一念三千之存有論之圓合而爲一」。❾所謂「般若作用的圓」，乃是指天台教學跟般若教學一樣，其立論不是採取分解的方式，而是採取詭譎的方式；重點不在建立法數與概念，而是在去除分別。至於「一念三千之存有論之圓」，則是指天台宗「一念三千」的教說，能保住一切法之存在，從而成立「佛教式的存有論」。此外，牟先生又以「一念三千」爲對一切法根源最究極的說明，而對一切法有根源的說明便有系統相。❿正因天台教學對一切法有根源的說明，所以它雖是非分解地說法，但卻又是一個系統，故比無系統相

---

❾ 牟先生在說明圓教的性質時，曾表示天台宗的特色爲般若作用的圓與存有論的圓之結合，他說：「詭譎是以辯證的詭辭來表示。生死即涅槃，煩惱即菩提。（分解地說，生死是生死，涅槃是涅槃，不能即也。）天台之要點在此。圓教之圓，是般若作用的圓與一念三千之存有論之圓合而爲一。『一念無明法性心』即具三千，此便對一切法作一根源之說明，而得究極之穩定，圓教於是完成。……圓只有一，無二無三。般若作用之圓加上存有論性具之圓，方是眞圓。」（同上註，頁 19。）

❿ 牟先生以「一念三千」爲一切法根源的說明這看法，很多學者都有保留，因「一念三千」只說明一切法之互具存在形式，跟一切法的根源無關。譬如霍韜晦在說明「一念心」與「三千法」的關係時，便說：「一念三千是以客觀存在爲主，以心爲從屬的思維形式……所以智顗雖說有一念心，但此心非根源義，天台宗人似亦無意爲一切法立根源，他們祇是強調客觀存在之籠罩性，以吞沒主體。」（霍韜晦：〈中國佛教的圓融之路〉，見《內明》127 期〔1982 年 10 月〕，頁 17。）

的般若教學爲圓熟。⑩亦由於天台教學對一切法根源有最究極的說明，所以最能體現佛性之遍、滿、常。正因佛性與般若這兩大佛教主題在天台教學裏都得到圓熟的發展，故牟先生以天台教學爲最圓滿的佛教教學。

---

⑩　牟先生認爲對一切法有根源的說明是天台教學爲系統之因，亦是其有別於般若教學的地方，他說：「般若是非分解地說，是不諍法，是無所說，故不是一個系統……天台宗亦是非分解地說的，但卻是一個系統。這個關鍵在於二者對於法之存在問題的態度不同。般若經對於一切法無根源的說明，……而天台宗對一切法卻有一個根源的說明，此就是「一念三千」──一念即具三千世間法，此「具」是「圓具」，是非分解說的，故亦是不諍的，而且是存有論地不諍的。」（〈天台宗在中國佛教中的地位〉，見《佛光學報》第 3 期〔1978 年 8 月〕，頁 82。）

第七章 判攝禪宗

一、教內的教外別傳

　　就中國佛教的發展來說，禪宗與淨土宗是繼天台宗與華嚴宗後興起的佛門顯學，但牟先生對禪宗沒有太多的討論，對淨土宗更是完全沒有觸及。這大約是因牟先生討論佛教時，其關注的地方為佛教的思想問題，而不是佛教的修行問題，而這兩宗又都重實踐，輕理論，故牟先生乃有這樣的安排。

　　雖然牟先生對禪宗討論不多，但從其對禪宗的少量評論，還是可以清楚窺見他對禪宗教學的整體看法。對於禪宗教學的背景和特性，他有如下的評論：

　　　　就達摩來華之史實言，則初是《楞伽》傳心。就此而言，則禪宗之來源元是屬於「如來藏自性清淨心」系者，乃是荊溪所謂「唯真心」也。自五祖六祖重《般若經》，則偏重在般若之妙用，即不捨不著之妙用。……六祖而後，禪宗重行證之自得，不立文字，不重教說，因此，有所謂「教外別傳」，

此即所謂宗風之特色。❶

牟先生指出，從禪宗的開創者菩提達摩（?——536）以《楞伽經》為其教學心要這點看，禪宗教學應屬於「如來藏自性清淨心」系統；從後來禪宗的五祖弘忍（602—675）和六祖惠能（638—713）重視《般若經》，大力發揚般若的不捨不著之妙用這點看，則禪宗教學當屬於般若系。然而六祖以後，禪門之徒往往指斥禪宗以外的一切佛教系統為囿於言教，標舉「不立文字，不重教說」為自家的宗風，以本宗教學為「教外別傳」自詡。牟先生並不認為「不立文字，不重教說」便是「教外別傳」，他指出，要說禪宗為「教外別傳」，極其量也只不過是「教內的教外別傳」：

> 何以說是「教內的教外別傳」呢？在禪宗之前那個階段的吸收教義，吸收至天台、華嚴已達最高峰，不能再向前發展了，順著自然發展的結果，必然出現禪宗使之簡單化、付諸實行，這是自然的趨勢。但是前面的那些「教」，在禪宗來說，都是預設了的（presupposed）已經知道這些「教」了，所以說它是「教內的教外別傳」。❷

依牟先生之見，在禪宗之前的天台宗和華嚴宗，已把佛教教義推展至巔峰，順著自然的趨勢發展，必然會出現如禪宗把教義簡單

---

❶　《佛性與般若》（下冊），頁 1039。
❷　〈講南北朝隋唐佛學之緣起〉，頁 28。

化、付諸實行這類形態的教學。這即是說，禪宗的出現，是已經預設了先前各佛教教系的教學。換言之，禪宗教學是以先前的一切佛教教系的教學爲背景的，沒有了先前那些教系，禪宗是不能成立的，所以牟先生乃謂禪宗的「教外別傳」爲「教內的教外別傳」。

至於禪宗「不立文字，不重教說」的宗風，牟先生則有以下的看法：

> 是以禪宗追溯宗源，必始自「世尊拈華，迦葉微笑」。……然此種「莫逆於心，相視而笑」之輕鬆妙趣乃是各宗共契之境界。……六祖以後禪師們專在此等處出精采，如鬥機鋒，打手勢，參話頭，乃至棒喝，種種奇詭的姿態，都無非表示「無法可說」而已。此若對專作文字知解者作一警戒則可。若以此爲獨立一宗以與他宗相對抗，則無意義。❸

禪宗之徒每每追溯「世尊拈華，迦葉微笑」之傳說爲其「不立文字」的教法之本據。❹牟先生認爲這事件所透顯的輕鬆妙趣，要在表明「無法可說」的境界，而這境界其實是佛教各宗所共契的理境。❺禪宗特別在這方面用心，並進而通過鬥機鋒、打手勢、參話

---

❸　《佛性與般若》（下冊），頁 1040。

❹　相傳佛祖在靈山會上說法時，有大梵天王獻上金色波羅花，佛祖隨即拈花示眾。眾人不解，只有迦葉微笑示意，禪宗據此遂謂佛祖單傳心印予迦葉，並以此爲其「不立文字」法門的依據。

❺　牟先生認爲「無法可說」的輕鬆妙趣境界不單爲佛家所有，也爲儒、道二家所共契。就佛教而言，這境界即是《般若經》不捨不著之精神。牟先生說：「隨之而來的揚眉瞬目，擎拳、豎拂，推倒禪床……斬蛇、殺貓，種

頭、棒喝等種種奇詭的姿態，引導人脫離文字言教之約束，無疑有
其精彩之處，可視爲專作文字知解之徒的警戒。然而若以此爲獨立
一門之教法，以跟其他宗派相對抗，則無意義。牟先生進而這樣評
論禪宗教學的價值：

> （按：「無法可說」之境界）只是修行人之圓證圓悟而已。然卻
> 截取以爲宗，以與他宗相對抗，此則便成橫列的對立，反顯
> 小矣。禪宗，歷史地觀之，固是中國人所獨創，然就其所發
> 之理境而言，則不是中國人的新發明，乃是靈活透脫的中國
> 心靈獨喜這一境，亦獨善於這一境，因而沿「無法可說」一
> 義而獨顯光采耳。此在心靈之開闢上，學術之發展上，固有
> 其高度之價值，亦示一高度之智慧，然而就佛教義理而言，
> 則不能獨立也。❻

　　歷史地觀之，禪宗固然是中國人所獨創，但就其理境而言，禪
宗所發揚的「不立文字」的教學方式其實早見於印度佛教教學，並

種奇詭的姿態，都是順著『無心爲道』這一語而來，說穿了，……根本還
是《般若經》之『不捨不著』。」（《佛性與般若》〔下冊〕，頁1069。）
就道家而言，這境界即是莊子的「莫逆於心，相視而笑」的理境。牟先生
說：「是以禪宗追溯宗源，必始自『世尊拈華，迦葉微笑』。此亦莊子所
謂『莫逆於心，相視而笑』之意也。」（《佛性與般若》〔下冊〕，頁1040。）
就儒家而言，牟先生則說：「超言意境可隨三教之內容不同而有不同之表
示……在儒，則由『不言而信，存乎德行』顯。」（《才性與玄理》，頁
280。）引文中所說的「超言意境」即是「無法可說」之境界。
❻　《佛性與般若》（下冊），頁1040—1041。

非爲中國人的新發明。❼只是中國人心靈透脫，特別喜歡這種境界，而禪宗又在這方面特別擅長，故禪宗在中國便得以大大發展。禪宗所發揚「不立文字」之義在心靈開闊上，無疑「有其高度之價值」，反映出「一高度之智慧」，不過若就佛教義理而言，這境界並不能獨立地成爲一宗一派的標識，而禪宗卻以此爲本宗教學的標識，以與他宗相對抗，這樣做只「反顯」其識見之狹「小」而已。

二、神會禪與惠能禪

禪宗可分爲頓悟和漸悟兩系，頓悟一系爲六祖惠能（638—713）在南方所倡說的禪法，漸悟一系爲五祖弘忍的另一弟子神秀（606—706）在北方所弘揚的禪法。後世分別稱之爲「南頓」、「北

---

❼　「不立文字」旨在摒除語言文字的束縛，令修行者當下「直指本心」，發現本心之眞如性而「見性成佛」。這教學方式乃本於《楞伽經》，此經以心爲萬法之本源，認爲一切現象皆由心所造。禪宗二祖慧可（487—593），三祖僧璨（？—606）所弘揚的便是《楞伽經》的教學，世稱之爲楞伽師。其後的四祖道信（580—651）與五祖弘忍（602—675）的思想雖向《般若經》趨，但基本上仍是以眞心爲解脫之本據。如弘忍便有「守本眞心」之說，此說旨在說明心之本性爲清淨，若能守住此心，便可解脫成佛。至於六祖惠能（638—713）主張以「無念爲宗，無相爲體，無住爲本」，要求眾生摒除雜念，不執著於事物之相狀，不把意念定住在現象之上，就此而言，其學說基本上爲般若教學之發揮。但他提出這些主張的目的，乃是要眾生返歸本心，見性成佛。就此而言，其學說亦有與《楞伽經》之教學要旨相通之處。正由於禪宗各祖的學說基本上都不離《楞伽經》和《般若經》教學之要旨，故可說禪宗所發揚的「不立文字」教學方式見於印度佛教教學。

漸」，並視「南頓」爲禪宗之正統。牟先生如此說明「南頓」、「北漸」禪法的特色：

> 同一禪宗而有南頓北漸之分。北漸者，在五祖門下爲上座之
> 神秀是也。法無頓漸，人有利鈍。利根人直下頓悟，鈍根人
> 則假方便（如看心看淨之類）以漸悟。然而惠能門下則是宣
> 揚頓悟成佛的。頓悟有兩方式：一是超脫了看心、看淨、不
> 動之類的方便，直下於語默動靜之間而平正地亦即詭譎地出
> 之以無念無相無住之心，這就是佛了。另一亦是超脫了看心、
> 看淨、不動之類的方便，直下超越地頓悟眞心，見性成佛。
> 前一路大體是惠能以及惠能後的正宗禪法，後一路則大體是
> 神會的精神。❽

據牟先生，神秀以爲人有利根和鈍根之別，利根人可當下頓悟，而鈍根人則要藉看心、看淨之類的方便法，漸漸悟得本有之佛性。❾至於惠能創立的頓悟一系，牟先生認爲它有兩種進路，第一種進路是超脫看心、看淨等方便，直下於語默動靜之間平正地悟見無住心，這是惠能及惠能以後者的正宗禪法。另一種則爲超脫看心、看淨之類的方便，直下證悟眞心，這是惠能的重要弟子神會（684—758）所創立的荷澤宗之禪法。❿縱觀牟先生的著作，都沒有對神秀的漸

---

❽　《佛性與般若》（下冊），頁 1044。

❾　所謂看心、看淨等方便法門，乃是指修行的人透過內省的工夫，發見本性清淨的眞心，進而通過消除遮蔽眞心清淨性之煩惱客塵，成就解脫。

❿　神會爲禪宗之第七祖，一生致力弘揚惠能的禪法，把它確立爲禪門之正

悟禪法有任何討論，而對惠能和神會的頓悟禪，尤其對兩者義理背景的歧異，則有獨到的見解。

　　關於神會的禪法，早期禪宗史書《歷代法寶記》舉出「破清淨禪」，「立如來禪」和「立知見」爲其主要特點，牟先生對這些特點有如下理解：

> 此所謂「破清淨禪」，即破看心看淨之類的漸教禪也。……「立如來禪」，即立頓悟如來藏性得如來法身也。……「立知見」，即於無住心之空寂之體上立「昭昭靈靈地自知自證自見這空寂之體」之「本智之用」。本智亦可曰性智，即從無住心之空寂之體上所發的智用。**⓫**

　　依牟先生之解說，所謂「破清淨禪」，是指破除看心看淨的漸悟禪法；所謂「立如來禪」，是指頓證如來藏性的禪法。又如來藏本性空寂，無所住著，爲一靈明之心體。這心體有自知、自見的作用，牟先生稱之爲「智用」。此「智用」乃是頓悟之根據，亦即是「立知見」之所指。根據牟先生這解釋，神會的頓悟禪是以如來藏思想爲其義理背景的。

　　牟先生在講說神會的禪法時，集中在突出其跟如來藏思想的密

宗。宗密（780—841）總結其禪法的特色爲「唯以無念爲宗」，「知之一字，眾妙之門」。神會所謂「知」，是指「空寂之知」，亦即空寂心之自知自照。神會以此空寂心爲眞如本體，主張這本寂之心體可通過無念而悟得。由於神會晚年講學於荷澤寺，故後世稱其禪法爲荷澤宗。

⓫　《佛性與般若》（下冊），頁 1045。

切關係。牟先生認爲這點可從神會對《般若經》「應無所住而生其心」一語之申釋看出來。《神會集》有以下一段話,提及「應無所住而生其心」:

> 但莫作意,心自無物。即無物心,自性空寂。空寂體上,自有本智,謂知以爲照用。故《般若經》云:「應無所住而生其心。」「應無所住」,本寂之體。「而生其心」,本智之用。⓬

牟先生對神會這段話有如下案語:

> 此是將《般若經》語分成體用·(無住心空寂之體與「知心無住」之靈知之用),而所以如此分者,爲的要將靈知之用(本智之用)收於實體性的無住心上即如來藏自性清淨心上而爲依體之用也。而《般若經》語卻只是於無任何住著處生清淨心,此清淨心即般若心也。此並無所謂體用。神會這一分體用,便把無住心套入如來藏自性清淨心系統中,所謂「立如來禪」也。⓭

牟先生指出《般若經》「應無所住而生其心」一語要在教人於「無任何住著處生清淨心」,而其所謂清淨心,是指般若心,並不

⓬　轉引自同上註,頁 1047。
⓭　同上註,頁 1047。

是指一清淨心體。可是神會卻分開體、用兩方面來理解「應無所住而生其心」一語；以「應無所住」爲指無住心空寂之「體」，亦即如來藏之清淨自體；以「而生其心」爲指這無住心的靈知之「用」，亦即上文所說的「智用」。神會這一區分，把《般若經》這句話套入如來藏眞心思想系統中，由是反映出如來藏眞心教學對神會的重大影響。

此外，车先生還引述宗密（780—841）對神會禪法的判釋，作爲其看法的支持。宗密爲華嚴宗的五祖，又是荷澤宗的第四代法嗣。他提倡「禪教一致」，以會通禪法與傳統佛教教義爲己任。他在《禪源諸詮集都序》一書中，對禪門和教門作出判釋。他把禪門分爲「息妄修心」、「泯絕無寄」和「直顯心性」三宗，依次舉出神秀的北宗、法融（594—657）的牛頭宗、❹神會的荷澤宗爲其主要代表。他又把傳統佛教學說判別爲「密意依性說相」、「密意破相顯性」和「顯示眞心即性」三教，依次舉出瑜伽行教學、中觀教學、如來藏眞心教學爲其代表。宗密進而依其「禪教一致」立場，把「直顯心性宗」跟「顯示眞心即性教」比配。❺由是可見宗密作爲荷澤宗的

---

❹　牛頭宗由法融所創立，主張「心寂境如」，以體悟心之寂靜虛明和萬法如幻爲解脫之道。宗密在《中華傳心地禪門師資承襲圖》中說：「牛頭宗意者：體諸法如夢，本來無事，心境本寂，非今始空，迷之爲有，即見榮枯貴賤等事。事迹既有，相違相順。故生愛惡等情，情生則諸苦所繫……既達本來無事，理宜喪己忘情。情忘即絕苦因，方度一切苦厄，此以忘情爲修也。」（《續藏經》卷 110，頁 436 前，上—下）其意謂牛頭宗以一切法如夢幻，若迷於事相，便有愛、惡等事，如是即爲諸苦所繫；若喪己忘情，使心歸於虛明而不執有自我，即可斷絕一切苦。

❺　宗密「禪教一致」的學說以禪宗的不同派系來比配不同的佛教系統。他稱這種比配方法爲「和會」、「通會」或「勘會」。

法嗣，早已覺察神會之禪法跟如來藏思想的緊密關係。

又牟先生十分強調華嚴宗思想跟如來藏思想的關聯，以華嚴宗思想爲如來藏思想發展的極致，故他視宗密所舉出的「顯示眞心即性教」爲指華嚴宗教學，⓰從而主張神會禪可跟華嚴宗思想會通：

> 圭峰宗密所學之禪即神會禪，其所謂禪教合一，即是以華嚴宗之「顯示眞心即性教」會神會禪之「直顯心性宗」也。⓱

不過華嚴宗講如來藏眞心時，特別重視其「隨緣」和「不變」的特性，而這些觀念並不見於神會的教學。就此，牟先生引用宗密的話來解釋：

> 唯（按：神會禪）偏重在頓悟眞心，而不甚重視此眞心之「不變隨緣隨緣不變」，即如來藏緣起之教說。此點，圭峰宗密已知之。他在《圓覺經大疏鈔》卷三之下有云：

⓰ 其實宗密並沒有明確地說「顯示眞心即性教」即是華嚴宗的教學，只是指出此教肯定眾生皆有自性清淨心，可見於《華嚴》、《圓覺》、《勝鬘》、《法華》、《涅槃》、《大乘起信論》、《十地經論》、《法界觀門》等以眞心思想爲主題的經論。宗密在《禪源諸詮集都序》中說：「此教說一切眾生皆有空寂眞心，無始本來性自清淨……開示此心全同諸佛。……《華嚴》、《密嚴》、《圓覺》、《佛頂》、《勝鬘》、《如來藏》、《法華》、《涅槃》等四十餘部經，《寶性》、《佛性》、《起信》、《十地》、《法界》、《涅槃》等十五部論，雖或頓或漸不同，據所顯法體皆屬此教。」（《大正藏》卷48，頁404中──頁405上。）

⓱ 《佛性與般若》（下冊），頁1048。

……同一寂知之性，舉體隨緣，作種種門，方爲眞見。寂知
如鏡之淨明，諸緣如能現影像。荷澤深意本來如此。但爲當
時漸教大興，頓宗沉廢，務在對治之説，故唯宗無念，不立
諸緣。

若如此説，則神會之頓悟禪，如來禪，即同《起信論》華嚴
宗之唯眞心。……此一系統必須預設一超越的分解，分解以
示一超越的眞心（靈知眞性）。⓲

　　车先生指出神會之禪法與華嚴宗一樣，屬於「唯眞心」系統，
此系統的特點爲預設一超越的分解，以顯示一超越的眞心。只不過
在神會時，禪宗內部漸悟一系的教學非常流行，屬頓悟一系的神會
爲了對抗這潮流，因此偏重說明眞心無念之特性，而少談眞心的隨
緣作用。

　　至於惠能的禪法，车先生以惠能對《般若經》「應無所住而生
其心」一語的理解，跟神會對該語的理解作出比較，以爲說明。據
《壇經》記載，⓳惠能聽到五祖弘忍説《金剛經》，至「應無所住
而生其心」一語時，當下悟見一切法不離自性，連續說了五句「何
期自性」云云的話，即「自性本自清淨」、「自性本不生滅」、「自
性本自具足」、「自性本無動搖」、「自性能生萬法」。车先生說
明之如下：

⓲　同上註，頁 1049。

⓳　《壇經》是記載禪宗六祖惠能的説話和事迹的專書，亦是中國僧人著作中
　　唯一被稱爲「經」的典籍，一直被奉爲禪宗的宗經。

當五祖於半夜三更爲惠能説《金剛經》，至「應無所住而生其心」時，「惠能言下大悟：一切萬法不離自性。遂啓祖言：何期自性本自清淨！何期自性本不生滅！何期自性本自具足！何期自性本無動搖！何期自性能生萬法！……」（六祖《壇經》《自序品》第一）。此是惠能悟法受法之始。這裡一連串説了六句「何期自性」云云，此可名曰六自性句。❷⓿這六句是什麼意義呢？我看他於「應無所住而生其心」言下大悟的便很不同於神會之悟解。「自性」即是自己的本性（自本性），即「本來無一物」的空寂性……但此空寂性必須通過「無所住而生其心」始能如如地呈現。「無所住而生其心」即是不住著於色聲香味觸法而生其心，即是般若心，清淨心，無念心。……惠能並未就無住心把它分解成一個靈知眞性，如神會之所爲。無住心即般若心，非是就之分體用（空寂之體與靈知之用）而成眞心即性。❷①

依牟先生之見，惠能由聽聞「應無所住而生其心」一語所悟得的「自性」，要爲眾生的空寂本性。這本性通過不住著於色、聲、香、味、觸、法六境，而得以呈現，而這便是惠能所謂的「無所住而生其心」。惠能所謂「心」，要爲無住、無念的般若心。惠能並沒有如神會般，把心分爲體、用兩方面，亦沒有立一有超越性的眞心本體，作爲其禪學之根據。就惠能禪跟神會禪之進路不同，牟先

---

❷⓿　按《壇經》所出，實際上只有五句。

❷①　《佛性與般若》（下冊），頁 1049—1050。

生有如下的綜括：

> 惠能無此分解的展示。他只是教人通過無念，直悟各人自己的
> 本心（清淨般若空慧），見各人自己的空寂本性以成佛。㉒

　　神會之禪法預設一超越的分解，以超越眞心之呈現爲覺悟。而
惠能的禪法並無這種分解的展示，它只是教人通過無住、無念，當
下直悟本心之空寂性，從而證悟解脫。

　　至於惠能所說的一連串自性句中包括「自性能生萬法」一語，
容易叫人想起如來藏眞心隨緣生起萬法的說法，從而令人誤會惠能
禪跟神會禪一樣，是屬於唯眞心系統。牟先生對此有如下解釋：

> 然則如何了解「何期自性能生萬法」？此語不可看成是直述的
> 指謂語，乃是本「以有空義故，一切法得成」而來的漫畫式的
> 方便語。不壞假名而說諸法實相，實相豈離萬法而爲實相耶？
> 因此，遂漫畫式地說自性含具萬法（自性本自具足），因含具
> 而又方便地說爲「能生萬法」矣。……實則其本身實無所謂生
> 也。這不是實體性的靈知眞性、眞心即性之生起。㉓

　　依牟先生，此語應依龍樹《中論》「以有空義故，一切法得成」
一語之思路理解，其意無非是說萬法不離於空，依於空性而得以成

──────────

㉒　同上註，頁 1054。
㉓　同上註，頁 1051。

就。依此思路，惠能語中的「生」字當理解爲一方便語，旨在點出空性含具萬法，而不是直述的指謂語，並非要表示眞有一實體性的眞心生起一切法。

牟先生以爲神會禪可以華嚴宗教學會通，至於惠能禪，他則認爲可以天台宗教學來會通。他說：

> 禪宗既可以華嚴宗會之，亦可以天台宗會之。然則以何會爲較適宜於惠能以及惠能以後者？曰：天台宗是。❷❹

如前章所述，牟先生以「不斷斷」爲天台宗教學的中心特點，而他一再指出，這特點亦見於惠能的禪法。眾所周知，惠能以「無念」爲其禪法之宗旨。《壇經》〈定慧品〉有以下一節談及「無念」的話：

> 善知識！於諸境上心不染，曰無念。於自念上，常離諸境，不於境上生心。若只百物不思，念盡除卻，一念絕即死，別處受生。是爲大錯。❷❺

牟先生對這段話有如下的說明：

> 此說「無念」是境界語，工夫語，不是存有論上的有無語。

---

❷❹　同上註，頁 1041。
❷❺　轉引自同上註，頁 1063。

無念不是説「百物不思，念盡除卻」。故存有論地説，仍是有念，有思想，不斷念，不斷百思想。若是存有論地「念盡除卻」，這並不是清淨解脱，乃是斷見，邪見。「一念絕即死，別處受生」。此仍在生死中，云何得解脱？是以眞無念者，乃是於念而無念。「於念」是存有論地有念也。「而無念」者，是工夫上的無執無著也。即所謂「於諸境上心不染」也。……亦「不斷斷」之謂也。夫人有生命，有心，焉能滅卻而不令其起思想？起而不住著於境，不於境上生心，即是念而無念，不斷斷也。㉖

　　牟先生認爲惠能所説的「無念」，不是存有論上的有無語，並非是叫修行者在存有上斷除一切思想。蓋有生命便必然有心念，要是強求「百物不思，念盡除卻」，這只會成爲另一形式的念累，叫修行者墮入斷見、邪見之中。根據牟先生，惠能所謂「無念」，要爲境界語、工夫語，是要人「於念而無念」，即通過實踐功夫，在有心念的情況下，仍能對現實世界的一切法無執無著。牟先生特別指出，這「於念而無念」的境界，亦即是天台宗所標舉的「不斷斷」法門。

　　又《壇經》〈機緣品〉有以下一節關於「於念而無念」的話：

　　有僧舉臥輪禪偈云：
　　臥輪有伎倆，能斷百思想。對境心不起，菩提日日長。

㉖　同上註，頁 1063—1064。

師聞之曰：此偈未明心地。若依而行之，是加繫縛。因示一
偈云：

惠能沒伎倆，不斷百思想。對境心數起，菩提作麼長？㉗

臥輪禪師以「能斷百思想」自詡，而惠能則謂他自己「不斷百
思想」。對這兩種不同的修行觀，牟先生有如下的解說：

此臥輪禪師蓋即看心，看淨，不動之類，屬息妄修心宗。彼自
以爲有伎倆，實則爲法所縛。「惠能沒伎倆，不斷百思想」，
正是天台宗所特重之「不斷斷」。於百思想中無住無著，則是
思而無思，此即是解脫。何必斷絕百思想，才增菩提耶？㉘

牟先生指出，臥輪禪師通過看心、看淨、不動等功夫去斷除思
想，證悟菩提，其修行方法屬於宗密所出三宗禪法中的「息妄修心
宗」。而惠能則認爲解脫無須斷除任何思想，只要於眾思想之中無
住無著便可以了。牟先生一再重申，這正是天台宗「不斷斷」思想
的反映。

牟先生依其以惠能禪比配天台宗的看法，對宗密對禪門和教門
所作的判釋，作出改造：

是則恰當的比配當如下：

㉗　轉引自同上註，頁 1062。
㉘　同上註，頁 1062。

㈠密意依性說相教即始別教配息妄修心宗（神秀禪）

㈡密意破相顯性教即通教配泯絕無寄宗（牛頭禪）

㈢顯示眞心即性教即終別教配直顯靈知眞性宗（神會禪）

㈣天台圓教配惠能禪，即圓悟禪或圓頓禪。

……惠能禪蓋實符合於天台圓教所謂性具（一念三千），以
及法性與無明同體依而復即，三道即三德，乃至不斷斷也。
以天台圓教範域之，則惠能禪之精神顯矣，而可不至於迷失，
亦不至於有歧解。反之，天台圓教之簡單化，禪行化，即是
惠能禪之言下大悟「一切萬法不離自性」，直指人心見性成
佛。㉙

　　牟先生以爲在教門方面，於宗密所出的「密意依性說相教」、
「密意破相顯性教」、「顯示眞心即性教」三教外，還有天台圓教
一門；在禪門方面，於宗密所出的「息妄修心宗」、「泯絕無寄宗」、
「直顯心性宗」三宗外，還有惠能禪一門。他把天台圓教和惠能禪
比配，力言惠能之禪法符合天台圓教的性具和「不斷斷」教旨，表
示惠能禪無非是天台圓教之簡單化、禪行化。就惠能禪具有天台圓
教之特性，牟先生稱之爲圓頓禪、圓悟禪。

　　總括來說，牟先生在討論禪宗時，把焦點放在神會禪與惠能禪
之比較上，並在宗密「禪教一致」的基礎上，以神會禪比配華嚴宗，
以惠能禪比配天台宗。這做法充分顯示牟先生以禪宗教學不離佛教
內部義理規範，以「教外別傳」爲「教內的教外別傳」的看法。

㉙　同上註，頁 1069。

總　結

　　牟宗三先生對佛教思想的詮釋，是以般若與佛性這兩個主要觀念爲綱領，再配合天台宗化法四教的判教分類而展開。在論述牟先生如何詮譯佛教各思想系統之先，本書先在第一章交待牟先生對佛教思想的整體看法。作爲當代新儒家代表之一的牟先生，以復興儒家爲己任，但這並不妨礙他對佛教義理作出深細的論述。牟先生肯認佛教思想爲中國文化的一部份，認爲它與道家思想一樣，同屬「境界形態」，同樣發揮「太陰教」的精神；但鑒於佛教源自印度，與中國本土儒家思想的基本進路有所不同，故以之爲「離教」，並視佛教在唐代的流行，爲中國文化之「大開」、「大彎曲」。此外，牟先生還表示縱然佛教哲學與西方哲學比較起來爲「盈教」，但因它未能開出道德意識以成己成物，故只是「偏盈教」，而不是「正盈教」。

　　本書的第二章分述牟先生對般若和佛性這兩大佛教觀念的討論。牟先生認爲所有佛教教學系統皆不離《般若經》所發揚的般若精神，因般若「蕩相遣執」、「融通淘汰」的妙用，貫徹了佛陀立教重視去執的原意。就般若精神爲一切佛教教學系統所不能違背，牟先生稱之爲「共法」。又般若既是共法，它便不能決定思想系統之不同；佛教各思想系統之不同，要由佛性觀念決定。佛性觀念之

所以能夠決定思想系統之不同,乃因它牽涉到存有根源的說明。若對存有根源有窮盡的說明,便爲圓滿之教學系統;若沒有窮盡的說明,便爲不圓滿之教學系統。而對存有有窮源之說明,又必須有廣大的悲願推動,因悲願大才能不捨眾生,才能透至界外的無限領域。

在討論過牟先生對般若與佛性這兩大觀念的看法後,本書進而探討牟先生對大乘佛教各思想系統的了解。雖然牟先生的主要興趣在中國佛教,但因他以爲中國佛教跟印度大乘佛教爲一脈相承,中國佛教無非爲印度大乘佛教的延申,所以他在討論佛教思想時,用了大量篇幅來論述印度大乘佛教的思想。

印度大乘佛教思想主要有中觀、瑜伽行和如來藏眞心三系。依牟先生所見,中觀教學無非是《般若經》的般若教學之延展,故本書在第二章論述般若教學時,便一併論及牟先生對中觀教學的看法。《般若經》配合般若的「蕩相遣執」妙用,盛唱一切法爲空;中觀教學則進一步引入「緣起」觀念,提出「緣起性空」的說法,以申釋空的教旨;後人因而合稱《般若經》和中觀學派的教學爲「空宗」,天台宗更以「體法空」一詞,來概括二者之觀法。牟先生對「體法空」之觀法有很高評價,並借用天台宗的判教用語,稱《般若經》和中觀教學所闡發的「體法空」精神,爲「無限定意義的通教」。所謂「無限定」,是指「體法空」精神不受任何系統所限制,因而能表現於任何佛教教學系統中。至於天台宗所判那以般若和中觀教學爲代表的通教,牟先生則稱之爲「有限定意義的通教」。所謂「有限定」,是指它們對存有無窮源的說明,從而表現出限定相。此外,就般若和中觀教學以非分解的說法方式來申示「體法空」,牟先生又稱它們的教法爲「作用的圓」。

　　在論述過牟先生對中觀教學的理解後，本書便在第三章探討牟
先生對瑜伽行教學的看法。瑜伽行教學在傳統佛教所說的六識以
外，另立阿賴耶識爲存有之根源，由是對存有有窮源的說明。可是，
阿賴耶識的本性爲染污，只能交待染污法之生起，對清淨法之生起
則無圓滿解釋。依瑜伽行教學，清淨法之生起須依靠正聞熏習，但
眾生能否得聞聖教，並無必然保證，由是眾生還滅成佛便無必然性。
因此牟先生認爲瑜伽行教學雖能窮法之源，卻未至其極，並援用天
台宗和華嚴宗的判教用語，判之爲「始別教」。

　　本書的第四章申述牟先生對如來藏眞心思想的理解。在各種闡
揚如來藏眞心思想的著作中，以《起信論》在中國最受重視，故牟
先生討論這系思想時，便以此論爲根據。《起信論》主張一切眾生
本來具有如來藏眞心，此心具有眞如和生滅兩門，前者爲還滅成佛
之根本，後者爲生死流轉之依據，由是《起信論》對清淨法和染污
法的根源，都有窮盡的說明，成佛亦因眞如門的存在而有超越之保
證。只是依《起信論》，眞如心是在無明的熏習下才生起生死雜染
法，要成佛便必須消滅無明，斷盡生死雜染法；天台宗批評這種解
脫方式爲「斷斷」，以其不符合佛教染淨無二的圓融理想故。牟先
生同意天台宗對如來藏眞心思想的批評，並援引天台宗和華嚴宗的
判教用語，稱如來藏眞心教學爲「終別教」，以爲它雖較作爲「始
別教」的瑜伽行教學爲圓熟，但仍有所隔別，未臻圓極之境。

　　佛教傳入中國後，出現了很多宗派，在眾多宗派中，牟先生特
別推許華嚴宗和天台宗。本書第五章便闡述了牟先生對華嚴宗教學
之看法。前人講說華嚴宗，多以「十玄緣起」、「六相圓融」、「法
界緣起」等一類玄妙的教說爲其思想的宗義所在。牟先生則認爲這

些教說之陳義並不離「緣起性空」，其特別處要在把「緣起性空」義套在佛法身上說，從而引申出「一即一切，一切即一」等妙論。牟先生指出這些妙論固然有其吸引人的地方，但由於其所根據的「緣起性空」義乃為佛教各家之通說，因此它們並不能決定華嚴宗教學是否為圓滿。要檢討華嚴宗教學是否圓滿，必須從其所因處著眼。牟先生通過分析華嚴宗對三性觀念的詮釋，顯示華嚴宗教學的所因處，要為如來藏真心教學的真心隨緣思想。依此，牟先生指出華嚴宗之教學，其實還未能超越「終別教」範圍，正如天台宗所批評，為「曲徑迂迴，所因處拙」，並非真正的圓教。

依牟先生的見解，真正圓滿的佛教教學乃是依據《法華經》「開權顯實，發迹顯本」的本旨而成立的天台宗教學。本書第六章便闡述了牟先生對天台宗教學之分析。天台宗發揚《法華經》權不離實，本不離迹的教旨，以「不斷斷」為其教學的出發點，主張無須斷除淫怒痴而可證得解心無染，即迷染的九法界而成佛。牟先生稱天台宗這「不斷斷」的教學形態為「詭譎的圓教」，以與華嚴宗「分析的圓教」對比。此外，牟先生又指出，天台宗教學與般若教學一樣，是以非分解的方式說法，故它具有般若教學「作用的圓」的特色；不過天台宗從「不斷斷」這前提，引申出「十界互具」、「一念三千」等一系列存有論觀念，以保住一切法之存在，進而體現佛性之遍、滿、常，這方面則為般若教學所無。由是觀之，天台宗教學不單能體現般若「作用的圓」，又能體現「存有論的圓」。此即是說，般若與佛性這兩大觀念的內涵，在天台宗教學裏都得到最圓滿的體現，因此牟先生以天台宗為真正的圓教。

禪宗一向被視為最具特色的中國佛教教學傳統，禪宗之徒更常

自詡本宗之教學爲「教外別傳」。本書第七章便綜述了牟先生對禪宗的判釋。牟先生認爲禪宗教學可分爲如來禪與祖師禪兩系；前者以神會的禪法爲代表，因它以如來藏思想爲義理依據，故可以華嚴宗思想來會通；後者以惠能的禪法爲代表，因其「無念爲宗」之教旨與天台宗的「不斷斷」教法相通，故可以天台宗思想來會通。據此，牟先生指出禪宗在教學方法上（如：棒喝、參話頭等）無疑有異於常途，但在思想上，卻並沒有脫離傳統佛教思想的規範；因此，若要以「教外別傳」來稱呼其教學，充其量亦只能說是「教內的教外別傳」。

　　縱觀牟先生對佛教思想的詮釋，可見其主要特點有：

　　(1)注重綱舉目張：牟先生對佛教思想之探究，是配合對中國思想之反思而展開的。在印度佛教方面，他集中討論中國佛教所傳承的印度大乘佛教思想，即中觀教學、瑜伽行教學和如來藏眞心思想。在中國方面，他則集中討論在隋唐年間最爲流行，義理最可觀的天台宗和華嚴宗；並且分別以三個基本前題，來概括它們的教學特色。（就華嚴宗而言，爲「緣起性空」、「毘盧遮那佛法身」和「海印三昧」；就天台宗而言，爲「不斷斷」、「無住本」和「一切法趣空、趣色、趣非空非色」。）至於其他的中國佛教學派，牟先生或只作簡單交待（如禪宗）；或略而不論（如三論宗，淨土宗等）。其論述正如《佛性與般若》的序言所說：「重在集中論點，詳明各系差異之關節，不重在細大不捐，漫盡一切駢枝。」❶可見牟先生詮釋佛教思想時，旨在通過簡化的工夫，以突顯佛教義理發展的主要脈絡，爲研究佛教思想者

---

❶　《佛性與般若》（上冊），序，頁3。

提供清晰的綱領。

(2)強調中、印佛教思想的密切關係：近人討論中國佛教，往往刻意突出其跟印度佛教的分別，❷牟先生從思想角度出發，力主中國佛教為印度佛教之延續。他尤其重視申示中國佛教思想對印度佛教思想的吸收與轉化，例如他以華嚴宗教學為如來藏真心思想發展至極的產品，以天台宗教學為般若教學「作用的圓」的教學方法之圓滿體現等，皆為此觀點之反映。

(3)推崇和重整天台宗教學：我國近代著名研究佛教的學者，如歐陽漸（1871—1943）、呂澂（1896—1989）、熊十力（1882—1968）等，均致力於復興瑜伽行教學，❸而方東美（1899—1977）、唐君毅

---

❷ 譬如鎌田茂雄便強調中、印佛教之不同，他說：「印度佛教、中國佛教和日本佛教之間，都有很大的差異……佛教與中國固有的文化，及宗教思想接觸後，而與中國文化和中國思想彼此本身都由於對方之影響而產生了很大的變化。」（見氏著，關世謙譯：《中國佛教通史》〔第一卷〕〔台北：佛光出版社，1994 年〕，頁 9—10。）宇井伯壽則把中國佛教分為兩種，即直接從印度移植過來的，和中國本土成立的：「在印度發達的東西裏面，大體可分為兩種，一種是照樣把印度發達的東西翻譯，移植到中國來的，另一種是在中國新發達、新成立的東西。毗曇宗、成實宗、三論宗、地論宗、攝論宗和法相宗，是以『論』為所依，而且其『論』又是印度的論師所研究的成果之關係，大體上是在印度發達的，所以這些宗，是印度性的。但律宗、涅槃宗、淨土宗、禪宗、天台宗、華嚴宗和真言宗，大體是以『經律』為所依，故其經律被翻譯了之後，在中國形成發達，所以這些宗，是中國性的。」（見氏者，李世傑譯：《中國佛教史》〔台北：協志工業叢書，1993 年〕，頁 209—210。）

❸ 這些學者都與支那內學院有密切關係，歐陽漸為該院創辦人，其他人不是於該院任教，便是常往該院聽課。牟先生對內學院非常反感，以雙方對佛教的理解不同故。他說：「內學院的態度，我自始即不喜，歐陽竟無先生說藏密、禪、淨、天台、華嚴、絕口不談；又說自台、賢宗興，佛法之光

（1909—1978）等，則特別推許華嚴宗，❹以致天台宗的研究相對地

益晦。藏密、淨土，不談可以。天台、華嚴、禪、如何可不談？……台、
賢宗興，如何便使佛法之光益晦？而呂秋逸寫信給熊先生竟謂天台、華
嚴、禪是俗學。此皆是宗派作祟，不能見中國吸收佛教發展之全程矣。」
（《佛性與般若》（上冊），序，頁6。）

❹　方東美以天台宗的哲學爲繼三論宗而來，而天台宗繼續發展下去，便爲法
相唯識宗，至於佛教教學發展至最後，其圓滿形態當爲華嚴宗。他說：「因
此還要再追求那處處美滿，處處圓融，一切均是無礙無盡的華嚴宗的圓教
思想。這個是大乘佛學教理上四大教派裏面的最後發展，在它的思想裏
面，其精神上處處都是美滿無缺。」（《華嚴宗哲學》（下冊），〔台北：
黎明文化事業，1981年〕，頁183。）此外，方氏又指出，《華嚴經》的
教學不單提出了讓凡夫證得佛果的「上迴向」修行進路，即對物質世界和
心靈世界的解放；亦提出了不捨眾生的「下迴向」進路，即「恆順眾生」
的悲願。就上迴向進路，他說：「其實華嚴經裏面所闡述的上迴向，就像
大般若經的旨趣一樣，它所講的空，不僅僅講『外空』——對物質世界上
面的一切束縛我們都要解放；同時對於我們所生活領域裏面的心靈境界或
心理世界裏面，我們還要要求解放，因此要講『內空』。不過講『內空』
並非要建立內空的體系，這只是於一種過程而已，絕對不能停留。然後講
『內外空』、『大空』、『空空』……『畢竟空』，一路的『空』下來，
這樣子一來，我們便可以避免停滯於物質世界上面受到它的束縛，同時也
不留滯於心靈世界上面受到各種動機的束縛，這就是『上迴向』。」（同
上註，頁315。）至於「下迴向」，他則說：「因此對於佛教這一種宗教，
如果眞能起作用的，就不能捨棄眾生所生活的現實世界，對於那些墮落在
黑暗、災難、罪惡、痛苦等領域裏面的眾生，都要想辦法去救他們，應用
種種善巧方便的法門，就像華嚴經普賢菩薩十大行願裏面的第九願：『恆
順眾生』。……利益眾生就是必須救拔眾生的苦難，並惠及一切群黎，如
此才能合乎佛陀的本懷」（同上註，頁318—319。）這種下迴向的進路與
牟先生所說，天台宗所獨有，並因之成爲「圓教」的「不斷斷」法門有異
曲同工之妙。
此外，唐君毅亦同樣指出，華嚴宗具有天台宗遍接群機的特性，他說：「天
台兼爲一切凡夫小乘說，華嚴則專爲菩薩與有菩薩根器者說。然一切眾生
皆有佛性，即亦皆有菩薩根器，而華嚴之教亦即可遍接群機。」（《中國

被受忽視。牟先生別樹一幟，大力推崇天台宗教學，對推動天台宗之研究，貢獻尤大。又牟先生在推崇天台宗教學的同時，亦對其所提出的一些觀念作出整理。例如在判教方面，他將天台宗所說的「通教」分爲「有限定」和「無限定」兩類，又把天台宗所說的「別教」分爲「始」、「終」兩種。牟先生這樣做，不單釐清了「通教」和「別教」兩觀念的含糊處，亦澄清了它們所指謂的各佛教思想系統的彼此關係，從而更清楚地界定它們在整體佛教思想中所佔的位置。

　　此外，牟先生以般若和佛性兩大觀念來綜括大乘佛教思想，以般若教學爲共教，以禪宗之教學爲「教內的教外別傳」，以惠能的禪法比配天台宗教學等，都是難得的創見，爲其過人卓識和深入分析力之反映。

哲學原論（原道篇）》（卷三）〔香港：新亞書院研究所，1974 年〕，頁1299。）而在比較天台宗與華嚴宗之義理時，唐先生依法藏的《華嚴經探玄記》，指出佛說法時，與眾生的關係可有四種。簡言之，第一：眾生在佛心中。第二：佛在眾生心中。第三：佛心與眾生心相即。第四：眾生心與佛心互相融攝，佛之所說與眾生之所聞即無說無聞，佛與眾生之差別相亦因此得以泯滅。說過此四義後，唐先生總結說：「合此四者，以成圓融觀，即爲一乘圓教所說之聖教流行之大緣起法。此與智顗言佛說法之言相較而論，則其圓教中亦具前三，然智顗不言眾生心與佛心之相形奪，亦不言前三之通過此頓教義，以爲圓教之所攝，即有其義，亦未有其言。」（同上註，頁 1300。）唐先生認爲天台宗所擷示，佛說法的方式只有前三種，再加上天台宗沒有交待這三種方式是否能組成圓融無礙的境界，所以天台圓教仍有所缺欠，不及華嚴宗之高明。

參考書目

(一)叢書及辭典（以書名筆劃為次）

《大正新修大藏經》，高楠順次郎、渡邊海旭編（東京：大正一切
　　經刊行會， 1924—1935 年）。
《中華佛教百科全書》，藍吉富主編，中華佛教百科全書編輯委員
　　會編（台南：中華佛教百科文獻基金會，1994）。
《佛光大辭典》，星雲大師監修，慈怡主編（台北：佛光出版社，
　　1989）。
《佛教大辭典》，吳汝鈞編（北京：商務印書館，1995 年）。
《續藏經》（香港：香港影印續藏經委員會，1967 年）。

(二)原始資料（以書名筆劃為次）

《十地經論》，世親造、菩提流支等譯。《大正藏》卷 26。
《大乘起信論》，馬鳴造、眞諦譯。《大正藏》卷 32。
《大乘起信論》，馬鳴造、實叉難陀譯。《大正藏》卷 32。
《大智度論》，龍樹造、鳩摩羅什譯。《大正藏》卷 25
《小品般若波羅蜜經》，鳩摩羅什譯。《大正藏》卷 8。
《中華傳心地師資承襲圖》，宗密撰。《續藏經》卷 110。

《中論》，龍樹造、青目釋、鳩羅羅什譯。《大正藏》卷 30

《四教義》，智顗撰。《大正藏》卷 46。

《法華文句》，智顗說。《大正藏》卷 34。

《法華玄義》，智顗說。《大正藏》卷 33。

《法華經》，鳩摩羅什譯。《大正藏》卷 9。

《金剛般若波羅蜜經》，鳩摩羅什譯。《大正藏》卷 8。

《金剛錍論》，湛然撰。《大正藏》卷 45。

《涅槃經》（北本），曇無讖譯。《大正藏》卷 12。

《涅槃經》（南本），慧嚴等修治。《大正藏》卷 12。

《般若波羅蜜多心經》，玄奘譯。《大正藏》卷 8。

《華嚴一乘教義分齊章》，法藏撰。《大正藏》卷 45。

《華嚴經》，實叉難陀譯。《大正藏》卷 10。

《華嚴經傳記》，法藏集。《大正藏》卷 51。

《楞伽阿跋多羅寶經》，求那跋陀羅譯。《大正藏》卷 16。

《維摩詰所說經》，鳩摩羅什譯。《大正藏》卷 14。

《摩訶止觀》，智顗佛說。《大正藏》卷 46。

《禪源諸詮集都序》，宗密撰。《大正藏》卷 48。

《攝大乘論》，無著造、玄奘譯。《大正藏》卷 31。

《攝大乘論》，無著造、眞諦譯。《大正藏》卷 31。

《攝大乘論釋》，世親造、眞諦譯。《大正藏》卷 31。

㈢近人著作（以作者姓名筆劃為次，同一作者以標題筆劃為次）

三枝充悳著，劉欣如譯：《印度佛教思想史》（台北：大展出版社，

1998 年）。

木村清孝著，李惠英譯：《中國華嚴思想史》（台北：東大圖書公司，1996 年）。

水野弘元著，劉欣如譯：《佛典成立史》（台北：東大圖書公司，1996 年）。

———，中村元等著，許洋生譯：《印度的佛教》（台北：法爾出版社，1998 年）。

尤惠貞：《天台宗性具圓教之研究》（台北：文津出版社，1993 年）。

———：《天臺哲學與佛教實踐》（嘉義縣大林鎮：南華管理學院，1999 年）。

方立天：《中國佛教研究》（台北：新文豐出版社，1993 年）。

———：《佛教哲學》（台北：洪葉文化事業有限公司，1994 年）。

———：《法藏》（台北：東大圖書公司，1991 年）。

方東美：《中國大乘佛學》（台北：黎明文化事業公司，1984 年）。

———：《華嚴宗哲學》（上冊）（台北：黎明文化事業公司，1981 年）。

———：《華嚴宗哲學》（下冊）（台北：黎明文化事業公司，1981 年）。

王亭之主編，羅時憲導讀：《《小品般若經》與《現觀莊嚴經》對讀（上）》（香港：博益出版社，1995 年）。

———：《中論（上）》（香港：密乘佛學會，博益出版社聯合出版，1996 年）。

———：《唯識三十頌》（香港：密乘佛學會，博益出版社聯合出版，1994 年）。

平川彰、梶山雄一、高崎直道編，林久稚譯：《法華思想》（台北：
　　文殊出版社，1987 年）。

田養民著，楊白衣譯：《大乘起信論如來藏緣起之研究》（台北：
　　地平線出版社，1978 年）。

印順：《印度佛教思想史》（台北：正聞出版社，1988 年）。

冉雲華：《宗密》（台北：東大圖書公司，1988 年）。

宇井伯壽著，李世傑譯：《中國佛教史》（台北：協志工業叢書，
　　19963 年）。

佐マ木教悟、高崎直道、井ノ口泰淳、塚木啓祥著，釋達和譯：《印
　　度佛教史概說》（台北：佛光文化事業有限公司，1996 年）。

安藤俊雄著，蘇榮焜譯：《天台學——根本思想及其開展》（台北：
　　慧炬出版社，1998）。

牟宗三：《才性與玄理》（台北：學生書局，1993 年）。

———：《中國文化的省察》（台北：聯合報叢書，1984 年）。

———：《中國哲學十九講》（台北：學生書局，1995 年）。

———：《中國哲學的特質》（台北：學生書局，1984 年）。

———：《五十自述》（台北：鵝湖出版社，1989 年）。

———：《心體與性體（第一冊）》（台北：正中書局，1991 年）。

———：《心體與性體（第二冊）》（台北：正中書局，1993 年）。

———：《心體與性體（第三冊）》（台北：正中書局，1991 年）。

———：《四因說演講錄》（台北：鵝湖出版社，1997 年）。

———：《生命的學問》（台北：三民書局，1994 年）。

———：《佛性與般若（上冊）》（台北：學生書局，1993 年）。

———：《佛性與般若（下冊）》（台北：學生書局，1993 年）。

———：《政道與治道》（台北：廣文書局，1974年）。

———：《時代與感受》（台北：鵝湖出版社，1995年）。

———：《從陸象山到劉蕺山》（台北：學生書局，1993年）。

———：《理則學》（台北：正中書局，1955年）。

———：《現象與物自身》（台北：學生書局，1996年）。

———：《智的直覺與中國哲學》（台北：商務印書館，1993年）。

———：《圓善論》（台北：學生書局，1985年）。

———：《道德的理想主義》（台中：私立東海大學，1970年）。

———：《認識心之批判》(上)（香港：友聯出版社，1957年）。

———：《認識心之批判》(下)（香港：友聯出版社，1956年）。

———：《歷史哲學》（台北：學生書局，1988年）。

———講，林清臣記錄：《中西哲學之會通十四講》（台北：學生書局，1990年）。

———講述，陶國璋整構：《莊子齊物論義理演析》（香港：中華書局，1998年）。

———講，蔡仁厚輯錄：《人民講習錄》（台北：學生書局，1996年）。

———等著，楊祖漢主編：《儒學與當今世界》（台北：文津出版社，1994年）。

牟宗三先生七十壽慶論文集編輯組編：《牟宗三先生的哲學與著作》（台北：學生書局，1978年）。

吳汝鈞：《中國佛學的現代詮釋》（台北：文津出版社，1995年）。

———：《天台智顗的心靈哲學》（台北：商務印書館，1999年）。

———：《印度佛學的現代詮釋》（台北：文津出版社，1995年）。

———：《佛教的概念與方法》（台北：商務印書館，1988 年）。

———：《龍樹中論的哲學解讀》（台北：商務印書館，1997 年）。

呂澂：《中國佛學思想概論》（台北：天華，1996 年）。

——：《印度佛學思想概論》（台北：天華，1996 年）。

李世傑：《印度大乘佛教哲學史》（台北：新文豐出版公司，1982 年）。

李明輝：《當代儒學之自我轉化》（台北：中央研究院中國文哲研究所，1994 年）。

———：《儒家與現代意識》（台北：文津出版社，1991 年）。

周紹賢：《佛學概論》（台北：商務印書館，1995）。

周群振等著：《當代新儒家論文集·內聖篇》（台北：文津出版社，1991 年）。

屈大成：《大乘《大般涅槃經》研究》（台北：文津出版社，1994 年）。

林鎮國：《空性與現代性》（台北：立緒文化，1999 年）。

星雲大師監修，徐紹強譯：《華嚴五教章》（台北：佛光文化事業有限公司，1997 年）。

洪修平：《中國禪學思想史綱》（南京：南京大學出版社，1996 年）。

唐君毅：《中國哲學原論·原道篇》（卷三）（香港：新亞研究所，1974 年）。

高崎直道等著，李世傑譯：《唯識思想》（台北：華宇出版社，1985 年）。

陳沛然：《佛家哲理通析》（台北：東大圖書公司，1993 年）。

野上俊靜、小川貫弌、牧田諦亮、野村耀昌、佐藤達玄著，釋聖嚴

譯：《中國佛教史概說》（台北：商務印書館，1998 年）。

陳英善：《天台緣起中道實相論》（台北：東初出版社，1995 年）。

麻天祥：《晚清佛學與近代社會思潮》（上冊）（台北：文津出版社，1992 年）。

傅偉勳：《從西方哲學到禪佛教》（台北：東大圖書公司，1986 年）。

湯用彤：《隋唐及五代佛教史》（台北：慧炬出版社，1997 年）。

———：《漢魏兩晉南北朝佛教史》（北京：北京大學出版社，1997 年）。

黃克劍，林少敏編：《牟宗三集》（北京：群言出版社，1993 年）。

黃夏年編：《呂澂集》（北京：中國社會科學出版社，1995 年）。

黃連忠：《宗密的禪學思想》（台北：新文豐出版公司，1995 年）。

楊惠南：《佛教思想發展史論》（台北：東大圖書公司，1993 年）。

———：《惠能》（台北：東大圖書公司，1993 年）。

———：《禪史與禪思》（台北：東大圖書公司，1995 年）。

熊十力等撰，林安梧輯：《現代儒佛之爭》（台北：明文書局，1990 年）。

劉述先等著，李明輝主編：《當代新儒家人物論》（台北：文津出版社，1994 年）。

蔡仁厚：《牟宗三先生學思年譜》（台北：學生書局，1996 年）。

———等著，江日新主編：《牟宗三哲學與唐君毅哲學論》（台北：文津出版社，1997 年）。

———等著，李明輝主編：《牟宗三先生與中國哲學之重建》（台北：文津出版社，1996 年）。

鄭家棟：《牟宗三》（台北：東大圖書公司，2000 年）。

鄧克銘：《華嚴思想之心與法界》（台北：文津出版社，1997年）。

龜川教信著，印海譯：《華嚴學》（台北：佛光文化事業有限公司，1997年）。

謝大寧：《儒家圓教底再詮釋》（台北：學生書局，1996年）。

鎌田茂雄著，關世謙譯：《中國佛教史》（台北：新文豐出版公司，1998年）。

———：《中國佛教通史》（第一卷）（高雄：佛光出版社，1994年）。

———：《中國佛教通史》（第二卷）（高雄：佛光出版社，1986年）。

———：《中國佛教通史》（第三卷）（高雄：佛光出版社，1999年）。

———，佛光出版社譯：《中國佛教通史》（第四卷）（高雄：佛光出版社，1993年）。

韓廷傑：《三論宗通論》（台北：文津出版社，1997年）。

———：《印度佛教史》（台北：文津出版社，1996年）。

———：《唯識學概論》（台北：文津出版社，1993年）。

藍吉富：《佛教史料學》（台北：東大圖書公司，1997年）。

———：《隋代佛教史概論》（台北：商務印書館，1993年）。

顏炳罡：《整合與重鑄》（台北：學生書局，1995年）。

魏道儒：《中國華嚴宗通史》（南京：江蘇古籍出版社，1998年）。

釋恆清：《佛性思想》（台北：東大圖書公司，1997年）。

龔雋：《大乘起信論與佛學中國化》（台北：文津出版社，1995年）。

㈣近人論文（以作者姓名筆劃為次，同一作者以標題筆劃 為次）

尤惠貞：〈牟宗三先生的《佛性與般若》與佛教詮釋〉，宣讀於「第 五屆當代新儒學國際學術會議」（濟南，1998 年 9 月），未正 式發表。

方立天：〈《法華經》與一念三千說〉，《世界宗教研究》1998 年 第 2 期（1998 年 6 月），頁 48—52。

———：〈佛性述評〉，《求索》，1984 年第 3 期（1984 年 6 月）， 頁 46—58。

———：〈佛教與中國哲學〉，《晉陽學刊》，1987 年第 3 期（1987 年 5 月），頁 32—44。

王大德：〈評介《當代新儒家論文集·外王篇》——關於：「良知 的自我坎陷」的討論〉，《鵝湖學誌》第 14 期（1995 年 6 月）， 頁 165—177。

王邦雄：〈當代新儒家面對的問題及其開展〉，《中國文化月刊》 第 22 期（1981 年 8 月），頁 115—139。

———：〈論儒家客觀化的曲成問題——為「一心開二門」進一解〉， 《鵝湖》第 13 卷第 6 期（1987 年 12 月），頁 1—9。

印順：〈論三諦三智與賴耶通真妄——讀《佛性與般若》〉，《鵝 湖》第 7 卷第 4 期（1981 年 10 月），頁 17—21。

牟宗三：〈中國哲學的未來拓展〉，見氏著：《時代與感受》（台 北：鵝湖出版社，1995 年）。

———：〈以合目的性之原則為審美判斷力之超越的原則之疑竇與商榷〉，見氏著：《康德「判斷力之批判」（上冊）》（台北：學生書局，1992）。

———：〈佛家的存有論〉，《鵝湖》第 1 卷第 6 期（1975 年 12月），頁 15—19。

———：〈從儒家的當前使命說中國文化的現代意義〉，見氏著：《時代與感受》（台北：鵝湖出版社，1995 年），頁 297—331。

———：〈《圓善論》指引〉，《鵝湖》第 22 卷第 1 期（1996 年 7月），頁 1—7。

———講，王財貴整理：〈中國文化發展中義理開創的十大諍辯〉，見牟宗三等著：《開創與反省》（台北：幼獅文化事業公司，1987 年），頁 1—19。

———：〈客觀的了解與中國文化之再造———「當代新儒學國際研討會」主題講演〉，《鵝湖》第 16 卷第 11 期（1991 年 5 月），頁 2—10。

———講，尤惠貞整理：〈「宋明儒學與佛老」研討會專題演講〉，《鵝湖》第 20 卷第 11 期（1995 年 5 月），頁 3—12。

———講，徐平記：〈講南北朝隋唐佛學之緣起〉，《哲學與文化》第 4 卷第 10 期（1977 年 10 月），頁 21—28。

———主講，趙衛民記錄：〈哲學之路———我的學思進程〉，《鵝湖》第 15 卷第 11 期（1990 年 5 月），頁 1—6。

———講，樊克偉整理：〈真美善之分別說與合一說〉，《鵝湖》第 24 卷第 11 期（1999 年 5 月），頁 2—15。

———講，蔡月秀記：〈天台宗在佛教中的地位〉，《佛光學報》

第 3 期（1978 年 8 月），頁 78—84。

———主講，賴光朋記錄：〈依通、別、圓三教看佛家的「中道」
　　義〉，《鵝湖》第 14 卷第 4 期（1988 年 10 月），頁 6—13。

———主講，譚寶珍整理：〈兩重「定常之體」〉，《鵝湖》第 21
　　卷第 2 期（1995 年 8 月），頁 9—11。

杜保瑞：〈現代中國哲學在臺灣的創新與發展〉，《哲學雜誌》第
　　二十五期（1998 年 8 月），頁 94—115。

佛日：〈緣起與性起〉，《法音》，1992 年第 4 期（1992 年 4 月），
　　頁 6—15。

吳洲：〈智顗圓頓止觀的般若學特色及其逆覺義〉，《鵝湖》第 23
　　卷第 12 期（1998 年 6 月），頁 17—24。

吳疆：〈中國哲學現代發展的邏輯線索——論現代新儒家與中國哲
　　學的三次轉折〉，《齊魯學刊》，1995 年第 2 期，頁 44—51。

李明輝：〈牟宗三哲學中的「物自身」概念〉，《中國文哲研究集
　　刊》第 3 期（1993 年 3 月），頁 547—570。

李瑞全：〈牟宗三先生的哲學取向與終極關懷〉，《鵝湖》第 20
　　卷第 11 期（1995 年 5 月），頁 32—36。

李增城：〈從「五教止觀」看華嚴教義的圓融〉，《慧炬》第 220
　　期（1971 年 10 月），頁 4—12。

李毅：〈現代新儒家理論的根本缺陷——兼論中國現代化道路的實
　　踐方向〉，《江海學刊》，1995 年第 4 期（1995 年 7 月），頁
　　93—100。

林安梧：〈當代新儒家的實踐問題〉，《鵝湖》第 15 卷第 11 期（1990
　　年 5 月），頁 7—15。

───：〈實踐的異化與克服之可能──悼念牟宗三先生兼及於當代新儒家之發展〉，《鵝湖》第 20 卷第 12 期（1995 年 6 月），頁 51─55。

───講，蔡汀霖記錄：〈當代新儒家的實踐問題〉，《鵝湖》第 15 卷 11 期（1990 年 5 月），頁 7─15。

高柏園：〈論牟宗三先生「逆覺體證」義之運用〉，《鵝湖》第 22 卷第 7 期（1997 年 1 月），頁 1─7。

孫善豪：〈對當代新儒家的實踐問題之探討──牟宗三哲學中之實踐問題（中）〉，《哲學與文化》第 13 卷第 11 期（1986 年 11 月），頁 46─63。

翁志鵬：〈試論智顗〉，《世界宗教研究》，1981 年第 2 期（1981 年 6 月），頁 44─53。

張立文：〈宋明新儒學與現代新儒學形上學之檢討〉，《哲學與文化》第 23 卷第 7 期（1996 年 7 月），頁 1796─1818。

張雲飛：〈淺析湛然「無性有性」的佛性說〉，《內蒙古大學學報》，1986 年第 1 期（1986 年 3 月），頁 96─104。

張瑞良：〈天台智者大師的如來性惡說之探究〉，《內明》第 199 期（1988 年 10 月），頁 20─32。

陳沛然：〈唐君毅先生論華嚴宗與天台宗之圓教義〉，《鵝湖》第 23 卷第 6 期（1997 年 12 月），頁 11─19。

陳美鳳：〈華嚴一乘與法華一乘之異同〉，《中國佛教》第 32 卷第 3 期（1988 年 3 月），頁 16─21。

彭高翔：〈康德與牟宗三之圓善論試說〉，《鵝湖》第 23 卷第 2 期（1997 年 8 月），頁 21─32。

傅偉勳：〈佛學、西學與當代新儒家〉，《明報月刊》，第 31 卷
　　12 期（1996 年 12 月），頁 49—56。

———：〈當代新儒家所面臨的挑戰：為新儒家發展進一言〉，《自
　　由青年》第 79 卷 5 期（1988 年 5 月），頁 14—19。

楊政河：〈華嚴法界緣起思想的形成〉，《哲學與文化》第 4 卷第
　　11 期（1977 年 11 月），頁 60—68。

楊祖漢：〈天台性惡說的意義〉，《鵝湖學誌》第 14 期（1995 年 6
　　月），頁 141—153。

———：〈牟宗三先生的圓善論與真美善說〉，《鵝湖》第 23 卷第
　　3 期（1997 年 9 月），頁 9—16。

葉海煙：〈總論當代新儒家〉，《哲學與文化》第 20 卷第 2 期（1993
　　年 2 月），頁 181—192。

廖明活：〈華嚴宗性起思想的形成〉，《中國文哲研究所集刊》第
　　6 期（1995 年 3 月），頁 31—56。

廖鍾慶：〈棲霞內聖學述（3）「現象與物自身」之研究〉，《鵝湖》
　　第 6 卷第 10 期（1981 年 4 月），頁 2—6。

———：〈棲霞內聖學述（4）「現象與物自身」之研究〉，《鵝湖》
　　第 6 卷第 11 期（1981 年 5 月），頁 9—15。

———：〈棲霞內聖學述（5）「現象與物自身」之研究〉，《鵝湖》
　　第 7 卷第 1 期（1981 年 7 月），9—14。

潘桂明：〈天台宗的圓融哲學〉，《世界宗教研究》，1987 年第 2
　　期（1987 年 6 月），頁 35—43。

蔡仁厚：〈牟宗三教授的生平及其學術貢獻〉，《鵝湖》第 20 卷第
　　12 期（1995 年 6 月），頁 6—8。

鄭家棟：〈牟宗三對儒家形而上學的重建及其限制〉，《中國社會科學》1993 年第 1 期（1993 年 1 月），頁 155—174。

———：〈新儒學研究三題〉，《求是學刊》，1993 年第 5 期（1993 年 9 月），頁 19—24/39。

賴永海：〈佛性學說與中國傳統文化〉，《哲學研究》，1987 年第 7 期（1987 年 7 月），頁 60—66。

———：〈性具與性起——天台、華嚴二宗佛性思想比較研究〉，《世界宗教研究》》，1987 年第 2 期（1987 年 6 月），頁 1—17。

———：〈頓悟與漸修——兼論中國佛教修行觀點及其與中國傳統思想的關係〉，《南京大學學報》，1988 年第 1 期（1988 年 1 月），頁 90—97。

蕭振邦：〈專訪牟宗三——從我的人生體驗談哲學與青年〉，《自由青年》第 8 卷第 7 期（1989 年 1 月），頁 24—29。

霍韜晦：〈中國佛教的圓融之路〉，《內明》第 127 期（1982 年 10 月），頁 8—18。

———：〈中國佛教的圓融之路〉，《內明》第 128 期（1982 年 11 月），頁 14—19。

———：〈中國佛學的圓融之路〉，《內明》第 129 期（1982 年 12 月），頁 10—15。

———：〈中國佛學的回顧〉，《哲學與文化》第 4 卷第 10 期（1977 年 10 月），頁 29—35。

顏炳罡：〈「牟宗三與當代新儒家學術思想研討會」綜述〉，《哲學研究（北京）》，1993 年第 1 期（1993 年 1 月），頁 79—80。

———：〈現代新儒家研究的省察與展望〉，《文史哲》，1994 年

第 4 期，頁 39—45。

羅光：〈牟宗三的哲學思想（上）〉，《哲學與文化》第 22 卷第 7
　　期（1995 年 7 月），頁 576—585。

———：〈牟宗三的哲學思想（下）〉，《哲學與文化》第 22 卷第
　　8 期（1995 年 8 月），頁 672—679。

羅義俊：〈在批評與內省中拓展新天地：第三屆當代新儒家國際學
　　術會議評介〉，《學術月刊》，1995 年 9 月號（1995 年 9 月），
　　頁 106—108。

關鎮強：〈牟宗三先生論圓教之根據：無限智心〉，《鵝湖學誌》
　　第 14 期（1995 年 6 月），頁 2—26。

鎌田茂雄著，隆藏譯：〈中國佛教的特徵〉，《法音》，1985 年第
　　6 期（1985 年 11 月），頁 26。

國家圖書館出版品預行編目資料

大乘佛學的發展與圓滿：牟宗三先生對佛家
思想的詮釋

李慶餘著. ─ 初版. ─ 臺北市：臺灣學生，
2003[民 92]
面；公分
參考書目：面

ISBN 957-15-1192-7 (精裝)
ISBN 957-15-1193-5 (平裝)

1. 牟宗三 ─ 學術思想 ─ 佛教
2. 佛教 ─ 哲學，原理

220.9208   92015255

大 乘 佛 學 的 發 展 與 圓 滿
──牟宗三先生對佛家思想的詮釋（全一冊）

著　作　者：李　　　　慶　　　　餘
出　版　者：臺　灣　學　生　書　局
發　行　人：盧　　　　保　　　　宏
發　行　所：臺　灣　學　生　書　局
　　　　　　臺 北 市 和 平 東 路 一 段 一 九 八 號
　　　　　　郵 政 劃 撥 帳 號：00024668
　　　　　　電　話：(0 2) 2 3 6 3 4 1 5 6
　　　　　　傳　眞：(0 2) 2 3 6 3 6 3 3 4
　　　　　　E-mail：student.book@msa.hinet.net
　　　　　　http：//studentbook.web66.com.tw

本書局登
記證字號　：行政院新聞局局版北市業字第玖捌壹號

印　刷　所：宏　輝　彩　色　印　刷　公　司
　　　　　　中 和 市 永 和 路 三 六 三 巷 四 二 號
　　　　　　電　話：(0 2) 2 2 2 6 8 8 5 3

定價：　　精裝新臺幣四一○元
　　　　　平裝新臺幣三四○元

西 元 二 ○ ○ 三 年 九 月 初 版